中国青瓷の研究

— 編年と流通 —

森　達也 著

中国・龍泉大窯村

汲古書院

はじめに

　中国では、遅くとも紀元前15世紀頃までに灰釉の施された原始青瓷が誕生し、紀元1世紀頃には完成された青瓷が生み出された。これは、世界で最も古い高温焼成施釉陶瓷の系譜であり、今日世界中で生産されている「瓷器」すべての技術的ルーツといっても過言ではない。

　特に、8世紀後半以降には、中国青瓷は盛んに海外に輸出されるようになり、世界各地の窯業に大きな影響を及ぼした。8世紀から15世紀頃までの、中国青瓷の出土や伝世は東アジアから西アジア・地中海東南部、アフリカ東岸にわたる広い地域で知られており、東西交流を裏付ける重要な資料として、また、各地の遺跡の年代決定材料として重要な意味をもっている。

　本書は、中国青瓷が最も盛んに輸出された8世紀後半から14世紀に焦点をあてて、該期の輸出青瓷の代表的な窯である江南の越州窯と龍泉窯青瓷の編年を構築し、世界各地で遺跡の年代決定の基準資料として用いられているこれらの中国青瓷の詳細な年代位置付を明らかにして、その研究に資することを第一の目的とする。

　また、越州窯および龍泉窯と密接な関係をもつ華北の耀州窯と汝窯、江南の南宋官窯青瓷を取り上げて、それらの影響関係と意匠・技術の変遷を明らかにし、越州窯青瓷から南宋龍泉窯青瓷に至る意匠・技術の系譜を明らかにすることをもう一つの目的とする。

　具体的には、唐代晩期から南宋初期（8世紀から12世紀）の越州窯青瓷、南宋後期から元代後期（13世紀から14世紀）の龍泉窯青瓷の詳細な編年を確立し、耀州窯、汝窯、南宋官窯青瓷などと比較しながら、その技術的・形態的変遷を明らかにするとともに、各窯間の影響関係を探る。

　さらに、8世紀以降の中国陶瓷の輸出について青瓷を中心として考察を加え、特に日本への中国陶瓷の輸送ルートについて詳細な検討を行う。

目　次

はじめに ……………………………………………………………………………… i

第 1 章　問題の所在

1. はじめに ………………………………………………………………………3
2. 中国陶瓷の考古・歴史・美術史資料としての特性 …………………………3
3. 本論文の研究領域と研究方法 ………………………………………………6

第 2 章　越州窯青瓷の編年

1. はじめに ………………………………………………………………………11
2. これまでの研究 ………………………………………………………………12
3. 編年研究の基準資料 …………………………………………………………15
4. 編年 ……………………………………………………………………………18
5. まとめ …………………………………………………………………………41

第 3 章　五代・北宋耀州窯青瓷の編年

1. はじめに ………………………………………………………………………71
2. 唐代の耀州窯製品 ……………………………………………………………71
3. 五代とされる耀州窯青瓷の分類 ……………………………………………73
4. 紀年墓出土資料と一括資料から見た様相 …………………………………74
5. まとめ …………………………………………………………………………80

第 4 章　汝窯と南宋官窯－技術と器種の比較－

1. はじめに ………………………………………………………………………93
2. 汝窯の焼成技術と支焼方法 …………………………………………………93
3. 汝窯と南宋官窯の技術の比較 ………………………………………………96
4. 汝窯天青釉青瓷と南宋官窯青瓷の器種・器形 ……………………………97
5. 汝窯の倣漢代礼器 ……………………………………………………………102
6. 青瓷による倣三代銅器 ………………………………………………………104
7. まとめ …………………………………………………………………………105

第5章 南宋官窯（老虎洞窯）出土青瓷の編年

1. はじめに ・・・115

2. 遺物・遺構の状況 ・・116

3. 廃棄土坑出土遺物の概要 ・・・117

4. 器種ごとの分類 ・・123

5. 編年 ・・126

6. おわりに ・・130

第6章 宋・元代龍泉窯青瓷の編年

1. はじめに ・・145

2. 遂寧出土遺物の概要と年代について ・・・・・・・・・・・・・・・・・・・・・・・・・・・・・・・・146

3. 遂寧出土資料との類似資料 ・・151

4. 13世紀後半の様相 ・・153

5. 新安沖沈船資料の検討 ・・156

6. 新安沈船の次段階（元後期様式） ・・・・・・・・・・・・・・・・・・・・・・・・・・・・・・・159

7. 鎬蓮弁文碗についての検討 ・・161

8. まとめ ・・・166

第7章 中国陶瓷の輸出

第1節 宋元輸出陶瓷の生産地と貿易港 ・・・・・・・・・・・・・・・・・・・・・・・・・・・・187

第2節 ペルシア湾発見の中国陶瓷 ・・・・・・・・・・・・・・・・・・・・・・・・・・・・・・・・・196

第3節 日本出土の龍泉窯青瓷 ・・・・・・・・・・・・・・・・・・・・・・・・・・・・・・・・・・・・・・205

第4節 日本出土の南宋越州窯青瓷－博多出土の青瓷香炉－ ・・・・・・214

第5節 12〜14世紀東アジアの陶磁貿易ルート－福建ルートと寧波ルートをめぐって－ ・222

第8章 青瓷輸出の終焉－15世紀後半から17世紀の中国貿易陶瓷－ ・・・・・・・・・・・・・・・・・241

結 語 ・・257

参考文献 ・・265

あとがき ・・275

中国青瓷の研究

―編年と流通―

第1章　問題の所在

1．はじめに

　青瓷は白瓷と並んで中国を代表するやきものである。最上質の青瓷の美しさは、古くから中国で最高の宝器とされる玉にもたとえられてきた。やや灰色がかった素地の上に、わずかに鉄分を含んだ灰釉系の釉をかけて1200度以上の高い温度で焼き上げることによってあらわれる色合いは、暗い緑から明るい空色までバリエーションに富み、時代や窯によってさまざまな変化が見られる。

　青瓷の始まりは遅くとも紀元前15世紀頃の殷代にまで遡り（註1）、今日まで約3500年にも亘る長い歴史がある。また、殷代の青瓷は原始青瓷と呼ばれているが、これは世界で最初の高温焼成によるやきもので、現在世界中で生産されている瓷器すべてのルーツと言っても過言ではない。

2．中国陶瓷の考古・歴史・美術史資料としての特性

　中国陶瓷は8世紀後半以降、国外に盛んに輸出された。その品質の高さから世界中の人々に愛好され、世界各地に遺品が残されており、遺跡から発見される破片や各地の伝世品は、考古学、歴史学、美術史などの研究資料として重要な意味を持っている。

　本論文では、主に8世紀から14世紀の中国青瓷を研究対象とするが、まず、中国陶瓷の考古・歴史・美術史資料としての特性について説明しておきたい。

　中国陶瓷の研究資料としての特性は極めて多方面にわたるが、大きく見ると、①保存性、②斉一性、③階層性、④広域流通、⑤意匠的影響、⑥技術的影響、⑦文様・器形における嗜好・美意識の表現、などが挙げられる。

① 保存性

　中国陶瓷だけでなく陶瓷器全般に当てはまることであるが、陶瓷器は極めて保存性が高く、割れて破損することはあっても、消えてなくなることはほとんどない。焼成温度の低い土器の場合、まれに風化して原形を留めないことはあるが、陶器や瓷器の場合には割れて小破片になったり、火を受けて変形をしたりしても、何らかの形が残る。意識して磨滅させたり砕いたりしない限り消滅することはないのである。極端なことを言えば、人類が新石器時代以来これまでに生産した陶瓷器の大部分は、割れて破片になりながらもこの地球上のどこかに残されている可能性が高いのである。こうした消えてなくならないという特性によって莫大な量の陶瓷片が各地に残されており、研究資料として有効に利用するこ

とができる。特に、1200度以上の高温で焼かれた硬質の瓷器は特に保存性が高く、小さな破片となっても、産地や年代を特定するのに必要な特徴が良好に残されている場合が多い。

② 製品の斉一性

　中国陶瓷、特に瓷器は同形・同大の製品が大量生産されることが多く、生産地ごとの同時代の製品に強い斉一性が認められる。また、胎土や釉色、整形技法、窯詰技法などは生産窯や生産地域ごとの特徴を示すことが多い。これらの特性から、生産地から遠く離れた消費地で発見された中国陶瓷の小破片でも、産地や生産年代を推定できる場合が多い。こうした特性が、中国陶瓷が世界各地の遺跡の年代決定の基本資料として用いられる要因となっている。

③ 階層性

　中国陶瓷は中国国内では9世紀以降、皇帝から庶民までのあらゆる階層で使用された。9世紀の越州窯の例を挙げれば、皇帝や貴族のための最上質の「秘色瓷」、丁寧な劃花文が施された上質の青瓷、無文であるが全面施釉された普通質の青瓷、底部が無釉の粗製青瓷など、さまざまな質の製品が同時代に同一地域で生産されており、同じ窯の製品に品質の差があったことがわかる。こうした製品の階層性は使用者の階層と完全に一致するわけではないが、墳墓などの陶瓷器の出土例から見ると、出土陶瓷の質的ランクが墳墓の規模や墓誌に記された被葬者の階層に一致する場合が少なくない。つまり、発見された陶瓷器の品質によって使用者の階層や経済力をある程度推定することができるのである。また、これは海外で発見された中国陶瓷の分析にも応用可能である。

　中国では陶瓷器のほかに青銅器、鉄器、石製品、金銀器、漆器、玉器、木製品、骨角器、織物など多彩な工芸が発達した。このうち、ほぼすべての階層で用いられたものは陶瓷器、鉄器、石製品、木製品、骨角器、織物などであるが、陶瓷器と石製品以外のものは保存性が低く、遺跡で発見される遺物や伝世品は数量的にはごくわずかである。石製品は保存性は良いものの青銅器時代以降には使用が限定されていて、陶瓷器のように日常生活で幅広く用いられていない。

④広域流通

　中国陶瓷の大部分は商品として大量生産されており、広域に流通する。特に8世紀後半以降には、一部の大生産地の製品が国内での広域流通はもとより、海外にまで輸出されるようになり、中国から地中海東部、アフリカ東岸まで運ばれ、世界的な規模での流通が認められる。さらに、16世紀以降には、ヨーロッパ、アメリカ大陸にまで運ばれ、文字通り

世界中に流通した。各地に残された中国陶瓷は、世界的な規模での交易や流通の具体的な姿を示す重要な研究資料となっている。

⑤意匠的影響関係

中国陶瓷は、海外に輸出されて世界中で模倣され、各地の陶瓷器に意匠的な影響を強く与えた。また、同時に西方のガラスや金銀器、陶器などの影響も色濃く受容しており、単に国外に影響を及ぼすだけでなく、外からの影響も受け入れた、相互的な影響関係があったことがわかる。こうした点から東西の文化交流の様相を具体的に示す資料として活用することができるのである。

また、中国陶瓷には金銀器、青銅器、漆器、玉器など中国の他の工芸品からの影響も色濃く認められ、同時代の工芸品間の影響関係も探ることができる。さらに、同時代の陶瓷生産地間の意匠の影響関係も知ることができる。

⑥技術的影響関係

中国陶瓷は製品が海外に広く流通するとともに、その技術も国外の陶瓷生産地に大きな影響を与えた。韓国、日本、東南アジア一帯には中国の江南の窯構造や焼成技術が伝わり、特に韓国には越州窯系の工人が海を渡って青瓷生産技術を直接伝えた可能性が高い。ヨーロッパ諸国の窯業地は、中国の瓷器焼成技術を再現するためにさまざまな技術開発を行っており、間接的ではあるが中国陶瓷の技術影響を強く受けている。

また、中国陶瓷の装飾技術には、西アジアのコバルトを利用した技法が認められており、一方的に他地域に影響を及ぼしただけでなく、外来の技術の受容も行われていたことがわかる。中国陶瓷はこうした技術史的な研究材料ともなりうるのである。

⑦文様・器形における嗜好・美意識の表現

中国陶瓷の器面に表わされた文様や器形、釉色には、時代ごとの美意識や嗜好、流行などが色濃く反映されており、各時代の美意識の変化や文化動向を具体的に知る材料となる。

以上のように中国陶瓷は極めて多彩な特性を有しており、さまざまな切り口での研究が可能であるが、本書では「②製品の斉一性」に関わる編年的研究と「⑤意匠的影響関係」と「⑥技術的影響関係」に関わる意匠と生産技術の系譜研究を中心に、8世紀後半から14世紀までの中国の青瓷の流れを明らかとし、併せて「④広域流通」の視点から流通ルートの問題についても考察を加える。。

3. 本書の研究領域と研究方法

　本論文で取り扱う研究領域は、8世紀後半から14世紀にわたる中国の青瓷全般にわたるが、中心となるのはこの時期に中国の青瓷生産の中核となった越州窯と龍泉窯の製品の編年研究である。さらに、この二つの窯と密接な関係をもつ耀州窯、汝窯、南宋官窯の技術・意匠の系譜研究を行い、越州窯から龍泉窯へと続く中国青瓷の大きな流れを明らかにする。

(1) 越州窯青瓷・龍泉窯青瓷編年の意義

　越州窯は漢代から北宋代にかけて中国の青瓷窯の中心的位置を占めたが、特に8世紀後半から11世紀にかけて、その製品は中国国内で広く流通するとともに、海外にも盛んに輸出された。越州窯青瓷の遺品は韓国、日本、東南アジア、南アジア、西アジア、地中海東部など広大な地域で発見されており、さらには、韓国、日本など国外の陶瓷生産にも技術や意匠の影響を及ぼしている。

　龍泉窯は、越州窯系の青瓷生産地として遅くとも南朝から唐代頃には開窯したが、北宋代後期から末期には越州窯と異なる特徴をもった青瓷の生産をはじめ、南宋代の12世紀後半からその製品は海外に盛んに輸出されるようになった。12世紀末から13世紀初頭には粉青色と呼ばれる水色の釉を厚くかけた上質の青瓷の生産を開始し、南宋官窯青瓷に比肩しうる水準の製品を生み出し、中国の青瓷窯の中心的位置を占めるようになった。元代にはその製品はモンゴル高原を含む中国全土に流通するようになり、韓国、日本、東南アジア、南アジア、西アジア、地中海東部、アフリカ東岸部にわたる広大な地域に莫大な量が輸出された。その意匠の影響は、日本、ベトナム、タイ、ミャンマー、イラン、エジプトなどに及び、各地で龍泉窯青瓷の模倣品が生産された。

　このように越州窯と龍泉窯の青瓷は、中国国内で流通するだけでなく、海外にも盛んに輸出され、世界の陶瓷器流通の中心を占め、世界各地の陶瓷器生産に大きな影響を与えた。本書ではこの越州窯と龍泉窯の製品の詳細な編年を確立することを第一の目的とするわけであるが、この二窯が世界の陶瓷史の中で果たした役割とその製品流通の世界的規模から見て、その編年成果は大きな意味を持つ。一窯系の製品の年代決定と編年構築という意味に留まらず、世界各地の出土遺物や伝世品の詳細な年代決定に資することが期待され、世界的規模での陶瓷流通や東西交流史、窯業史の研究を推進することが期待できるのである。

　越州窯と龍泉窯の製品の編年研究は、第2章と第6章で述べるように、これまでにも少なくない研究が行われているが、本論文では、紀年墓出土資料、年代が記入された紀年資料、窯址出土資料、層位的な発掘調査の行われた遺跡出土資料、窖蔵出土資料、沈船出土資料および伝世資料など一括性の高い出土資料を総合的に分析して、器種ごとの器形変化や技術の変化を明らかとし、これまでにない詳細な編年を構築することを目的とする。

第1章　問題の所在　　7

(2) 越州窯青瓷と龍泉窯青瓷を結ぶ技術・意匠系譜

　本論文における、編年研究に次ぐ大きな研究目的は、越州窯から龍泉窯へと繋がる技術と意匠の系譜を明らかにすることにある。

　まず、越州窯と龍泉窯の系譜関係に触れたこれまでの研究を紹介しておきたい。

　中国青瓷の歴史を体系的に総括した初めての研究書といっても過言ではない小山冨士夫の『支那青磁史稿』(1943年)では、越州窯青瓷の窯址や日本、エジプト、イラク、インドなどでの越州窯青瓷の出土例を紹介し、同時に南宋龍泉窯の窯址、関連文献、伝世品などを紹介している。しかし、越州窯青瓷の終末を「いづれにしても餘姚の窯では北宋中期以降には見るべき青磁はもう焼けなくなったのではなかろうか」とし(註2)、龍泉窯の初現について北宋代まで遡ると推定するに留まり(註3)、両者の関係についての言及は無い。

　陳万里の『中国青瓷史略』(1956年)では、早期の龍泉窯青瓷は越州窯から発生し、龍泉窯の生産開始時期はおおむね五代であり、越州窯が衰退したのち、龍泉窯がこれに代わって起こったとしている(註4)。また、龍泉の大窯と渓口で郊壇下官窯を模倣した青瓷が焼かれた例を紹介し、龍泉窯と南宋官窯との関係にも言及している。

　朱伯謙と王士倫は、龍泉窯の発掘報告(1963年)の中で、(五代)龍泉窯は越州窯から発展したもので、同時に甌窯の伝統も受け継いでいるとしている(註5)。

　矢部良明は「宋代青磁の展開」(『世界陶磁全集』12巻　小学館　1977年)で、龍泉窯の特色を備えた青瓷は越州窯の系譜をそのまま受け継いで11世紀後半には出現したとし、「越州窯のよどみのない造形展開の過程の中で龍泉窯が生まれ、窯業の主流が越州窯からしだいに龍泉窯に移っていった」と述べている。同時に、龍泉窯の文様は越州窯系の黄岩窯(甌窯、筆者註)との関連がある可能性を指摘している(註6)。また、龍泉窯は12世紀末もしくは13世紀初頭に砧青磁を焼造し始め、越州窯とは「別な流れを汲む新様式を確立した」とし、その母体を南宋官窯であるとした(註7)。

　朱伯謙は、「龍泉青瓷簡史」(『龍泉青瓷研究』文物出版社1989年)で、北宋初期に温州一帯の甌窯系の工人が金村で窯を経営し、北宋中期以降に龍泉窯独自の伝統が確立したとしている(註8)。

　亀井明徳は、「草創期竜泉窯青磁の映像」(『東洋陶磁』19号　1992年)で、龍東地区の窯址発掘遺物を再整理・分析し、「(竜泉窯は)11世紀末以前のある時点で甌窯青瓷のコピーを試み、次第に倣製品から脱却し、竜泉窯独自の形式を確立していく」と甌窯からの技術系譜を指摘している。また、甌窯と龍泉窯で倣耀州窯青瓷を焼造したことをも指摘している(註9)。

　これら先学の研究では、北宋代の初期龍泉窯は越州窯系の技術系譜の中に位置づけられ、直接的には越州窯系の甌窯の影響下で成立したという見解が多数を占めており、筆者もこ

れと同意見である。また、南宋代の 12 世紀末から 13 世紀初頭に日本で「砧青瓷」、中国で「粉青色青瓷」または「薄胎厚釉」と呼ぶ上質の龍泉青瓷が、南宋官窯の強い影響によって生み出されたという見解もほぼ定説と言ってよいであろう。

ここで問題になるのは、南宋官窯の影響が何故、どのようにして龍泉窯に及び、広い意味での越州窯青瓷の技術系譜上にあった龍泉窯を大きく変質させ、中国を代表する青瓷窯に発展させたかという点である。

この問題を考えるために、本書では南宋官窯青瓷と南宋官窯に大きな影響を与えた北宋代の汝窯天青色青瓷、さらに汝窯の基礎となった可能性が高い五代・北宋初期の耀州窯青瓷にまで考察を広げて、越州窯青瓷から龍泉窯粉青色青瓷（砧青瓷）にいたる技術と意匠の系譜を、江南と華北を結ぶ青瓷技術の影響関係の中から読み解いて行く。越州窯と龍泉窯の研究を中心に、耀州窯、汝窯、南宋官窯にまで考察を広げることによって、唐から元代にいたる中国の青瓷発達史の大きな流れを明らかにしたい。

耀州窯、汝窯、南宋官窯の青瓷は、越州窯や龍泉窯の製品のように海外に盛んに輸出され世界的な規模での影響力を持ったわけではなかったが、汝窯、南宋官窯の青瓷は北宋・南宋代の中国陶瓷の最高峰であり、耀州窯も北宋代に華北各地の窯業生産に大きな影響を与えていて、いずれも青瓷発展史を考える上で極めて重要な位置を占めている。

本論文では、第 2 章でまず越州窯の晩唐から南宋初期の詳細な編年を構築する。第 3 章では晩唐・五代から北宋代までの耀州窯青瓷の編年を、越州窯青瓷の編年との比較なども行ないながら構築し、これまでの耀州窯の編年感を再検討する。第 4 章では、汝窯青瓷の各器種と他窯の製品との系譜関係を明確化し、同時に汝窯の焼成技術の系譜をたどる。第 5 章では、南宋官窯の一つである老虎洞窯址の出土遺物の編年を構築する。第 6 章では、南宋中期から元代後期にかけての龍泉窯の詳細な編年を確立する。さらに、第 6 章では第 1 章から 6 章で構築した青瓷の編年を基に、青瓷を中心とした中国陶瓷の輸出について、生産地と輸出港、及び輸出ルートに焦点をあてて考察する。

さらに第 7 章では、15 世紀末から 18 世紀の中国貿易陶瓷の生産と輸出について考察し、中国青瓷輸出の終焉期の状況を明らかにする。

結語では、越州窯、耀州窯、汝窯、南宋官窯、龍泉窯へと繋がる青瓷焼成技術と意匠の系譜を明らかにし、華南と華北にまたがるこれらの青瓷生産地が遠隔地であるにもかかわらず、互いに影響し合いながら、唐代から元代に至る中国青瓷の焼成技術や意匠をどのように発展させていったかを概観する。

註

1. 近年河南省二里頭遺跡から出土した原始青瓷が前18世紀までさかのぼるとの説が出されているが、正式な出土報告がなされていないため、ここでは確実な出土例に基づき「遅くとも紀元前15世紀」という表現にした。
2. 小山冨士夫『支那青磁史稿』文中堂　1943年　98頁。
3. 小山冨士夫『支那青磁史稿』文中堂　1943年　218頁。
4. 陳万里『中国青瓷史略』上海人民出版社　1956年　22頁～23頁。
5. 朱伯謙・王士倫「浙江省龍泉青瓷窯址調査発掘的主要収穫」『文物』1983-1　27頁。
   なお、矢部良明は、この報告で五代とされた龍泉窯の水注が北宋末期に位置づけられると指摘しており、筆者も同意見である。註6文献の188頁上段。
6. 矢部良明「宋代青磁の展開」『世界陶磁全集』12巻　小学館　1977年　188頁。
7. 矢部良明「宋代青磁の展開」『世界陶磁全集』12巻　小学館　1977年　216頁下段。
8. 朱伯謙「龍泉青瓷簡史」『龍泉青瓷研究』文物出版社1989年　7頁。
9. 亀井明徳「草創期竜泉窯青磁の映像」『東洋陶磁』19号　1992年　22～23頁。

関連窯址地図

第2章　越州窯青瓷の編年

1. はじめに

　越州窯は、漢代から北宋代にかけての中国を代表する青瓷窯である。遅くとも東漢代初頭の1世紀中頃には完成された青瓷の生産を開始し、続く三国時代、西晋代、南北朝時代には明器を中心とした多様な製品を生産し、その流通は江南地域を中心に、中原地域にまで拡がっていた。

　唐代の8世紀後半頃から南宋代前期の12世紀頃までは、実用性と美しさを兼ね備えた質の高い容器類の生産を盛んに行なった。この時期の製品は「秘色」と呼ばれた宮廷用とされる最上質のものから、民間で使用された低質なものまで多岐にわたり、その流通は中国全域に拡がるとともに、海外にまで及び、国内外各地の窯業に大きな影響を与えた。本章では、越州窯の最盛期ともいえる唐代後半期から南宋代初期の製品に焦点をあて、その編年研究を試みる。

　さて、まず本論に入る前に、ここで用いる「越州窯」という名称の問題点とその概念について明らかにしておきたい。

　日本の中国陶瓷研究では、「越州窯」という名称が一般的に使われている。しかし、現在の中国では、唐代の「越州」は隋代の「会稽郡」で、現在の紹興を指す地名であり、「越州」地域より広い範囲に拡がっている窯群の総称としては不適当との考えから、浙江省北部全体を指す地域名称である「越」を用いて「越窯」と呼び、その製品は「越窯青瓷」、「越瓷」、「越器」などと呼んでいる。

　唐代における用例をみると、8世紀後半に著されたとされる陸羽の『茶経』では、「碗越州上鼎州次」や「越州瓷」のほかに、「越瓷類玉」という表記もおこなわれている（註1）。また、晩唐期の陸亀蒙（？～881年頃）の『秘色越器詩』には「九秋風露越窯開、奪得千峰翠色来」とあり（註2）、「越州」と「越」という名称は、唐代には厳密な使い分けはなく、ほぼ同意義として用いられていたことがわかる。

　宋代には、徐兢の『宣和奉使高麗図経』（1125年頃）では「越州古秘色」、周密の『志雅堂雑鈔』（1232～1298年）では「監越州窯務趙仁済」（註3）、沈作賓の『嘉泰會稽志』では「越州秘色瓷器」と「今耀州陶器、名曰越器」（註4）、周輝（北宋末～南宋前期）の『清波雑志』では「越上秘色瓷」などの記載があり（註5）、やはり「越州」と「越」は併用されている。

　清代に至っても、朱琰の『陶説』（1774年）では「唐越州窯」（「古窯考」）、藍浦の『景徳鎮陶録』（1815年）では「越窯」（「古窯考」）と両者が用いられており、「越窯」の表記にほぼ統一されたのは、陳万里が科学的な陶瓷研究を確立した民国末期から新中国初期の

頃と考えられる。陳の初期の論文「越器之史的研究」（1935年）では、「越州窯器・・・」との表記があり（註6）、1936年の『越器圖録』では「越器」の表記のみで「越窯」あるいは「越州窯」という記載はなく（註7）、1946年の『瓷器與浙江』（註7）や1956年の『中国青瓷史略』（註8）では「越器」と「越窯」の両方の表記を用いている。恐らくこの頃から、「越窯」の表記が一般的になっていったのであろう。

日本で「越州窯」という名称が定着したのは、おそらく「越州窯」の記載がある朱琰の『陶説』（1774年）がかなり早い時期に国内に持ち込まれ、文化三年（1806年）には葛西因是によって翻刻・出版され、当時の陶瓷器界や好事家に大きな影響を与えたことによると思われる。京焼の名工・青木木米（1767～1833年）が、木村兼葭堂蔵の中国出版の『陶説』を読んで陶工を志し、のちにその翻刻まで行ったのは有名な話である（註10）。なお、「越窯」と記載された藍浦の『景徳鎮陶録』（1815年）もかなり早い時期に日本で翻刻されているが、影響力は『陶説』の方が大きかったようで、明治以降の日本の中国陶瓷研究書では大部分が「越州窯」と表記し、今日まで続いている。

このように、「越州窯」と「越窯」という表記は、唐・宋代から20世紀初頭までは長く併用されており、歴史的に見てどちらの用語も不適切ではないと考えられることから、本稿では日本の慣例に従って、「越州窯」の名称を用いることとした。

なお、日本における国内の遺跡出土品を中心にとした近年の越州窯青瓷の研究では、浙江省北部地域で生産された越州窯青瓷だけでなく、越州窯青瓷の影響を受けた福建省などの他地域産と思われる粗製の青瓷を含めた、越州窯「系」青瓷という名称が用いられることが多い。本稿の目的はあくまでも浙江省北部で生産された本来の意味での「越州窯青瓷」、所謂「狭義の越州窯青瓷」の編年研究であるが、浙江中部や南部の製品には、浙江北部のものと非常に近似していて識別が困難なものが多く、ここで取り上げた遺跡出土品には浙江中・南部のものが含まれている可能性があることを明示しておく。

2. これまでの研究

中国での越州窯青瓷の研究は、陳万里の『越器図録』（註11）、『瓷器與浙江』（註12）、『中国青瓷史略』（註13）以来長い歴史をもつ。

1881年に出版された『中国陶瓷全集4　越窯』（註14）では、数多くの越州窯青瓷の写真が提示され、朱伯謙による「解説」では、原始青瓷から宋代までの越窯青瓷の変遷が示された。しかし、内容は概説の域を出ず、本格的な編年には至っていない。

1982年の『中国陶瓷通史』（註15）では、初頭、中唐、晩唐、五代の器形や器種の変化が、紀年資料や紀年墓出土品などの資料をもとにまとめられているが、概観が示されただけで、詳細な変化は明らかにされていない。

1995 年 1 月に上海で開催された「越窯・秘色瓷国際学術討論会」における林士民による研究発表「談越窯青瓷中的秘色瓷」（註16）では、多くの紀年墓出土資料や紀年資料をもとに、秘色瓷（越州窯青瓷）の編年が提示された。第 1 期－唐・元和年間（806 ～ 820 年）前後、第 2 期－唐・大中から咸通年間（847 ～ 874 年）前後、第 3 期－唐・光化年間から五代・広順年間まで（898 ～ 953 年）、第 4 期－北宋・太平興国年間から咸平年間まで（976 ～ 1003 年）、第 5 期－北宋・咸平末年から熙寧元年（1003 ～ 1068 年）の 5 期編年であるが、主に器種の消長や釉調・施文・生産量の変化などについての説明で、器形の具体的な変化についてはほとんど触れられていない。

鄭建華は 1998 年の「越窯青瓷装焼工芸的初歩総結」（註17）で、目跡と窯道具の変化に着目し、中唐期から南宋初期の間を 4 段階に区分した。第 1 段階（中唐から晩唐前期）は、胎土目積みで、目跡は点状で高台端部に見られ、第 2 段階（晩唐後期から五代）になると高台端部に細長い弧状の目跡が残るようになる。第 3 段階（五代末期から北宋前・中期）には、低い輪トチンの上に胎土目を置き、高台内に当て、第 4 段階（北宋晩期から南宋初期）になると、輪トチンの器高が高くなるという変遷を明らかにした。それまでの中国での越州窯青瓷研究では見られない詳細な検討である。

林士民は、1999 年出版の『青瓷與越窯』（註18）で、浙江省慈渓市の上林湖地区および杜白湖地区の窯址群と浙江省寧波市東銭湖地区の窯址群の概要を詳細に報告した。上林湖地区では初唐期、晩唐期、北宋早期、北宋晩期に時期区分して、各期の典型的な窯址とその採集遺物の実測図を呈示した。杜白湖地区では、窯址群の中から白洋村類型と北栗子山類型を抽出し、前者を 9 世紀 20 年代から 30 年代、後者を 11 世紀 80 年代から 12 世紀初頭に位置づけ、採集遺物の実測図を示した。この報告により、越州窯研究上有用な資料が多数公表されたが、本書の中では器形の変遷を明確化するという視点は乏しい。

謝純龍は、1999 年の「上林湖地区的青瓷分期」（註19）で、上林湖地区の東漢代から南宋初期の青瓷を、13 期（前 1、2 期・後 1 ～ 11 期）に区分した。非常に細かい編年ではあるが、残念ながら区分の基準や各期の年代決定の材料が明確に示されておらず、検証が不可能である。

権奎山は、2002 年に出版した寺龍口窯の報告書の中で、層位的な調査を基に寺龍口窯址出土遺物を 6 期に時期区分したが、器形の変化の過程を細かく説明するまでにはいたらなかった（註20）。

日本では、1930 年の飼田万太郎による上林湖窯址の発見以降、村松雄蔵による上林湖窯址の詳細な踏査報告（註21）、藤岡了一による日本出土越州窯青瓷の研究（註22）、小山冨士夫による総合的な研究（註23）、米内山庸夫によるによる文献的研究（註24）などにより、20 世紀中頃までに越州窯青瓷研究の基礎が築かれたが、本格的な編年研究は、大宰府史跡や

博多遺跡群の調査が進展し、日本出土の越州窯青瓷が注目されはじめた 1970 年代を待たねばならない。

亀井明徳は 1975 年の「日本出土の越州窯陶磁器の諸問題」(註25) で、鴻臚館跡の採集資料よって越州窯青瓷碗皿の形式分類を試み、精・粗の二大別を大分類に、高台形態を中分類に、目跡の位置や器形を小分類に置き、その後の分類・編年研究の基礎を作り上げた。

1978 年に発表された森田勉・横田賢次郎の「大宰府出土の輸入中国陶磁について」(註26) は、大宰府で出土する唐代から元代までの中国陶瓷を形式分類し、共伴する土器の年代からその盛行年代を明らかにしようと試みた論文で、以後の日本出土中国陶瓷の考古学的研究に大きな影響を与えた。ここでは、越州窯青瓷の碗・皿・杯が総釉と部分釉施釉によってⅠ類とⅡ類に大別され(大分類)、中分類は高台形態、小分類は体部・口縁部の形態で細分された。越州窯青瓷の出土年代は 8 世紀後半から 11 世紀初頭(Ⅰ期)に置いている。

森田は 1979 年に、全面施釉のⅠ類を、全面施釉後に高台の釉の一部を搔き取るⅠ類と細い高台をもち全面施釉するⅢ類に二分し(註27)、1982 年にはさらに細分を一部追加している(註28)。

矢部良明の「宋代青磁の展開」(1978 年)(註29) は、紀年墓出土資料や紀年資料をもとに越州窯青瓷から龍泉窯の青瓷への流れを明らかにしようとした論考であり、その後の研究にかなりの影響を与えた。しかし、今日では越州窯青瓷が直接龍泉窯青瓷に繋がるという見解は否定されている。

1993 年に橿原考古学研究所による日本出土資料が集大成された大部の報告『貿易陶磁－奈良・平安の中国陶磁－』(註30) が出版され、その中で土橋理子が、それまでの日中両国での越州窯青瓷の研究を体系的にまとめ、分類を整理して独自の分類を呈示した。この報告は、研究の基本資料として現在でも重要な位置を占めている。

亀井明徳は、1993 年の「唐代玉璧高台の出現と消滅時期の考察」で、それまで晩唐・五代と位置づけられていた玉璧高台碗・皿が、遅くとも 8 世紀後半には出現し、9 世紀中頃まで盛行し、以後は輪高台が主流となるという説を示した(註31)。なお、亀井は 2002 年にこの説を訂正し、玉璧高台盛行期に輪高台が並行して存在しているという見解を示した(註32)。

横田賢次郎・田中克子は、1994 年の「大宰府・鴻臚館出土の初期貿易陶磁の検討」で、亀井が 1993 年に示した見解とほぼ同じである「蛇目高台(玉璧高台)→低めの輪高台・平底→高めの細い輪高台」という変遷を確認した。

山本信夫は、1994 年の「北宋期越州窯系青磁の検討」(註33) で、前述した森田勉分類のⅢ類(細い高台)が 10 世紀中頃に出現することを明らかにした。

筆者（森達也）は、1999年の「唐代晩期越州窯青磁碗の二つの系譜」[註35]で、晩唐期の玉璧高台盛行期にも金属器を写した輪高台碗が並行して存在し、9世紀中頃に玉璧高台碗は消滅するのではなく、五代・北早の斗笠碗に系譜が続くことを明らかにした。

以上のように、中国では分類基準を明確化した詳細な編年研究はおこなわれておらず、日本では碗や皿の詳細な形式分類や編年研究はなされているが、各器種を総合した体系的な編年研究はまだおこなわれていない状況である。

3.　編年研究の基準資料

ここでは、編年の基準資料として層位的発掘によって得られた資料を中心に取り上げる。

(1)　窯　址

唐代後半期から宋代の越州窯系窯址については、浙江省慈渓市上林湖窯址[註36]、上虞県窯寺前窯址[註37]、寧波市鎮海県小洞嶴窯址[註38]、紹興市上竈官山窯址[註39]、鄞県郭家嶴窯址[註40]などが早い時期に報告されているが、いずれも表面調査のみであり編年の材料としては不十分であった。しかし、近年ようやく、本格的な発掘調査がおこなわれるようになり、2001年に浙江省慈渓市石馬弄窯址[註41]と慈渓市寺龍口窯址[註42]の発掘調査結果が報告され窯址出土品の層位的な検討が可能となった。

2002年には慈渓市博物館によって『上林湖越窯』が出版され[註43]、上林湖窯址とその周辺の古銀錠窯址、白洋湖窯址、里杜湖窯址の採集遺物の概要が明らかとされた。

2003年には、1993年から1995年に発掘された、上林湖・荷花芯窯址（晩唐期）の概報が出版され、9世紀初頭から10世紀初頭にわたる器形変化が明らかとされた[註44]。

・石馬弄窯址

石馬弄窯址は、上林湖の東側にある白洋湖の西岸に位置し、1999年に煉瓦積みの龍窯が1基（Y1）発掘調査された。全長は49.5m、焼成室の幅は1.9～2.4mで、傾斜角度は10度である。焚口は半円形で、焼成室の左壁には窯門が複数（確認されたのは5箇所）設けられている。窯尻には当火壁（焼成室後壁）があり、その外に排煙坑が設けられている。なお、Y1の床面を部分的にトレンチ調査した結果、下層にもう1基の窯（Y2）が存在することが明らかとなっている。

焚口付近にT1、T2、窯尻にT3、T4の4つのトレンチが設定されて掘下げられた結果、T3、T4で、複数の遺物包含層が確認され、層位毎に遺物が取り上げられた。T3では第2、3、4層で、T4では第2、3、4、5層で遺物の包含が確認され、報告者は出土遺物の特徴から、T4の3、4、5層とT3の4層を第1期、T4の2層とT3の3層を第2期、T3の2層

16

を第3期としている。さらに、他の紀年墓出土資料などとの比較から、第1期は唐・元和年間（806〜820年）前後、第2期は水邱氏墓（901年）前後、第3期は「太平戊寅」銘碗・盤との類似性から北宋・太平興国三年（978年）前後の年代を想定している。

　各期の遺物は表1・2・3に示したが、その詳細については編年検討の項で触れることとする。

・寺龍口窯址

　上林湖から西南方に4km弱離れた慈渓市匡堰鎮寺龍村の北に位置し、1998年から1999年の調査で、煉瓦積の龍窯が発掘調査された。窯の規模は、全長49.5m、焼成室の幅1.65mから約2m、傾斜は10度前後である。焚口は半円形で、焼成室の左壁に11の窯門が設けられている。窯尻には焼成室の後壁が残るが、排煙施設は破壊されていた。規模・構造ともに上述の石馬弄Y1窯と近似している。

　窯の周辺にT1からT8のトレンチが設けられ、層位的な発掘が行われ、層毎に遺物が取り上げられている。T3は16層、T7は13層に土層が分けられ、トレンチ両トレンチとも土層が16層に分けられており、報告者は、いくつかの土層をまとめて、6期に時期区分している。

　第1期は、T3の13、12層で、晩唐から唐末・五代初頃まで。第2期は、T3の11〜6層で、五代（907〜960年）。第3期は、T7の5Bから4A層で、北宋前期（960〜1018年前後）、第4期は、T3の5、4層で、北宋中期（1018〜1078年前後）。第5期はT3の3Bから2A層と、T7の3Cから3A層で北宋晩期（1078〜1126年前後）。第6期は、T3の1BとT7の2、1B層で南宋初期、と年代が想定されている。

　この調査で注目されているのは、これまでほとんど知られていなかった越州窯の南宋初期の様相が明らかにされ、しかもその時期の製品の中に南宋官窯によく似た黒胎の青瓷が含まれている点にある。南宋王朝が臨安（杭州）に都を構えて間もなくの紹興元年（1131年）と四年（1134年）に、宮廷の祭器の不足を補うために、越州、紹興府余姚県に祭祀用瓷器を造らせたという記録が『中興礼書』にあり、その焼造がこの地で行われた可能性が高いと考えられている(註45)。この発見は、今後の越州窯と南宋官窯を研究する上で非常に重要なものである。

　各層の遺物は表4に示したが、その詳細については編年を検討する際に触れることとする。

・上林湖荷花芯窯址

　上林湖の南西岸に位置し、1993年から1995年の発掘調査で、Y36窯址とY37窯址の2

基の龍窯が発見された。Y36 は、長さ 45.9 m、最大幅 2.7 m、傾斜 12 度、Y37 は、焚口部が欠損しており残長 41.83 m、傾斜は 13 度である。概報では、Y37 窯址の中央部に設けられた T4 トレンチの遺物を主に報告しており、報告者（沈岳明）は 7 層からなる土層を最下層の第 7 層から 5 層までを第一段、第 4 層を第二段、3 層と 2 層を第三段の三期に区分し、第一段を 9 世紀初頭、第二段を 9 世紀中葉、第三段を 9 世紀末から 10 世紀初に位置づけている（註46）。

(2) 遺　跡

　(a) 中国

・和義路遺跡（浙江省寧波市）

　中国では、多くの遺跡で越州窯青瓷が出土しているが、層位的な発掘調査によって遺物の変遷が把握できる例は、浙江省寧波市の和義路遺跡が唯一といっても過言ではない。和義路遺跡の調査は 1973 年に実施、1976 年に概要が報告され、大量の越州窯青瓷と大中二年（848 年）銘の印花文碗の出土で注目された（註47）。長いあいだ正式報告が出されず詳細は不明であったが、1997 年に詳細な内容と層位毎の出土遺物の内容が報告され、近年では中国における越州窯青瓷研究の基準資料として注目されている（註48）。

　発掘調査によって、城門、造船所、下水道などの遺構と、越州窯青瓷と長沙窯青瓷を多量に含む堆積層が発見された。土層は 6 層に細分されて、宋代文化層（2 層）、五代・北宋文化層（3 層）、唐代第一文化層（4 層）、唐代第二文化層（5 層）、唐代第三文化層（6 層）の 5 つの文化層が設定され、唐代第一文化層には大中年間（847 〜 859 年）、第 2 文化層には元和年間（806 〜 820 年）、第 3 文化層には貞元年間（785 〜 805 年）の年代が与えられている。

　出土した越州窯青瓷には、碗・皿・鉢・合子・水注・壺・唾壺など豊富な器種が見られその器形変化を追うことができる（表5）。また、唐代の劃花文が施された資料が少なくないことが注目される。

　(b) 日本

　日本では、大宰府、博多、鴻臚館、長岡京、平安京など、西日本の官衙や都市遺跡あるいは寺院跡などから越州窯青瓷が多量に出土していが、ここでは、基準資料となる遺構一括出土例を数例取り上げる。

・大宰府観世音寺僧坊 SK1800（土坑）

　観世音寺北側築地と想定される基壇を壊して掘られた、3.3 × 3.6m、深さ 1.3m の土坑

であり、祭祀の際に一括廃棄されたと考えられる大量の土師器とともに、越州窯系青瓷が14点出土している（註49）。土師器の年代は9世紀中頃と考えられており、越州窯青瓷の廃棄年代がおさえられる。14点の越州窯系青瓷には、粗製品のII類（前述の森田分類）が4点含まれ、浙江省産の可能性が高い精製品のI類は、玉璧高台碗が4点、輪高台碗が5点、壺または水注が1点である（図1）。

・大宰府条坊跡34SK215（土坑）

　鏡山猛推定の大宰府条坊（案）の右郭11・12条、1・2坊周辺で検出された数多くの土坑の一つである。国産の土師器、黒色土器、緑釉陶器とともに定窯・邢窯系白瓷と越州窯系青瓷が大量に出土した。国産土器・陶器の年代から10世紀前半に位置づけられている（註50）。

　越州窯系青瓷には、精製のI類と粗製のII類があり（森田分類）。I類には浅碗と深碗があり、いずれも無文であるが深碗には輪花が施されるものがある。浅碗は細目で低い輪高台をもち、深碗は細めと太めの2種類の高台がある。目跡は高台の端部に残り、点状のものと弧状の2種がある。重ね焼きによって見込みにも目跡が残るものも少なくない。精製品のIII類はまったく確認されていない。

・鴻臚館跡SK01（土坑）

　鴻臚館跡で最初に確認された遺構で、一辺3mの廃棄土坑（廃棄物処理遺構）である。国産の須恵器、土師器、黒色土器などとともに中国の越州窯系青瓷、白瓷、緑釉陶器、無釉陶器、高麗青瓷などが出土している（註51）。

　越州窯系青瓷は、精製で細い高台をもつIII類が中心で、精緻な劃花文をもつ碗や皿が出土している。碗は、高台径が小さく体部が直線的に外傾するいわゆる斗笠碗や、体部に丸みをもつ碗などがあり、皿は高台のない碁筍底である。目跡はいずれも高台内に残る。III類と共伴してI類・II類も出土しているが、玉璧高台碗は見られない（図2、3）。

　遺構の年代は、11世紀半ばの鴻臚館廃絶以前の、11世紀前半と推定されている。

　以上の2例により、日本出土の越州窯青瓷の9世紀中頃、11世紀前半の特徴を明確に把握することができる。

4.　編年

(1)　碗による時間軸の設定

　晩唐期の越州窯青磁碗は、玉璧高台（蛇目高台）形のものと輪高台形のものとに大きく

二分される。この二つの高台形態について、亀井明徳が 1993 年に呈示した、玉璧高台が 8 世紀後半から 9 世紀中頃に主体を占め、9 世紀後半には消滅して輪高台に転換するという仮説（註52）は、すでに筆者や亀井自身が指摘しているように（註53）、寧波市和義路の正式報告（註54）で 9 世紀前半に玉璧高台と輪高台の共伴が確認されたことによって、修正が必要となっている。

　ここでは、玉璧高台と輪高台が基本的には並行していることを前提としながら、碗の高台形や器形、目跡位置の変化をもとに編年をおこない、基本的な時間軸を設定する。

　ここで取り扱う唐から南宋初期にかけての碗の最も大きな変化は、目跡の位置が高台端部から高台内へと移動するということである。これは、窯詰め技法が、高台端部に胎土目をあてて匣鉢に直接入れる方法から、上に胎土目をおいた輪トチンを製品の高台内にあてて匣鉢に入れる方法へ変化したことによるものである。

　この変化は森田分類でいうところの I 類から III 類への移行であり（註55）、日本出土の一括資料では 10 世紀前半に位置づけられている大宰府条坊跡 34SK215 と 11 世紀前半とされる鴻臚館跡 SK01 の間で確認できる。また、五代から北宋初期にかけて越州窯の所在する地域を支配した呉越国が、太平興国三年（978 年）に北宋王朝に献納するために生産した青瓷に記されたとされる「太平戊寅」銘の青瓷はほとんどすべてが高台内目跡の III 類であり、978 年以前に目跡位置の移動がすでに完了していたことは古くから指摘されていた。

　山本信夫は、「太平戊寅」銘資料と高台端部に目跡をもつ 874 年埋納の陝西省法門寺出土秘色瓷（図 4）（註56）や 901 年埋葬の水邱氏墓（図 5）（註57）の碗との比較や日本出土資料の年代観から、III 類の出現は 10 世紀中頃としたが（註58）、近年明らかにされた 939 年埋葬の浙江省・康陵（註59）では、すでに高台内目跡が主体となっていることから、III 類の出現は 10 世紀第 1 四半期から第 2 四半期の前半頃と考えられるようになった（註60）。

　ここでは、まず、高台端部目跡の段階を I 期、目跡が高台内に移動した以降を II 期として大きく二分し、さらに各期を細分する。

(a) I 期

　I 期は、玉璧高台が盛行し輪高台も併せて生産された段階：I－a 期と、玉璧高台が盛期を過ぎ、輪高台が中心となる段階：I－b 期とに細分可能である。日本出土の一括資料では 9 世紀中頃とされる大宰府観世音寺僧坊 SK1800 が I－a 期にあたる。両小期の境は、亀井明徳がかつて玉璧高台の消滅期とした 9 世紀第 3 四半期頃と考えられる（註61）。

・I－a 期

　I－a 期には、玉璧高台碗と輪高台碗が併存する。以下、それぞれの特徴を見ながら、

器形の変化を追うこととする。なお、以後、玉璧高台の系譜をＡ系統、輪高台の系譜をＢ系統として、それぞれの系譜を各期ごとに辿ることとする。

（Ａ系統：玉璧高台碗）

　玉璧高台碗の体部の形態は、斜めに直線的にひらくもの（表6-1, 2, 3, 5, 7, 9, 10）と口縁部が内彎するもの（表6-6）の２つに大別されるが、前者が大部分を占め、玉璧高台碗の代表的な器形とすることができる。

　筆者が上林湖窯址の採集品を実見したところでは、高台には、全面施釉後に高台底面の釉を全面または部分的に拭き取ってから胎土目をつける（a類）、全面施釉後に高台の釉を拭き取らずに胎土目をつける（b類）、高台及び周辺部に施釉せず胎土目をつける（c類）、の３種がある。いずれも0.5〜1.0cm程の円形または楕円の目跡が高台の周縁部に6〜8個巡る。b類・c類では内底部の釉面上に同様の目跡が残り、重ね焼されたことが明らかのものが多いが、a類は内底面に目跡があるものは少なく、大部分が匣鉢の中で一点焼成されたと考えられる。全体的な造形の丁寧さや胎土の精製度はa類・b類・c類の順に低下し、a類が最良質である。高台幅は、広いもので底径の３分の１程、狭いもので４分の１程である（註62）。

　中国の紀年墓出土品や紀年資料など年代が明らかな資料における現時点での越州窯青磁玉璧高台碗の初現は、中唐期の大暦十三年（778年）紀年の河南省偃師市・杏園M5036号墓出土の輪花浅碗（表6-1）（註63）である。碗というよりは盤に近い形態であるが、畳付の幅が広い典型的な玉璧高台をもつ。また、埋葬年は不明であるが墓誌銘に安史の乱（755〜763年）に触れる記載がある江蘇省儀征県・劉夫婦墓（紀年は不明）出土の碗も、安史の乱からさほど時代が下がらない8世紀後半と推定される（表6-3）（註64）。図では高台幅が示されていないが、器高が低く、底径が大きいのが特徴である。

　玉璧高台碗の越州窯青瓷以外の製品では、さらに時代が遡る例として、至徳元年（756年）紀年の杏園YHM3号墓出土の黄釉碗があり（図6）（註65）、この器形の系譜は少なくとも8世紀中葉までは遡り得る。このため、越州窯青瓷玉璧高台碗も初現は778年よりさらに古くなる可能性が充分に考えられる。Ⅰ－a期の上限はここでは仮に8世紀中葉とするが、この年代は今後の紀年墓出土品や紀年資料の増加によって変更の必要が生じる可能性があることを明示しておきたい。

　8世紀末の例としては、貞元十年（794年）紀年の浙江省諸暨市牌頭茶場墓出土品（註66）と浙江省博物館所蔵の同紀年の上林湖出土品（図7）（註67）がある。前者は写真・図面とも公開されておらず詳細は不明である。後者は、出土状況は不明であるが、写真が公開されており、近年編年の基準資料として用いられることが多い。しかし、浙江省博物館・副

第2章　越州窯青瓷の編年　　21

館長の李剛によると、この資料は確実に貞元十年（794年）の墓からの出土品とは必ずし
も言い難いとのことであり、ここでは参考程度に留めておきたい。

　また、日本の長岡京遺跡264次出土品（表6-2）（註68）も、包含層出土ではあるが、長
岡京時代（784～794年）に位置づけることができる。器高が低く、底径が大きい器形は
儀征県・劉夫婦墓出土品と近似しており、高台幅もかなり広い。

　9世紀代の紀年墓出土品は、開成五年（840年）紀年の安徽省合肥機関区墓（図8）（註69）と、
浙江省紹興市大中五年（851年）墓出土品（註70）が知られているだけである。前者は、長
岡京遺跡264次や儀征県・劉夫婦墓出土品よりも器高が高く、高台径も小さくなっている。
後者は詳細不明である。

　851年以後の紀年墓出土品や紀年資料は現時点では知られておらず、定窯・邢窯系白瓷
の玉璧高台碗も856年や858年の紀年墓出土品を最後に姿を消していることから（註71）、
玉璧高台碗は、9世紀第3四半期頃を境に姿を消したと考えられる。

　この頃に位置づけられる資料として、韓国・弥勒寺跡で出土した五輪花碗がある。同一
層から大中十二年（858年）銘の土器が出土しており、9世紀中頃から後半にと推定される（表
6-9）（註72）。840年の合肥機関区墓よりやや器高が高めで、高台幅は玉璧高台としてはか
なり狭い。

　器形の変化を数値的に見るために、底径：器高の比率を、口径を100として示すと、
778年の杏園M5036号墓が41：20、8世紀後半の劉夫婦墓が47：23、長岡京264次が
47：24、794年の上林湖出土品が39：30、840年の合肥機関区墓が37：30、9世紀第3四
半期の韓国・弥勒寺跡で38：32となり、8世紀後半の資料では、底径が40代、器高が20
代前半の数値（以下、器高値、器高値と表記する）を示すのに対して、9世紀中葉・後半
のものは、底径値が30代後半、器高値が30代前半で、顕著な差が認められる。

　この数値からは、時代が下がるに従って底径が小さくなり、器高が高くなる傾向が伺え
るが、資料数があまりに少ないため、これを、層位的な調査が行われた和義路遺跡、石馬
弄窯址、寺竜口窯址出土品で検証をおこなうこととする。

　和義路の唐代第3文化層（報告では貞元年間：785～805年に比定）出土品（表5-1）では、
36：28、唐代第2文化層（元和年間：806～820年に比定）出土品（表5-30）では、41：
27、唐代第1文化層（大中年間：847～859年に比定）出土品（表5-54、55）では、39：
34と41：30である。石馬弄窯址の第1期（報告では元和年間：806～820年前後に比定）
出土品（表1-1）は、38：25、寺竜口窯址の第1期（和義路の唐代第1文化層と同時期に比
定）出土品（表4-2）では、41：31である。

　器高値は、和義路唐代第3・第2文化層および石馬弄窯址の第1期では20代後半、和義
路唐代第1文化層と寺竜口窯址の第1期では30代前半と、明らかに時代が下がるに従っ

て器高が高くなる傾向が確認できる。

底径値はいずれも 40 前後とあまり大きな差がなく、儀征県・劉夫婦墓と長岡京 264 次の 40 代後半とは差があるが、劉夫婦墓と長岡京 264 次は器高値も 20 代前半と、和義路唐代第 3・第 2 文化層および石馬弄窯址の 20 代後半よりさらに低く、より古い様相を示す資料である可能性が考えられる。つまり、劉夫婦墓・長岡京 264 次段階 (1) →和義路唐代第 3・第 2 文化層・石馬弄窯址第 1 期段階 (2) →和義路唐代第 1 文化層・寺竜口窯址第 1 期段階 (3) の 3 段階の変遷が設定し得るのである。器高値は (1) → (2) → (3) と漸移的に高まり、底径値は (2) 段階に 40 前後となり、(2) から (3) 段階には大きな変化はなかったとすることができる。

(1) 段階の、器高が低く、底径が大きい碗は、紀年墓出土ではないが、江蘇省鎮江M 19 号墓出土品（底径値 46：器高値 26）（図 9）（註 73）、唐中期とされる浙江省上虞市鳳凰山M 186 号墓出土品（49：28）（図 10）（註 74）などのほか、北京・故宮博物院所蔵品 2 点（46：24、44：23）（図 11）（註 75）などがあり、この形態が定型化されていたことが明らかである。

なお、日本出土品では、長岡京 264 次出土品以外は、この器形のものはほとんど知られておらず、器高値が 30 以上のものが大部分である。これは、(2) 段階以降に、日本に越州窯青瓷が大量に輸入されたことを示している可能性が高い。

資料数が少ないため、あくまでも仮説に留まるが、以上をもとに、Ⅰ－a 期を三分し、それぞれⅠ－a －1 期、Ⅰ－a －2 期、Ⅰ－a －3 期とし、Ⅰ－a －1 期には 8 世紀後半、Ⅰ－a －2 期には 8 世紀末から 9 世紀第 1 四半期、Ⅰ－a －3 期には、9 世紀 2 四半期から第 3 四半期の年代を与えることとする。

なお、玉璧高台の高台幅も、時代が下がるに従って細くなる傾向が伺えるが、報告書で数値を示していない例が多く、個体差も比較的大きいことからここでは数値化は行わなかった。

（B系統：輪高台碗）

Ⅰ－a 期の輪高台碗には、腰折れで口縁が直線的またはやや外反気味に斜めにひらくもの（以下腰折れ形とする）と、腰が丸く膨らみ口縁部が外反するもの（以下端反り形とする）（表 6-4,8,11）とが見られる。端反り形の碗の内底面には花文や鳥文などの粗放な劃花文が施されるもの（表 6-4,8,11）が多く、腰折れ形でも小碗（表 6-12）では劃花文が施されるものが少なくない。高台の形態は、低い角形高台で、目跡の付き方や高台の外側下方の角を斜めに小さく面取りする点などが、玉璧高台と共通する。造形的には、玉璧高台の中央の窪みを広く削ったものが、この時期の輪高台の形態と言うことができる。

紀年墓出土品で最も時代の古いものは、大暦十三年（778 年）紀年の河南省偃師市・杏

園Ｍ5036号墓出土の劃花魚文碗である（表6-4）（註76）。腰が丸みをおび、口縁が外反する端反り形で、高台は低くて、かなり幅が広く、中国で玉環底と呼ぶ形に近い。内面には粗放な劃花魚文が施されている。

　9世紀の紀年資料は、元和十二年（817年）紀年の浙江省象山県南田島・沈氏二□墓出土の口径21.5cmを測る大形の端反り碗（図12）（註77）、大中元年（847年）紀年の杏園Ｍ1025墓の小形の端反り輪花碗（図13）（註78）、大中二年（848年）銘の和義路遺跡・唐代第3文化層出土の腰折形の印花鳥文小碗（表6-12）、大中七年（853年）紀年の浙江省海寧県徐歩橋墓出土の輪花浅碗（図14）（註79）などがある。

　紀年墓出土品や紀年資料はごくわずかであるが、これらと和義路遺跡、石馬弄窯址、寺竜口窯址の各層出土品とを併せて、以下、玉璧高台の項で設定したⅠ－a－1～3期の小期ごとに、器形の特徴をまとめる。

　Ⅰ－a－1期に位置づけられる資料は、778年の杏園Ｍ5036号墓出土の劃花魚文碗である。輪高台としては、高台幅がかなり広いことが特徴で、報告者は玉璧高台に近似するとしているほどである。Ⅰ－a期の端反り形輪高台碗には、劃花文が施されたものが多く、その器形と劃花文は、毛彫り文様をもった金銀器を模倣したものと考えられが（註80）、現時点で最も古く位置づけられる端反り形輪高台碗に、劃花文が見られることは、この説の根拠として重要である。なお、該期の資料は他に知られていないため、この資料がこの時期の典型とは断定できない。

　Ⅰ－a－2期は、817年の南田島・沈氏二□墓出土の無文碗と和義路唐第2文化層出土の無文碗（表5-39）が非常によく似ており、この時期の典型と考えてよいであろう。高台はⅠ－a－1期に比べてかなり細くなっている。和義路唐第3文化層出土の端反り無文碗（表5-13）と劃花文碗（表5-9）の高台幅は、和義路唐第2文化層のものより広く、Ⅰ－a－1期と第2文化層との中間に位置するようである。

　Ⅰ－a－3期の紀年墓出土品や紀年資料の中では、高台形が明らかにされているのは、848年銘の和義路・唐代第1文化層出土の印花鳥文小碗（表6-12、表5-80）だけであるが、第1文化層出土の輪高台碗は、全般的に高台幅が2期のものより細くなっている。和義路・唐代第1文化層出土の輪高台碗には、端反り形碗、腰折れ小形碗、八字高台碗、長曲碗（杯）など多彩な器種が見られ、劃花文・印花文・輪花などの装飾が施されたものが多いが、これらは、いずれも金銀器を模倣した器形である。これら多彩な器種がこの段階に初めて出現したかどうかは現時点では明らかでない。

　以上のように、輪高台碗はⅠ－a期を通じて、時期が下がるに従って高台幅が狭くなる傾向が窺える。

・Ⅰ－b期

　玉璧高台が姿を消してから、碗の高台内目跡が出現するまでの間を、Ⅰ－b期として設定した。

　この時期の埋納年代の明らかな出土品は、咸通十五年（874年）紀年の法門寺塔地宮出土秘色青瓷（図4-1）（註81）、天復元年（901年）紀年の浙江臨安・水邱氏（銭寛婦人）墓（表6-18）（註82）、開平三年（909年）紀年の河南省洛陽市高継蟾墓出土品（図15-2）（註83）などである。層位的な調査資料には、石馬弄窯址第2期、寺竜口窯址第2期などがある。

　埋納年代が明らかな法門寺、水邱氏墓の出土品は、秘色と呼ばれる最上質の越州窯青瓷であり、これらの出土品には、高台内目跡の製品が含まれていないことを指摘しておきたい。

　紀年資料や石馬弄窯址第2期、寺竜口窯址第2期、大宰府条坊跡34SK215などの出土資料をみると、この時期の碗の高台形態は、B系統の系譜を引く細い輪高台（以下、細輪高台碗と呼称）とA系統の玉璧高台の系統を引く、幅が広く低い輪高台（中国では玉環底と呼ぶ。ここでは以下、幅広輪高台碗と呼称）に大きく二つに分けられる。

　細輪高台碗は、Ⅰ－a期の輪高台碗の高台が、さらに細くなったもので、口縁の形態には端反り形（表6-15,17）と直口形（表6-18）の2種がある。高台が細くなるとともに、体部の器壁もⅠ－a期より薄くなり、輪花が施されるものが増加する。

　前者は、Ⅰ－a期の端反り形碗の系譜を引くが、体部下半の膨らみと口縁の端反りがかなり弱くなっており、よく観察しないと端反りが確認できないほど僅かなものも少なくない（表6-17）。器形には深碗形と浅碗形があり、輪花が施されるものも多い。

　直口縁形にも、深碗と浅碗があり、深碗には水邱氏墓出土品（表6-18）のように高台が高いものが多い。やはり、輪花が施されるものが少なくない。深碗は、Ⅰ－a期の腰折れ小形碗の系譜を引き、浅碗はⅠ－a期の端反り碗の端反りが退化したものと考えられる。

　この時期の細高台碗の目跡は、高台端部にあり、一般的な質の製品には重ね焼きのため見込みに目跡が残るものも多い。目跡の形態は2種あり、Ⅰ－a期と同じ丸形または楕円形のものと、この時期に新たに出現した高台の形に沿った弧状のものがある。前者は、水邱氏墓出土品など比較的上質な製品に限られる。後者は、この時期の主流を占めており、玉状の撚土を多数貼り付ける手間を省くために、数本の細いひも状の撚土を高台に貼り付ける技法が生み出されたのであろう。

　幅広輪高台碗の多くは、体部が傾斜して直線的にひらく器形をもつが（表6-13）（以下、斜直腹碗と呼称する）、一部には体部が、ごくわずかに内弯するものも見られる。Ⅰ－a期の玉璧高台碗の系譜を引いた器形で、高台の幅は底径の4分の1以下となり、もはや玉璧高台とは呼べない形態である。中国ではこの形態を玉環底と呼び、圏足底（輪高台）と

第2章　越州窯青瓷の編年　　25

は区別する場合が多い。底径値と器高値は、石馬弄窯址第2期出土品（表1-2）で、40：39、寺竜口窯址第2期出土品（表2－3）で、44：32、900年前後の埋葬年代が推定されている浙江省臨安・板橋M21号墓出土品（表6-13）（註84）が41：40と、器高値が30代前半に集中するⅠ－a－3期の玉璧高台碗より、さらに器高が高くなる傾向が窺える。

　Ⅰ－b期の年代の上限は、玉璧高台碗が姿を消す9世紀第3四半期頃、下限は、939年紀年の浙江省臨安・康陵で高台内目跡の初現が見られることからそれ以前の10世紀第1四半期から第2四半期の初め頃と考えられる。

（b）Ⅱ期

　Ⅱ期は、目跡が高台内に移動する五代から越州窯青瓷の生産が衰退する南宋初期までの期間である。器形や目跡の位置などの変化からみて3つの小期に細分することが可能であり、a、b、cの記号で示すこととする。

（Ⅱ－a期）

　Ⅱ－a期は、高台内目跡の碗と高台端部目跡の碗が併存する段階である。

　五代呉越国・天福四年（939年）紀年の康陵（図21、表6-19, 20, 21）（註85）、紀年不明であるが康陵とほぼ同時期と考えられる江蘇省蘇州市七子山1号墓（図16）（註86）と杭州三台山M32号墓（図17, 18）（註87）、遼・会同四年（941年）の内蒙古・耶律羽之墓（図19）（註88）、天福七年（942年）の銭元瓘墓（図20）出土品（註89）などがこの時期に位置づけられる。

　939年の康陵では、44点の越州窯青瓷が出土し、その大部分が秘色瓷に位置づけられる上質品である（図21）。直口形の輪花碗（表6-20）、体部が直線的に斜めに開く碗（斜直腹碗）（表6-19）、平底で口縁が内弯する碗（図21の実測図9）の三種類の碗が出土している。直口輪花碗は、高台が僅かに外傾し、高台端部には平坦面が無く、細く尖っている。目跡は高台内に8個の楕円形の胎土目が巡っており、現時点での高台内目跡碗の初現例である。この資料と、近似した器形で高台端部目跡をもつ水邱氏墓出土輪花碗（901年・Ⅰ－b期）（表6-18）とを比較すると、Ⅰ－b期からの技法的な変化が明確に把握できる。

　前者は六輪花、後者は五輪花であるが、体部形態は非常によく似ており、同一器種の系譜上に位置づけられる。水邱氏墓出土品の高台は、直立して端部に平坦面をもち、その部分の釉が焼成前に拭き取られて目跡が巡らされる。一方、康陵出土品の高台は外傾して、端部は平坦面をもたずに先が尖り、総釉がけされ、目跡は高台内の外底面に巡っている。

　8世紀後半以来、輪高台碗は金銀器の器形や施文を模倣してきたが、康陵出土碗で高台が外傾するようになるのは、金銀器の形態により近づけるための試みの結果と考えられる。

外傾高台（ハ字高台）は、Ⅰ－a－3期には既に小碗や長曲杯などが見られるが、この段階のものは、器壁が厚いために、ハ字形にひろがった高台で支えて焼成しても、変形することは無かったようで、高台端部に目跡をもっている（表5-73〜78）。しかし、Ⅰ－b期に輪高台碗の器壁が薄くなり、高台も細くなると、薄い外傾高台で支えて焼成することは不可能となったようで、法門寺の秘色瓷碗（図4-1）を例外として、外傾高台はあまり見られない。しかし、外傾高台は該期の金銀器碗の大きな特徴の一つであり、金銀器碗の繊細な造形を目指して、より薄く、よりシャープに変化してきた越州窯青瓷輪高台碗にその特徴である外傾高台を取り入れる試みがなされた結果、生み出されたのが高台内目跡の技法であると考えられる。リング状のトチン（ハマ）で外底部を支えて高台を浮かせることにより、細く繊細な外傾高台を歪みなく焼き上げることができるようになった。また、畳み付から目跡を無くし、高台全体に施釉することにより、使用の際の目跡による異物感を消しさることが可能となり、実用性と美観も増すことが可能となったのである。

　康陵出土品では、盤（図21-3）、托盤（表6-21）など、細い外傾高台を持つものは高台内目跡であるが、斜直腹碗、唾壺など低い角高台の器種と、水注、双耳瓶、小壺など外傾高台でも高台幅が太いものは、Ⅰ－b段階と同じく高台端部に目跡をもち、高台内目跡はまだ主流とはなっていない。

　康陵とほぼ同時期の耶律羽之墓（941年）では、斜直腹碗1点（図19-1）、輪高台輪花碗1点（図19-2）、有蓋双耳壺2点、計4点の越州窯青瓷が出土している（図19）。斜直腹碗は、低い輪高台で、高台端部に目跡がある（図19-1）（註90）。底径値：40、器高値：39で、底径値：38、器高値39の康陵出土品とほとんど同じプロポーションである。なお、この数値は、Ⅰ－b期の板橋M21号墓（900年前後）出土品ともほぼ同じであり、Ⅰ－b期からⅡ－a期には、斜直腹碗の形態にはあまり大きな変化がなかったことがわかる。なお、輪花碗については目跡の位置は明らかでない（図19-2）。

　942年の銭元瓘墓では、高台が直立する輪花碗が出土しており、目跡の位置は明示されていないが、写真と記載から高台端部に目跡がある可能性が高い（図20-4）。

　三台山M32号墓も、出土した盤、合子、托などの形態（図17）が康陵出土品と近似しており、ほぼ同時期の可能性が高い。碗は浅碗（図17-1）と輪花の深碗（図17-3）の2種類があり、どちらも高台は細くて短く直立する。康陵出土品と近似した、外傾高台の盤も出土している（図17-2）。報告では、高台内に目跡を持つものが多いとしているが、すべてが高台内目跡であるかどうかは明らかでない。浅碗と深碗の形態はⅠ－b期のものと大きな差は無く、深碗は銭元瓘墓出土品と近似している。

　七子山1号墓（図16）は、重盒と洗が、康陵（939年）出土品（図21-9、13）と、有蓋双耳壺が耶律羽之墓（941年）出土品と同形で（図19）、やはりほぼ同時期の可能性が高い。

鍍金の銀覆輪が施された上質の碗が1点出土しており（図16-1）、体部は僅かに内弯しながら斜めにひらき、高台は低い。器形は斜直腹碗に近いが、高台幅は狭く、目跡は高台内にある。次のⅡ-b段階になると、高台端部に目跡をもつ斜直腹碗は姿を消し、斜直腹形の碗もすべて七子山1号墓出土品と同じ高台内目跡になるが、ここで問題となるのは、七子山1号墓出土品が、康陵や耶律羽之墓出土のような唐代の玉璧高台碗の系譜を引く高台端部目跡の斜直腹碗が高台内目跡に変化したものであるのか、輪高台碗の系譜の中から新たに生まれた器種であるのかという点である。

　七子山1号墓出土品の底径値：器高値は41：37で、耶律羽之墓の40：39、康陵の38：39と大きな差は無く、短く突出した高台とシンプルな体部の器形も共通している。相違点は、七子山1号墓出土品は器壁がかなり薄いということであるが、この時期を最後に高台端部目跡の斜直腹碗が姿を消し、Ⅱ-b段階以降には細高台で高台内目跡の斜直腹碗が隆盛となることから、これを玉璧高台碗以来の斜直腹碗の系譜上に置くことが可能と考える。なお、七子山1号墓出土品は、非常に上質の秘色瓷であり、当時の最新・最高の技術によって作られたと考えられ、新しい目積技術がいち早く用いられたのかもしれない。

（Ⅱ-b期）

　この時期には、大形の壺類を除き、高台を有する器種はほぼすべて高台内目跡となり、上質品には繊細・緻密な劃花文や陽刻文が施され、金属器を思わせるような薄い器壁とシャープな造形を伴った製品が生産された。製品の質的な面では、越州窯青瓷の最盛期に位置づけることができる。

　埋納年代が明らかな出土品は、建隆二年（961年）の浙江省東陽県南市塔（表6-25）（註91）、同年の江蘇省蘇州市虎邱雲岩寺塔（図22）（註92）、「太平戊寅」（太平興国三年・978年）銘碗等（図23）、統和十三年（995年）北京市韓逸夫婦墓（図24）（註93）、咸平三年（1000年）の河南省鞏義市元徳李后陵（図25）（註94）、遼・開泰七年（1018年）の内蒙古・陳国公主墓出土品（図26）（註95）などがある。層位的な発掘調査では、石馬弄窯址の第3期（表1,2,3）、寺竜口窯址の第3・第4期（表4）、日本では鴻臚館跡SK01出土品（図2,3）などが挙げられる。

　玉璧高台の系譜を引くA系統では、Ⅱ-a期の七子山1号墓出土品（図16-1）に見られた、細く短い輪高台、高台内目跡、薄い器壁などを特徴とするものが主流となり、体部は僅かに内弯気味になるものが多い。また、これまでA系統にはほとんどなかった精緻な劃花文を伴うものが出現する。

　A系統の劃花文碗の代表的な資料としては、鴻臚館跡SK01出土品（図3）や寺竜口窯址T3-4層（第4期）出土品（表4-4）、内外面に劃花文をもつ英国デイビット財団所蔵品（図

27）などが挙げられる。

　B系統では、浅碗は少なくなり、下半部がたっぷりと膨らんだ深碗形が主流となる。器壁は薄く、口縁には直口と端反りの2種があり、上質品には内底面や口縁内側に花文、蝶文、唐草文、鸚鵡文などさまざまな劃花文が施されるものが少なくない。外面に陽刻蓮弁文や劃花文が施されるものもあり、輪花が施されるものも多い。高台は高いものと低いものの2種があり、直立するか、僅かに外傾するものが主流で、強く外反するものはほとんど見られない。

　小碗は、高い外反高台をもつものが多く、劃花文が施されるものも少なくない。口縁は直口と端反りがあるが、直口が主体を占める。

　碗ではないが、この段階には、内底面に繊細な劃花文や外面に陽刻蓮弁文などをもつ上質の盤が作られ、外傾する高台と薄く精緻な造形が特徴的であり、高台は付高台となる。南市塔（表6-25）や陳国公主墓出土品（図26）などが代表的な資料である。

　Ⅱ－b期で、埋納年代が明らかな資料の中で最も古い南市塔出土品（961年）（註96）は、報告では婺州窯系青瓷となっているが、婺州窯は広義の越州窯に含まれ、特にこの時期の製品は越州窯とほとんど差がないため、ここでは編年材料として取り上げる。陽刻蓮弁文碗、劃花文盤、鉢、有蓋双耳壺、双耳壺、托が出土しており（図28）、このうち有蓋双耳壺はⅡ－a期の康陵（939年）出土品（図21）と近似しており、前段階の様相が色濃く残るが、陽刻蓮弁文碗、劃花文盤はⅡ－b期に盛行する新しい器種である。また、同じく961年に埋納された虎邱雲岩寺塔出土の碗・托も陽刻蓮弁文が施された上質の秘色瓷であり、これらの例から、Ⅱ－b期の上限は961年より前の10世紀中頃に設定することが可能である。

　Ⅱ－b期の下限については、製品の質が急激に低下する時期として設定している次のⅡ－c期の埋納年代が明らかな出土品や紀年資料はほとんどないため、現時点では明確化することが不可能であるが、ここでは、1018年の陳国公主墓より後には上質の製品の紀年墓出土品などがまったく知られていないことを重視し、11世紀中頃を仮に下限としておきたい。

　上限が10世紀中頃、下限が11世紀中頃とすると、Ⅱ－b期は約1世紀にも亘ることとなり、さらに細分が可能と思われるが、現時点では資料が充分でないため、大枠の設定に留め、今後の課題としたい。

（Ⅱ－c期）

　Ⅱ－b期に引き続き、高台内目跡が主流であるが、全体的に質的な低下がはじまり、劃花文を伴う上質の器種でも、造形が粗雑なものが少なくない。劃花文は、Ⅱ－b期の細い

線による緻密な文様が姿を消し、片切り彫りによって輪郭を太く描き、内部に細い劃花文を加える方法に変化し、全体的に粗放な文様構成となる。釉調も、灰色がかった緑色が中心となる。

　青銅器を模倣した祭器や南宋官窯風の粉青色青瓷や黒胎青瓷など特殊な製品が生産される段階とそれ以前の段階を2つの小期として分け、前者をⅡ-c-2期、後者をⅡ-c-1期とする。

・Ⅱ-c-1期
　この段階の埋納年代が明らかな出土品や紀年資料は、嘉佑八年（1063年）紀年の河南省密県馮京夫婦墓出土劃花文碗が一例あるのみで（表6-27）[註97]、寺竜口窯址5期出土品、上林湖・呉家渓窯表採品（表6-30）[註98] などによって概要を知ることができる。

　寺竜口窯址5期のA系統の碗は、口径10cm前後の小碗（表4-7）や口径15cm前後の碗でこの系統の特徴である斜直体形と高い高台をもつ一群があるが（表4-5,6,8）、前段階よりも高台が高くなる傾向が窺われる。劃花文が施されるものが少なくないが、Ⅱ-b段階の劃花文に比べると荒く粗放になる。

　B系統の碗では、端反り形は、口縁の外反が強くなり、高台が高くなる傾向がある（表4-26,27）。低質品では、高台内の削りが浅く、底部の厚が極端に厚く、高台幅が広いものが多く見られ、質的な低下が明確である（表6-28〜30）。直口形は体部が強く膨らむものがある（表4-28）。

　小碗にも直口形と端反り形があり、高台が高いものが主流となる（表4-41,42,43）。

　この段階には、全般的に高台が高くなる傾向が強いためか、輪トチン（ハマ）が前段階よりも高くなる。

　この時期の年代の上限は、Ⅱ-b期の項で説明したように明確ではないが、仮に11世紀中頃としておく。下限は、次のⅡ-c-2期が南宋初頭に位置づけられることから、北宋代の末の12世紀第1四半期の終わり頃とすることができる。

・Ⅱ-c-2期
　前段階に引き続き、低質な製品が主体となるが、ごく僅かではあるが青銅器を模倣した礼器（表4-71〜73）や南宋官窯風の粉青色青瓷（表4-29,45〜47）や黒胎青瓷など特殊な製品が生産される。現時点で把握できる越州窯青瓷の最終段階である。

　埋納年代が明らかな出土品や紀年資料はまったくなく、寺竜口窯址の最終段階である6期出土品で概要が知りうるのみであるが、杭州市内で「甲申殿」や「御厨」など南宋の宮廷施設と推定される名称が記された寺竜口窯6期に位置づけられる越州窯青瓷破片が発見

されており（註99）、寺竜口窯6期が南宋代まで下ることは間違いないと考えられる。

　この段階にも前段階に続き劃花文が施されるものが少なくないが、最上質の製品である青銅礼器模倣器種の劃花文でも、Ⅱ－b期の精緻な劃花文に比べるとはるかに粗放である。

　現時点で報告されている出土資料はごく僅かで、特殊な製品を除く一般的な器種が、Ⅱ－c－1期のものと明確な差があるかどうかはっきりしない。ここでは、断片的な資料ではあるが碗の様相を概観してみたい。

　A系統の碗は、口径7.9cmの杯にA系統の系譜が見られる（表4-11）。底径が小さく、高台が細く低いことが特徴であるが、碗も同様の形態であるかどうかは明らかでない。

　B系統では、体部の膨らみが僅かなものが主流で、端反り形は（表4-10）口縁の外反が小さく、直口形は、口縁が斜めに開くものと、直立するものがある（表4-30）。粉青色釉青瓷にも直口形の碗がある（表4-29）。

　この時期の最大の特徴は、それまでの越州窯ではまったく見られなかった、粉青色釉青瓷・黒胎青瓷・青銅礼器模倣器種が生産されている。これらの新要素の多くは華北の汝窯からの技術的な影響である可能性が高い。この問題については、第3、4章で論ずるので、ここでは詳述しないが、これらの新要素の存在が、寺竜口窯が、文献記録にある紹興元年（1131年）と四年（1134年）に南遷して間もなくの南宋朝廷が礼器の生産を行なわせた窯の一つであるとする根拠とされている。

　筆者もこの窯の製品を部分的にではあるが実見しているが、この説には問題はないと考えており、Ⅱ－c－2期を南宋第初期の12世紀第2四半期に位置づける。ただし、その下限については現時点では明らかにする材料がない。

(2)　A・B系統の碗の系譜と用途

　碗を玉璧高台の器形の系譜を引くA系統と輪高台の系譜を引くB系統の二つの系統に分けてその変遷を明らかにしたが、ここでそれぞれの系統の碗の用途・性格などを考えてみたい。

　Ⅰ－a期のB系統の端反り形輪高台碗は、前述したように内底部に劃花文を持つものが多いが、この施文および器形は金銀器からの影響によると考えられる（註100）。輪高台をもつ器種として同時期に小碗、撥形高台碗、長曲杯、合子、托があるが、これらも劃花文を伴うことが多く、器形的にも金銀器の模倣である。つまり、この期の輪高台は金銀器からの影響で生み出されたとすることができる。Ⅰ－b期以降も、端反り形および直口形の碗でこの系譜が引き継がれ、Ⅱ－b期には非常に薄造りで精緻な劃花文が施された、より金属器的な雰囲気をもった製品が作られるようになり、その系譜はⅡ－c期まで続いている。

　玉璧高台碗では劃花文をもつものはほとんど知られておらず、唐代の金銀器にも玉璧高

台碗のような体部が直線的にひらく碗形はないことから（註101）、両者には影響関係は窺われない。一方、玉璧高台碗と近似した形態のガラス製の碗および托が894年の法門寺献納遺物の中にあり、『衣物帳』（献納品リスト）の「瑠璃茶碗柘（托？）子」の記載（註102）から、喫茶用の碗と特定されている。この碗・托は他に類品のない特殊なもので、皇帝用の什器として特別に作られたものであろう。玉璧高台碗の方が年代的には遡ることから、このガラス碗の影響が及んだとは考えられず、逆に、当時玉璧高台碗の器形が喫茶用器として定着しており、それを写してこの喫茶用のガラス碗が作られたとする方が適切であろう。また、玉璧高台碗の初現とほぼ同時期の760年頃に著されたとされる陸羽の『茶経』には、「甌越州上、口唇不巻、底巻而浅、受半斤已下（茶碗は越州が上品、口唇が巻ず（そらず）、底はそっていて浅く、半升以下しか入らない）」とあるが、「口唇不巻」は、口縁が外反形にも玉縁形にもならず、直線的にひらく越州窯の玉璧高台碗の特徴を描写したものと思われ、「底巻」というのは内底面に平坦面をもたない玉璧高台碗の特徴を描写したものと思われる。また、越州窯青瓷ではないが、同時期の長沙窯の玉璧高台碗に「茶碗」の文字が記されたものもある（註103）。これらの点から、玉璧高台碗は喫茶用器としての性格を有していたと考えられる。

　さらに、玉璧高台碗の斜直体形の形態は、Ⅰ－ｂ期・Ⅱ－ａ期には幅広輪高台（玉環底）を伴う形態として引き継がれ、さらにⅡ－ｂ期には、高台内に目跡をもつ細輪高台（表6-20, 21）へと変化し、同時に劃花文を持つようになり、その系譜はⅡ－ｃ期にまで引き継がれている。Ⅱ－ｂ期以降に器壁が薄くなり、それまで見られなかった劃花文が施されるようになるのは、最盛期を迎えたＢ系統からの強い影響を受けたことが窺われる。それまでのＡ系統の碗は器壁や底部が厚く、茶の熱さが手に直接伝わらない工夫がされていたようであるが、Ⅱ－ｂ期に器壁が薄くなる理由は、Ⅱ期に生産が定着する托がＡ系統の碗とも併せて用いられるようになり、碗を直接手にもつことがなくなったためではないだろうか。

　このようにⅡ－ｂ期には、機能的な変化が生じた可能性があるが、その形態的な特徴と茶碗としての機能は、以後も引き継がれたようで、南宋代の13世紀初頭に、龍泉窯で生産されるようになる「斗笠形」の茶碗にも、唐代の玉璧高台碗以来の斜直体の器形の系譜を窺うことができる。

　なお、Ａ系統を茶碗の系譜、Ｂ系統を金銀器碗模倣品の系譜と位置づけたが、これは決してＢ系統の碗で茶を飲まなかったということではなく、その形態・施文が金銀器を意識したものであることを明確化したものである。

　これまで表面的な形態の差異と年代差を求める視点からのみ「玉璧高台」と「輪高台」の消長が論じられてきたが（註104）、ここでは、用途や性格に注目して、それぞれの系統が

32

その位置づけを保ちながら併存していたことを明らかにした。

(3) 他器種の編年

　碗の変遷に基づいた上記の時間軸をもとに、他の器種の変遷を明らかにする。ただし、碗以外の器種は、紀年墓出土品や紀年資料および良好な層位一括出土資料が乏しいため、博物館・美術館所蔵資料などで補いながらその様相を探ることとする。

・盤

　Ｉ－ａ段階には、玉璧高台形、輪高台形、無高台形の３形態の盤がある。

　玉璧高台盤は、斜直体形の玉璧高台碗の器高が低くなったもので、器高値は20前後である。玉璧高台碗の初現として取り上げたＩ－ａ－1段階の杏園Ｍ5036号墓（778年）出土輪花盤は、器高値20であり、玉璧高台盤の初現として位置づけたほうが適切かもしれない（表7-1）。和義路唐第３文化層では、器高値20前後の盤が数点出土しているが（表5-2～5）、玉璧高台盤は碗に比べると小数である。第2、第1文化層では出土は報告されていないが、Ｉ－ａ期を通じて、玉璧高台碗とともに生産されていた可能性は高い。Ｉ－ｂ段階にはこの系譜を引く盤はみられない。

　輪高台形と無高台形は、体部の形態は共通しており、ともに端反り形（表5-7）と直口形（表5-8）の二種がある。どちらも輪高台碗と同様に金銀器を写した器形で、劃花文や輪花が施されるものが多い。輪高台形の高台形は同時期の輪高台碗と共通する。和義路唐第1文化層では劃花文が施された無高台盤がまとまって出土している（表5-64,66,67）。

　寺龍口窯第2期の例から見ると、Ｉ－ｂ期には、輪高台形と無高台形の系譜が引き継がれ、輪高台形はやはり同時代の碗と同形の細い輪高台をもち、高台端部に弧状の目跡が残る（表4-52～54）。無高台形は、底部を平坦またはやや窪めて削り、平底化し、その縁辺に弧状の目跡が残る（表4-51）。輪高台形・平底形とも、口縁を大きく切り込んで稜花や輪花を施すものがある（表4-51,54）。

　Ⅱ－ａ期には、康陵（939年）出土品にみられるように（図21-3）、輪高台形盤は高台が外反する付高台となり、目跡は高台内に移る。口縁は外反するもの、直口、段をもって外反するものなどがある。この形態はⅡ－ｂ期以降にも引き継がれ、上質な製品には内底面に精緻な劃花文が施され、英国・デビッド財団所蔵品のように外側面に陽刻蓮弁文が施されるものも知られている（図29）。Ⅱ－ｃ期には、基本的な形態は変化しないが、造形や施文が粗製化する（表4-74,75）。Ⅱ－ｃ期の比較的上質な製品として位置づけられるものとしては大阪市立東洋陶磁美術館所蔵の劃花文盤が挙げられる（図30）。

第2章　越州窯青瓷の編年　　33

・鉢、洗

　Ⅰ－a期には、和義路唐第3～1文化層と石馬弄窯址第1期出土品のような、さまざまな形態の鉢・洗がみられる。底部形態には、輪高台と平底、口縁の形態には端反り、直口、玉縁などがある。ボール形の体部に端反り口縁と輪高台がつく、口径30cm前後の鉢には、劃花文が施されるものが多い（表2-2,3、表5-40）。玉縁口縁の鉢は、体部上半が内傾し、底部は平底であり（表2-5,6、表5-14、41～43）、青銅製の鉢の器形を模したと考えられる。

　Ⅰ－b期には、石馬弄窯址第2期出土品のように、前段階から継続するさまざまな形態の鉢・洗が継続するが（表2-4,7,8）、同時に法門寺出土（874年）のボール形の体部に端反り口縁が付く秘色青瓷洗（図15-1）のような上質製品も生産されるようになる。水邱氏墓（901年）とほぼ同時期と推定される板橋M21号墓では（註105）、法門寺と同形の洗（図31-3）と石馬弄窯址第2期出土品（表2-7,8）に近似する玉縁口縁鉢が共伴し、また、他に類例のない釜形鉢も出土している。また、銭寛墓（900年）（図32）（註106）、高継蟾墓（909年）でも法門寺形の洗が出土している（図15-1）。法門寺形の洗は、Ⅰ－a期の端反り口縁の鉢（表2-2,3、表5-40））が平底化したものと考えられる。

　Ⅱ－a期にも、法門寺形の洗は康陵（939年）（図21-13）、七子山1号墓（図16-2）などで出土例があるが、Ⅱ－b期になると、秘色青瓷の洗は元徳李后陵（1000年）出土品（図25-2）のような精緻な劃花文が施されたものが出現する。

　玉縁口縁洗は、Ⅱ期にも引き継がれ、浙江省慈渓澝澝山出土品（Ⅱ－a～Ⅱ－b期）（図33）（註107）や上海博物館所蔵品（Ⅱ－b期）（図34）（註108）のように流麗な劃花文が施されるものもある。この段階の外底部は、中央が浅く彫り窪められて、低い高台状となっている。また、秘色青瓷の玉縁口縁洗も作られている（浙江省海寧県東山墓出土・Ⅱ－a～Ⅱ－b期）（図35）（註109）。

・合子

　合子の最も古い出土例は、Ⅰ－a-2期の和義路唐第2文化層での出土品（表5-36,37,58）であるが、Ⅰ－a-3期の和義路唐第1文化層出土品と大きな差がなく、両時期の製品の細分は現時点では不可能である。蓋は上面が弧状に盛り上がるものが主体で、他に上に小さな平坦面をもつもの、鈕が付くもの（表5-118）などがある。弧状に盛り上がるものには劃花花文が施されるものが多い（表5-36）。身は、蓋と同じように下方に弧状に膨れるもの（表5-37）、平底（表5-119）、底部が小さく突出するもの（表5-38）などがあるが、弧状に膨れるものが主流である。5cm前後の小形品と10cmを越える大形品があり、後者には輪高台をもつものもある。

　Ⅰ－b段階の紀年墓出土資料には、901年の水邱氏墓出土品があるが（図5-6）、蓋と身

がかなり丸みを帯びた他にほとんど類例のない特殊な形態で、編年の基準にはならない。

　次のⅡ－a期になると、康陵（939年）出土の合子（図21-5）にみられるように、蓋の側面と上面の境に屈曲がつくられ、上面が平坦となる。この平坦化が、Ⅱ－a期に始まるのか、一段階前のⅠ－b期まで遡ることができるかは明らかでない。外底部には平坦面が作られて平底となっているが、同じくⅡ－a期の三台山M32号墓出土の合子身（図18-4）とほぼ同形であり、Ⅱ－a期の典型とすることができる。

　次のⅡ－b期に位置づけられる紀年墓出土資料や良好な層位出土品はないが、劃花文や外反高台、目跡位置など碗と共通する特徴から、図36～39に挙げたような径10～15cm前後の大形合子がこの時期の典型的な製品と考えられる。蓋上面に平坦面をもつものが主流で、精緻な劃花文や陽刻文が施されるものが多い。底部は浅く平坦に彫り窪めるもの（図36,37）、貼付による短い外反高台（図38）、スカート状の高い外反高台（図39）などがある。どのタイプも高台内または彫り込みの内側に弧状の目跡が巡る。

　これらとほぼ同形態であるが、劃花文の線が太く粗放になり、片切り彫りが併用されるタイプは、Ⅱ－c期に位置づけられる。また、同じ頃から上林湖・呉家渓窯表採品（図40）[註110]のように印花文も多用されるようになる（図41）。

　そのほか、合子の埋納年代が明らかな資料として、太平興国二年（977年）に埋納された河北省定州静志寺塔地宮より出土した、宝珠つまみをもち、平底で身が深い大形の合子がある（図42）[註111]が、これは地宮への副葬年代よりかなり時代が遡る可能性が高い。

・托
　托の初現は、Ⅰ－a－3期の和義路唐第1文化層である。輪高台をもつ盤状の器形で、体部の屈曲部の内側に受け部が設けられている。口縁は輪花が施され、端部の一部が上に折り返されるものもある（表5-110～112）。

　Ⅰ－b期の寺竜口窯址第2期の托は、端部に目跡が残るやや高めの輪高台をもち、体部は二ヶ所で屈曲し、受け部は無く、内底面は平坦である（表4-63,64）。Ⅰ－a－3期より器壁が薄くなっている。

　Ⅱ－a期の康陵（939年）では、二種の托がみられる。一つは、Ⅰ－b期と同じく体部が二ヶ所屈曲する盤形の托で、高台は外反し、目跡は高台内にある（図21-4）。もう一つは、外反して大きく立ち上がる受け部と、同じく外反する高い脚をもつ（図21-11）。Ⅱ－a期の三台山M32号墓でもほぼ同形の托が出土している（図17-5）。

　Ⅱ－b期には、Ⅱ－a期にみられた二種の托の系譜が引き継がれ、それぞれ形態が変化する。盤形の托は、内底面が平底なもの（石馬弄窯址第3期出土・表1-28）と内底面に円形の台状の受け部が設けられるもの（寺竜口窯址第3期出土・表4-66）とがあり、寺竜口

窯址第4期では後者の受け部がさらに高くなり、高脚をもつものがみられる（表4-67）。なお、両者とも劃花文が施されるものが多い。

　外反する高い受け部をもつ托は、Ⅱ－b期になると脚が短くなり（寺竜口窯址第3期出土・表4-65、石馬弄窯址第3期出土・表1-29）、韓逸夫婦墓（995年）では、精緻な劃花文をもち、受け部が内弯するものが出土している（図24-2）。

　Ⅱ－c期にも、両者の托の系譜が続いた可能性が高いが、確実にこの時期位置づけられる資料は、寺竜口窯址第5期の内底面が平底な盤形の托（表4-68）のみである。

・壺、瓶類
　壺はさまざまな形態のものがあるが、最も類例が多いのが大形の四耳壺である。

　Ⅰ－a-2期の和義路唐第三文化層では、長胴と丸胴の二形態の四耳壺が出土している。前者は広口で口縁が「く」の字に屈曲して外傾し、そのすぐ下に四耳が貼り付けられる（表5-22）。後者は、上から三分の一ほどの位置に最大径部をもち、下すぼまりの胴部をもつ（表5-21）。

　広口長胴四耳壺は、Ⅰ－a-3期の大中四年（850年）紀年の浙江省寧波市祖関山冢地M11号墓（図43）（註112）やⅠ－b期の石馬弄窯址第2期での出土例（図表3-30）がある。この三例は、35cm前後の器高、口縁や耳の形態など共通性が高いが、胴部の最大径位置は、祖関山冢地M11号墓出土品は、和義路のものよりやや低く、石馬弄窯址出土品は逆に最も高い。この最大径位置の移動が年代差を示すのか、単なる個体差であるのかは、現時点の資料数では明らかにできない。ただ、Ⅰ期を通じて広口長胴壺が生産されていたことは間違いない。

　Ⅰ－b期からⅡ－a期にかけての時期には、上述の三例よりは口径がやや狭い長胴四耳壺が散見される。銭寛墓（900年）出土品（図32）、水邱氏墓（901年）出土品（図5-3）、板橋M21墓の「官」字銘双耳壺（Ⅱ－b期）（図31-1）、康陵（939年）出土品（図21-12）、Ⅰ－b期またはⅡ－a期と推定される祖関山冢地M13号墓出土品（図44）である。これらは、Ⅰ期の広口長胴四耳壺の系譜を引くと考えることもできるが、Ⅰ－a期の丸胴四耳壺（和義路唐第三文化層・表5-21）の胴部が細長く変化したものという可能性もある。

　長頸、盤口、耳を特徴とする罌は、明器（食料を入れて副葬）として製作されているため刻銘が施されることが多く、紀年墓出土品や紀年資料が豊富である。晩唐・五代の年代の明らかな資料は、南田島の元和十二年（817年）墓出土品（図45）（註113）を初現とし、次いで浙江省嵊州市出土の元和十四年（819年）銘罌（図46）（註114）、嵊州市甘霖鎮出土大和八年（834年）銘罌（図47）（註115）、上林湖東嶴南山出土大中四年（850年）銘罌（図48）（註116）、浙江省上虞市豊恵鎮廟后山乾符六年（879年）墓出土品（図49）（註117）、上

林湖窯址出土光化三年（900 年）銘罌（図 50）（註 118）などがある。

　これらの例では、胴部が、上半が丸く張り出し、下部が直線的にすぼみ、底部は平底というほぼ同一形態であるが、口縁と耳の形態、装飾方法には時期毎に変化が見られる。Ⅰ－a 期の 817 年、819 年、834 年、850 年の例では、盤口の二重口縁の下の角が鋭角的に突出し、頸部の付け根に輪状の小さな耳が貼り付けられ、器形の共通性が高い。また、850 年銘罌以外の 3 例は頸部に蟠竜の貼花文が巡らされている。和義路唐第 3 文化層でも同形の無文罌（表 5-96, 97）が出土している。

　Ⅰ－b 期に入ると、879 年墓出土罌（図 49）では、二重口縁の下の角の突出が丸みを帯びるようになり、年代が下がる 900 年銘罌（図 50）では、丸みがさらに顕著となっている。また、879 年墓出土罌では耳が大きく立ち上がり、その上に立体的に造形された蟠竜が貼り付けられている。紀年資料ではないが上林湖狗頭頸山出土罌（図 51）（註 119）は、類似した耳と蟠竜が施され、口縁の形態は 900 年銘罌に近似しており、やはりⅠ－b 期に位置づけられる。なお、900 年銘罌では蟠竜が貼り付けられていないためか耳の立ち上がりはやや小さく、四方ではなく二方に 2 個づつ並べて配されている。900 年銘罌と同形態で、胴部から頸部に粗い刻花文で蟠竜が描かれたものもある（図 52）（慈渓市鳴鶴瓦窯頭出土）（註 120）。

　同じくⅠ－b 期に属する例として、901 年の水邱氏墓出土の有蓋褐彩雲文罌（図 53）とほぼ同時期と推定される板橋Ｍ 21 墓出土の褐彩褐彩雲文罌（図 54）があるが、どちらも越州窯の釉下褐彩瓷の数少ない例として知られる特殊な製品である。板橋Ｍ 21 墓出土品は、口縁や耳の形態は 900 年銘罌に近似するが、胴はやや下すぼまりであるが球形に近く、底部は平底ではなく高台が付く。水邱氏墓出土罌は、有蓋で耳の付かない特殊な罌であるが、盤口・胴部・底部の形態は板橋Ｍ 21 墓出土品に近似している。

　この胴部形態は、Ⅱ－a 期に引き継がれ、942 年の銭元瓘墓では、下すぼまりの球形胴と外傾高台をもつ蟠竜文罌（図 55）が出土している（註 121）。口頸部は欠失しているが、胴部には精緻な蟠竜文が陽刻された上に金彩が施されており、五代に越州窯を掌握していた呉越国王墓に相応しい最上質の青瓷である。陽刻の蟠竜文は、Ⅰ期の罌に施された貼花や刻花および立体の蟠竜文が引き継がれて変化したものである。

　Ⅰ期からⅡ－a 期の罌は、器高が 40cm 前後から 50cm 強までの大形品が主流であったが、Ⅱ－b 期になると、器高 30cm 以下となり、小形化する。また、同時に、四方に大形の耳をもつ四耳罌と、小形の耳をもつ双耳瓶との二つに分化する。

　Ⅱ－b 期の大形耳の四耳罌の紀年資料には、出光美術館所蔵の雍熙四年（987 年）銘罌（図 56）（註 122）と紹興博物館所蔵・咸平元年（998 年）銘罌（図 57）（註 123）がある。

　出光美術館の 987 年銘罌は、胴下半に陽刻蓮弁文、上半に劃花花文が施され、2 本の粘

土紐を組合わせた長い耳が四方に配されている。高台は外傾し、目跡は、高台端部にある。998年銘罌は、盤口、胴部、高台、耳の形態は987年銘罌に近似するが、頸部がやや長く、胴部は無文である。

　紀年資料ではないが、上海博物館所蔵の有蓋罌（図58）（註124）は、劃花蓮弁文が輪郭を太い刻線で囲み、その中を細い劃花文で埋めるやや新しい技法（註125）によることから、上記2例より若干時代が下がる可能性が高い。これら3例は、いずれも目跡が高台端部にあり、壺などの大形器種では、Ⅱ－ｂ期になっても必ずしもすべてが高台内目跡をもつわけではないことを示している。

　この3例よりも後に位置づけられるのが、浙江省武義県文物管理委員会蔵の有蓋罌（図59）（註126）である。四方に上記3例と同様の大形の耳をもつが、盤口の下側の屈曲はなだらかになり、頸部は上方に向かってすぼまる。胴部は上記3例に比べて細長く、肩で屈曲して上部には平坦面が設けられている。胴部は瓜形であるが、瓜割の線は、両側を片切り彫りで窪めて隆線状になっている。晩唐・五代（Ⅰ期からⅡ－ａ期）の水注などに見られる瓜形胴は1本の沈線によって瓜割線を施し、本例のように片切り彫りによる瓜割線は「大中祥符五年」（1012年）銘水注残欠（図60）（註127）が最も古い例であることから、Ⅱ－ｂ期の後半に出現する技法と考えられる。

　Ⅱ－ｂ期に四耳罌から変化した双耳壺の例としては、浙江省藍渓市出土の双耳瓶（図61）（註128）がある。胴部全体に陽刻蓮弁文が施され、口頸部や胴部、底部の形態が987年銘四耳罌と998年銘四耳罌と非常に近く、同じⅡ－ｂ期前半に位置づけられる。

　双耳瓶は、四耳罌と同じく、時代が下がるに従って長胴化し、上海博物館蔵品（図62）（註129）のような片切り彫りによる瓜割線をもった瓜形胴のものは、Ⅱ－ｂ期後半に位置づけられる。

・水注
　水注は、越州窯青瓷の代表的な器種の一つであり、紀年墓出土など年代が明らかな資料も比較的多い。まずⅠ－ａ期（晩唐期）の年代が明らかな資料を挙げる。

①元和五年（810年）、浙江省紹興・北海王府君夫人墓出土水注（北京・故宮博物院蔵）（図63）（註130）
　やや下膨れの胴部にラッパ状の口縁がつき、胴部と頸部の間には屈曲がなく、なだらかに移行する。底部は太目の輪高台で、釉は総がけされて高台端部に5個の目跡が残る。注口は短く、外側面が大きく面取りされ、断面が八角形である。把手は、二本の粘土紐を組み合わしている。器高は13.4cmと小形である。北京・故宮博物院にはもう1点、同形・

同大品がある。

②宝暦二年（826年）頃の黒石号（Buta Hitam）沈船引揚水注（図64）（註131）

　810年の北海王府君夫人墓出土水注より体部が細長いが、胴部から頸部にかけての形態、面取りされた短い注口、高台などの特徴は近似している。把手の形態ははっきりしないが、側面が面取りされていることから、板状である可能性が高い。

③宝暦二年（826年）、江蘇省鎮江M9号墓出土品（図65）（註132）

　胴部は細長い瓜形、口縁はラッパ状で、胴部と頸部の間には、明瞭な屈曲がある。胴部の瓜割は、箆描きの沈線による。底部は低い輪高台で、注口は短く、外側面が大きく面取りされ、断面が八角形である。把手は、二本の粘土紐を組み合わしている。

④大中元年（847年）銘劃花文水注（上海博物館蔵）（図66）（註133）

　現在は修復されているが、注口、把手、口縁の大部分、耳の上半が欠失している。胴部は瓜形で、肩が張り、下部は直線的にすぼまる。瓜割は、箆描きの沈線による。頸部は長く、胴部と頸部の間には明瞭な屈曲がある。底部は輪高台で、高台端部に目跡が残る。把手は板状で背面に数条の縦沈線がある。胴部には、側面に劃花花文、耳・把手・注口の付け根に劃花葉文が施され、紀年を含む銘文が箆描きされる。

　口縁と注口が欠損している④を除く、他の3例は、どれもラッパ状の口縁と面取りされた短い注口をもつ。早い例の①（810年）と②（826年頃）では、胴部から頸部への移行が緩やかで、胴には瓜割が施されないが、③（826年）と④（847年）では、胴部と頸部の境に明瞭な屈曲があり、胴部は瓜形である。

　多数の水注が出土している和義路唐代文化層出土品を見ると、第3文化層（報告者は貞元年間：785～805年と推定）では、瓜形胴のものはまったくなくが、胴部と頸部の境には明瞭な屈曲が有るもの（表5-26）と無いもの（表5-27～29）が共存している。どれも口縁形態はラッパ状で、注口は短い。頸部、胴部、底部にはさまざまな形態があるが、大別すると、細口形（表5-23～25）と広口形（表5-26～29）とに分かれ、前者は頸部が細く、胴部の中央またはやや下に最大径部があるが、後者は頸部が太く、胴の肩が張るものが多い。底部はどちらも平底が多いが、低い輪高台のものもある。また、肩に耳が有るものと無いものが併存している。

　第2文化層（元和年間：806～820年と推定）（表5-49～53）では、胴部は瓜形、底部は高台を持つものが主流となり、口縁と頸部の間の屈曲が明瞭なものが主体を占める。広口形（表5-52,53）はあまり変化はないが、細口形は、器形が第1文化層より細長く、注口もやや長くなる傾向があり、断面が10角形となる（表5-49～51）。

　第1文化層（大中年間：847～859年と推定）になると、細口形では、湾曲して長く延

第2章　越州窯青瓷の編年　　39

びる注口を持つものが現われる（表5-106）。一方、広口形の器形にはあまり大きな変化は
認められない（表5-107）。両者とも胴部は前段階と同じく瓜形が主流で（註134）、底部は
輪高台を持つものが多いが、平底も残る。また、この層からは胴部側面に棒状の把手が付く、
急須形の水注（表5-104, 105）も出土している。

　第3文化層から第1文化層かけての水注は、細口形と広口形に大別され、基本的にはラッ
パ状口縁と側面が面取りされた短い注口が共通する特徴となる。器形変化は、あまり顕著
ではないが、細口形は時代が下がるに従って、器形が細く、注口が長くなり、両者とも第
2文化層以降に瓜形胴、頸部の屈曲、輪高台付き底部などが主流となるという傾向が窺える。
また、前述の年代の明らかな資料からも同様の傾向が明らかである。

　次のⅠ－ｂ期（唐代末期から五代前半：9世紀末から10世紀初）の紀年墓出土品や紀年
資料は、知られていないが、上海博物館所蔵の盤口水注（図67）（註135）は、盤口の形態
が上林湖窯址出土光化三年（900年）銘罌（図50）や板橋M21墓出土褐彩褐彩雲文罌（900
年前後）（図54）と近似していることからこの時期に位置づけて良いであろう。また、石
馬弄窯第2期（報告者は900年前後に比定）では、和義路唐第三文化層出土品（表5-106）
とほぼ同形の注口の長い水注が出土しており（表3-4）、Ⅰ－ａ期に見られたラッパ状口縁
の水注が、この時期にも引き続き生産されていたと考えられる。

　次のⅡ－ａ期（五代中期）には、以下の3例の紀年墓出土資料がある。
⑤呉越国天福四年（939年）の康陵出土水注（図21-7）
　球形胴に、細口の短頸が付き、笠形の蓋を伴う。注口は先が欠失しているが、弧を描き
ながら長く延びると思われ、側面には細かい面取りが施される。高台は僅かに外傾し、目
跡は高台端部に残る。把手は二本の粘土紐を併せて造形され、肩部から上に大きく弧を描
いて立ち上がっている。現時点での短頸球胴形の水注の初現である。
⑥呉越国天福七年（942年）の銭元瓘墓出土劃花花文水注（図20-2）
　口縁と把手の一部が欠失しているが、報告では残存部から長頸・ラッパ状口縁が想定さ
れるとしている。胴部は球形で、細い刻線による劃花で、側面の四方には七宝繋形の窓と
十字形の花卉文が施されている。注口は、弧を描きながら長く延び、側面には細かい面取
りが施される。高台は外反高台で、目跡の位置は不明である。
⑦呉越国広順二年（952年）の浙江省杭州市呉漢月（銭元瓘次妃）墓出土瓜形水注（図68）（註
136）
　胴部は瓜形の球形胴、口部は長頸のラッパ口で、胴と頸部の境に断面三角形の小さな突
帯が巡る。高台は短く直立し、目跡の位置は不明である。注口は先端が欠失するが、弧を

描きながら長く延びると思われる。愛知県陶磁資料館所蔵品（図69）（註137）が近似例として挙げられる。

　その他、紀年墓出土品や紀年資料ではないが、後述する⑧の高台内目跡をもつ「太平戊寅」（978年）銘水注とほぼ同形であるが、高台端部目跡をもつことから、⑧より早い段階に置くことができる故宮博物院所蔵品（図70）（註138）やこれと口縁以外が同形の京都宇治市木幡浄妙寺推定地出土水注（図71）（註139）がⅡ－a期（五代中期）に位置づけられる。前者は広口のラッパ状口縁、後者は玉縁口縁で、両者とも、呉漢月墓（952年）出土水注と同じく、胴部と頸部の境に小さな突帯をもつ。この小突帯はⅡ－a期に出現する新たな特徴である。また、注口はどちらも弧を描いて長く延び、側面には面取りが施されていない。同じⅡ－a期の康陵出土水注（939年）（図21-7）や銭元瓘墓出土水注（942年）（図20-2）では、まだ僅かに細い面取りが残っているが、Ⅰ－a期以降次第に細くなってきた注口の面取りは、この時期を境に消滅したことが明らかである。

　Ⅱ－b期（五代末から北宋前期）には、3例の紀年資料と1例の紀年墓出土品がある。
⑧「太平戊寅」（978年）銘水注（故宮博物院蔵）（図72）（註140）
　上林湖窯址で採集された資料であり、外底部中央に「太平戊寅」銘が線彫りされている。口縁は修理されていて原形は不明である。口縁がラッパ状にひらく以外の形態は前述した京都宇治市木幡浄妙寺推定地出土水注（図71）とほぼ同じであるが、目跡は高台端部ではなく、高台内にリング状のものが残る。胴部は単線の沈線で4つに分割されて瓜形となっている。
⑨「太平戊寅」（978年）銘瓢形水注（上海博物館蔵）（図73）（註141）
　蓋の鈕と胴部の把手は後補で、外底部中央に「太平戊寅」銘が線彫りされている。球形胴の底面が抉り込まれて、仮高台状の底部となっている。目跡は、仮高台の外側に砂目が7箇残されている。高台内に目跡がないのは、仮高台によるためか、この段階にまだ、高台端部に目跡を残す技法が残っていたのかは明らかでない。
⑩995年の韓逸夫婦墓出土水注（図24-1）（註142）
　球形の胴が単線の沈線で六区画に分けられ、底部には細めの高台が着けられている。目跡は高台内に残る。外面には緻密な劃花文が施されている。
⑪「大中祥符五年」（1012年）銘水注残欠（図60）（註143）
　胴部と注口部の破片のみでが、卵形の胴部に、瓜形の区画線が施されている。瓜割の線は複線で、両側を片切り彫りで窪めて中央が隆線状に盛り上がっている。
　Ⅱ－b期の水注は、10世紀後半の段階には、Ⅰ－b期の器形の雰囲気を残しているが、目跡の位置は、高台内のものが主流となる。⑧の「太平戊寅」（978年）銘水注は、単線区

画線の4つ割り瓜形胴であるが、10世紀末の韓逸夫婦墓出土水注では、6区画割りで、11世紀以後の瓜形胴は5つまたは6つ割りが主流となる。

9, 10世紀の年代の明らかな水注の瓜形胴の区画線は、すべて単線の沈線であるが、⑪の「大中祥符五年」（1012年）銘水注残欠から、11世紀初頭には、複線化し始めることがわかり、これ以後は複線の区画線が主流となる。

　寺龍口窯址の第4期（報告者は北宋中期：1023～1078年前後に想定）に位置づけられる水注（図74）（註144）には、胴が球形で肩の部分が少し張り出すもの（図74-1, 2）と、卵形の胴のものがあり（図73-3）、どちらも複線の縦割り線が施されている。

　Ⅱ-c期の紀年墓出土品や紀年資料は見当たらないが、寺龍口窯址の第5期（報告者は北宋晩期：1078～1127年前後に想定）では、Ⅱ-b期のものとよく似た球形胴の水注が出土している（図74-5, 6, 7）。寺龍口窯址第6期（報告者は南宋初期に想定）では、胴の肩の部分が屈曲し、外面に粗い劃花文が施される水注が出土しており、第5期の水注の球形胴の肩の張りがさらに強まって、屈曲となったと考えられる。Ⅱ-c期の水注では肩の上に外面に印花文が施された耳が貼り付けられるものもある（図74-5）。

　なお、紀年墓出土品や紀年資料ではないが、この時期に位置づけられると思われる水注の完形品を紹介しておく。図75は寧波市鄞県出土品（註145）、図76は上虞市謝橋出土品（註146）で、どちらも胴部の肩が屈曲し、複線の区画線をもち、寺龍口窯址第5期から6期の出土遺物と近似している。

5.　まとめ

　本章では、8世紀後半から12世紀前半にわたる越州窯青瓷の編年を、碗の形態変化を基に設定した時期区分を軸にして詳細に検討した。編年の基軸には青瓷碗の支焼技法や形態の変化を基にした時期区分を置き、約4世紀にわたる期間を、10世紀前半を堺に大きく2時期に区分し、さらにそれぞれを4つの小期に分けて、全体で8つの小期に細分した。

　晩唐の碗には底部の形態から見て玉璧高台系（A系統）と輪高台系（B系統）の二つの流れがあり、前者は喫茶用の茶碗、後者は金銀器模倣碗である。この二系統は、それぞれ晩唐から五代、北宋を経て越州窯の最終段階の南宋前期まで継続していたことが確認できる。

　玉璧高台碗は時代が下るに従って、器高が高く底径が小さくなる傾向が見られ、五代後期から北宋初期には輪高台化した斗笠碗へと変化し、それまで玉璧高台碗には見られなかった劃花文が施されるものも出現した。

　輪高台碗は、晩唐の前半期には胎が厚くあまり上質とは言えなかったが、9世紀末頃に秘密色青瓷の生産が開始される頃から、薄い素地の製品が多くなり、五代後半から北宋前

期には緻密な劃花文が施された上質な製品が作られた。しかし、玉璧高台系、輪高台系の
どちらの製品も北宋中期頃から次第に質が低下し、北宋後期には造形や施文が粗製化した
製品が主流となる。南宋初期には、粉青釉の施された南宋官窯タイプの製品も生産された
が、青瓷生産が再び隆盛となることはなかった。

　また、碗以外の器種もこの時期区分にあわせて器形や支焼技術の変化を明確化しており、
各器種の器形や窯詰め技法の変化の基本的な流れは捉えられたと考えている。

註

1. 陸羽『茶経』明百川学海本，四十四冊，4～5頁。
2. 『全唐詩』清康熙四十六年揚州詩局刻本，十函六冊。
3. 周密『志雅堂雑鈔』明抄本，12頁。
4. 沈作賓『嘉泰會稽志』明正徳五年本，巻十九，6502頁。
5. 周煇『清波雑志』明稗海本，巻中，9頁。
6. 陳万里「越器之史的研究」『越風』創刊号，1935年。
   なお、原典は実見できなかったため、「陳万里『陶瓷考古文集』紫禁城出版社・両木出版社，1990年」
   の7～8頁に再録されたものを参照した。
7. 陳万里『越器圖録』中華書局，1936年。
8. 陳万里『瓷器與浙江』中華書局，1946年。
9. 陳万里『中国青瓷史略』上海人民出版社，1956年，7～20頁。
10. 翻刻の出版は青木木米の死後。
11. 陳万里『越器圖録』中華書局，1936年。
12. 陳万里『瓷器與浙江』中華書局，1946年。
13. 陳万里『中国青瓷史略』上海人民出版社，1956年。
14. 朱伯謙「解説」『中国陶瓷全集4』 越窯美乃美 1981年，165～186頁。
15. 中国珪酸塩学会編『中国陶瓷通史』文物出版社，1982年，191～197頁。
16. 林士民「談越窯青瓷中的秘色瓷」『越窯、秘色瓷』上海古籍出版社，1996年，7～9頁。
17. 鄭建華「越窯青瓷装焼工芸的初歩総結」『東方博物』第2輯，1998年，88～95頁。
18. 林士民『青瓷與越窯』上海古籍出版社 1999年。
19. 謝純龍「上林湖地区的青瓷分期」『東方博物』第4輯，1999年，88～107頁。
20. 権奎山「第六章　分期與年代」『寺龍口越窯址』文物出版社，2002年，334～352頁。
21. 松村雄蔵「越州古窯址探査記」『陶磁』8巻5号，1936年，13～29頁。
22. 藤岡了一「越州窯の壺－御物四耳壺其他」『陶磁』12巻1号，1939年，11～18頁。
23. 小山冨士夫『支那青磁史稿』文中堂，1943年，45～152頁。
24. 米内山庸夫「越窯の研究 1～14」『陶説』10～43，1954年～56年。
25. 亀井明徳「日本出土の越州窯陶磁器の諸問題」『九州歴史資料館研究論集』1，1975年。
26. 森田勉、横田賢次郎の「大宰府出土の輸入中国陶磁について」『九州歴史資料館研究論集』4，1975
    年，1～26頁。
27. 森田勉「毛彫のある二・三の青磁について」『古文化談叢』6，1979年，169～176頁。
28. 森田勉「九州地方から出土する越州窯青磁の様相」『考古学シャーナル』211号，1982年，15～21頁。
29. 矢部良明「宋代青磁の展開」『世界陶磁全集』8，小学館，1978年，179～222頁、の180～187頁。
30. 橿原考古学研究所付属博物館編『貿易陶磁－奈良・平安の中国陶磁－』財団法人　由良大和古文化協

第 2 章　越州窯青瓷の編年　　43

会 1993 年。

31. 亀井明徳「唐代玉璧高台の出現と消滅時期の考察」『貿易陶磁研究 No.13』1993 年 , 86 〜 126 頁。

32. 亀井明徳氏は、ホ ‐ ムペ ‐ ジ『Kamei's World(http:www.senshu-u.ac.jp/˜thb0390/)』の「最近の研
究」2000/3/27 上林湖窯踏査記において、両者の共存の可能性を指摘した。なお、現在このホームペー
ジは閉鎖されている。

33. 田中克子、横田賢次郎「大宰府・鴻臚館出土の初期貿易陶磁の検討」『貿易陶磁研究』No.14, 1994
年 , 97 〜 113 頁。

34. 山本信夫「北宋期越州窯系青磁の検討」『大宰府陶磁器研究 ‐ 森田勉氏追悼論文集』1995 年 , 181 〜
197 頁。

35. 森達也「唐代晩期越州窯青磁碗の二つの系譜－玉璧高台碗と輪高台碗－」『金大考古』第 34 号 , 金沢
大学考古学研究室 2000 年 , 1 〜 3 頁。なお、2001 年に内容を改訂した下記の論文を中国語で発表した。
森達也「越窯青瓷碗的両個体系－玉璧底碗和圏足碗」『浙江省文物考古研究所　学刊第 5 輯』浙江省
文物考古研究所（中国語）, 2001 年 , 140 〜 144 頁。

36. 金祖明「浙江余姚青瓷窯址調査報告」『考古学報』1959 年第 3 期 , 107 〜 120 頁。

37. 汪済英「記五代呉越国的別－官窯－浙江上虞県窯前窯址」『文物』1963 年第 1 期 , 43 〜 49 頁。

38. 林士民「勘察浙江寧波唐代古窯的収穫」『中国古代窯址調査発掘報告書』文物出版社 , 1984 年 , 15 〜
21 頁。

39. 紹興市文物管理委員会「紹興上竈官山越窯調査」『文物』1981 年第 10 期 , 43 〜 47 頁。

40. 李輝柄「調査浙江鄞県窯址的収穫」『文物』1973 年第 5 期 , 30 〜 40 頁。
浙江省文物管理委員会「浙江鄞県古瓷窯址調査報告」『考古』1964 年第 4 期 , 182 〜 187 頁。

41. 浙江省文物考古研究所、慈渓市文物管理委員会「浙江慈渓市越窯石馬弄窯址的発掘」『考古』2001 年
第 10 期 , 59 〜 72 頁。

42. 浙江省文物考古研究所、北京大学考古文博学院、慈渓市文物管理委員会「浙江慈渓寺龍口窯址発掘簡
報」『文物』2001 年第 11 期 , 23 〜 42 頁。
浙江省文物考古研究所、北京大学考古文博学院、慈渓市文物管理委員会『寺龍口越窯址』文物出版社
2002 年。

43. 慈渓市博物館編『上林湖越窯』科学出版社 , 2002 年。

44. 浙江省文物考古研究所、慈渓市文物管理委員会「慈渓上林湖荷花芯窯址発掘簡報」『文物』2003 年第
11 期 , 4 〜 25 頁。

45. 沈岳明「修内司官窯的考古学観察－従低嶺頭談起」『中国古陶瓷研究』4, 紫禁城出版社 , 1997 年 , 84
〜 92 頁。

46. 浙江省文物考古研究所、慈渓市文物管理委員会「慈渓上林湖荷花芯窯址発掘簡報」『文物』2003 年第
11 期 , 4 〜 25 頁。

47. 林士民「浙江寧波市出土一批唐代瓷器」『文物』1976 年第 7 期 , 60 〜 61 頁。

48. 林士民「浙江寧波和義路遺址発掘報告」『東方博物』浙江省博物館 1997 年期 , 243 〜 280 頁。

49. 九州歴史資料館『大宰府史跡　昭和 56 年度発掘調査概報』1982 年期 , 37 〜 46 頁。

50. 中島恒次郎「大宰府条坊跡 34SK215」『季刊　考古学』第 75 号期 , 雄山閣出版期 , 2001 年 , 30, 31 頁。

51. 福岡市教育委員会『福岡市鴻臚館跡 I 発掘調査概報』福岡市埋蔵文化財調査報告書第 270 集 , 1991 年 ,
16 〜 17 頁。
福岡市教育委員会『福岡市鴻臚館跡 II』福岡市埋蔵文化財調査報告書第 315 集 , 1991 年 , 9 〜 42 頁。

52. 亀井明徳「唐代玉璧高台の出現と消滅時期の考察」『貿易陶磁研究』No.13, 1993 年 , 86 〜 126 頁。

53. 森達也「唐代晩期越州窯青磁碗の二つの系譜－玉璧高台碗と輪高台碗－」『金大考古』第 34 号 , 金沢
大学考古学研究室 , 2000 年 , 1 〜 3 頁。
亀井明徳氏は、ホ ‐ ムペ ‐ ジ『Kamei's World(http:www.senshu-u.ac.jp/˜thb0390/)』の「最近の研

究」2000/3/27 上林湖窯踏査記において、両者の共存の可能性を指摘した。なお、現在このホームページは閉鎖されている。

54. 林士民「浙江寧波和義路遺址発掘報告」『東方博物』浙江省博物館 1997 年 , 243 ～ 280 頁。

55. 森田勉「毛彫のある二・三の青磁について」『古文化談叢』6, 1979 年 , 169 ～ 176 頁

56. 「扶風法門寺搭唐代地宮発掘簡報」『文物』1988 年第 10 期 , 1 ～ 26 頁。
　陝西省考古研究院ほか『法門寺考古発掘報告』文物出版社 , 2007 年。

57. 明堂山考古隊「臨安県唐水邱氏墓発掘報告」『浙江省文物考古所学刊』文物出版社 1981 年 , 94 ～ 104 頁。
　浙江省博物館編『浙江紀年瓷』文物出版社 , 2000 年 , 図 176。

58. 山本信夫「北宋期越州窯系青磁の検討」『大宰府陶磁器研究 - 森田勉氏追悼論文集』1995 年 , 181 ～ 197 頁。

59. 杭州市文物考古所、臨安市文物館「浙江臨安五代呉越国康陵発掘簡報」『文物』2000 年第 2 期 , 4 ～ 34 頁。
　浙江省博物館編『浙江紀年瓷』文物出版社 , 2000 年 , 図 189。

60. 森達也「唐代晩期越州窯青磁碗の二つの系譜－玉璧高台碗と輪高台碗－」『金大考古』第 34 号 , 金沢大学考古学研究室 2000 年 , 1 ～ 3 頁。

61. 亀井明徳「唐代玉璧高台の出現と消滅時期の考察」『貿易陶磁研究』No. 13, 1993 年 , 86 ～ 126 頁。

62. 亀井明徳は、註 23 の論文で、玉璧高台の抉りの部分の底径にしめる割合を 30 ～ 65% と規定している。

63. 中国社会科学院考古研究所『偃師杏園墓』科学出版社 , 2001 年 , 図 116-3, 図版 19-2。

64. 呉煒「江蘇儀征胥浦発現唐墓」『考古』1991 年第 2 期 , 187 ～ 190 頁 , 189 ～ 190 頁 - 図 4-2。

65. 中国社会科学院考古研究所『偃師杏園唐墓』科学出版社 , 2001 年。

66. 『中国陶瓷全集 4 越窯』美乃美 , 1981 年 , 176 頁 - 右段。

67. 浙江省博物館編『浙江紀年瓷』文物出版社 , 2000 年 , 図 161。

68. 長岡京には 784 年から 794 年に都が置かれた。この出土品は長岡京時代と推定されている。「右京第 246 次 (7ANJSH 地区) 調査略報」『長岡京市埋蔵文化財センター年報 昭和 61 年度』1988 年。

69. 程如峰「合肥市発現明代瓷器窖蔵和唐代邢窯瓷」『文物』1978 年第 8 期 , 51 ～ 53 頁 , 図 4。
　口径 14.2、高 4.2、底径 5.3。

70. 林士民「談越窯青瓷中的秘色瓷」『越窯、秘色瓷』上海古籍出版社 , 1996 年。7 頁「典型秘色瓷器表」。

71. 亀井明徳「唐代玉璧高台の出現と消滅時期の考察」『貿易陶磁研究』No. 13, 1993 年 , 86 ～ 126 頁。

72. 金寅圭「韓国出土の中国磁器」『貿易陶磁研究』No. 19, 日本貿易陶磁研究会 , 1999 年 , 147 ～ 164 頁 , 図 10。

73. 鎮江博物館「江蘇鎮江唐墓」『考古』1985 年第 2 期 , 131 ～ 148 頁 , 134 頁の図 5-5。口径 14、高 3.6、底径 6.4。

74. 浙江省文物考古研究所、上虞県文物管理所「浙江上虞鳳凰山古墓発掘報告」『浙江省文物考古研究所学刊 建所十周年記念』科学出版社 , 1993 年 , 234 頁図 39-5。

75. 『故宮博物院文物珍品全集 31 晋唐瓷器』商務印書館 , 1996 年 , 作品 103, 105。
　103 : 口径 14.4、高 3.5、底径 6.6。　105 : 口径 15.1、高 3.5、底径 6.7。

76. 中国社会科学院考古研究所『偃師杏園唐墓』科学出版社 , 2001 年。

77. 符永才、顧章「浙江南田海島発現唐宋遺物」『考古』1990 年第 11 期 , 1048 ～ 1050 頁。
　1049 頁の図二 -10、口径 21.5、高 6、底径 11.4。内底部に目跡 6 点。

78. 中国社会科学院考古研究所『偃師杏園唐墓』科学出版社 , 2001 年。

79. 『中国陶瓷全集 4 越窯』美乃美 , 1981 年 , 図 143, 口径 14.1、高 3.3。

80. 森達也「晩唐期越州窯青磁の劃花文について」『楢崎彰一先生古希記念論文集』真陽社 , 1998 年 , 478 ～ 487 頁。

81. 「扶風法門寺搭唐代地宮発掘簡報」『文物』1988 年第 10 期 , 1 ～ 26 頁。
　陝西省考古研究院ほか『法門寺考古発掘報告』文物出版社 , 2007 年。

第2章　越州窯青瓷の編年　　45

82. 明堂山考古隊「臨安県唐水邱氏墓発掘報告」『浙江省文物考古所学刊』文物出版社，1981年、94〜104頁。

83. 洛陽文物考古隊「洛陽后梁高継蟾墓発掘簡報」『文物』1995年第8期，52〜60頁，54頁図3-5。

84. 浙江省文物管理委員会「浙江臨安板橋五代墓」『文物』1975年第8期，66〜72頁、図5-5。
　　図は『越窯、秘色瓷』上海古籍出版社1996年　図34, 39, 40, 41。

85. 杭州市文物考古所、臨安市文物館「浙江臨安五代呉越国康陵発掘簡報」『文物』2000年第2期，4〜34頁。
　　浙江省博物館編『浙江紀年瓷』文物出版社　2000年。

86. 蘇州市文管会、呉県文管会「蘇州七子山五代墓発掘簡報」『文物』1981年第2期，37〜45頁、図版
　　肆-1。高台内に目跡あり。

87. 浙江省文物考古所「杭州三台山五代墓」『考古』1984年第11期，1045〜1048頁。1046頁の図3-1,
　　2, 4、高台内に目跡があるものが多いとの記載（1046頁右段12行目）。

88. 内蒙古文物考古研究所ほか「遼耶律羽之墓発掘簡報」『文物』1996年第1期，4〜32頁、図54, 55。
　　藍之庸『探尋逝去的王朝　耶律羽之墓』内蒙古大学出版社　2004年，91〜92頁。

89. 浙江省文物管理委員会「杭州、臨安五代墓中的天文図和秘色瓷」『考古』1975年第3期，186〜194頁。
　　浙江省博物館編『浙江紀年瓷』文物出版社，2000年，図194。

90. 内蒙古文物考古研究所ほか「遼耶律羽之墓発掘簡報」『文物』1996年第1期，4〜32頁、図54, 55。
　　藍之庸『探尋逝去的王朝　耶律羽之墓』内蒙古大学出版社，2004年，91〜92頁。

91. 貢昌「浙江東陽南市搭出土青瓷」『考古』1985年第1期，96頁。

92. 蘇州市文物保管委員会「蘇州虎丘雲岩搭発現文物内容簡報」『文物』1957年第11期，38〜45頁、
　　図26。

93. 北京市文物工作隊「遼韓逸墓発掘報告」『考古学報』1984年第3期，361〜381頁。

94. 河南省文物考古研究所編『北宋皇陵』中州古籍出版社，1997年，322〜324頁。
　　高台内に6条の目跡を持つ劃花雲文青瓷碗の底部破片が出土。

95. 内蒙古自治区文物考古研究所『陳国公主墓』文物出版社，1993年，54・55頁。

96. 貢昌「浙江東陽南市搭出土青瓷」『考古』1985年第1期，96頁。

97. 河南省文物研究所、蜜県文物保管所「蜜県五虎廟北宋馮京夫婦合葬墓」『中原文物』1987年第4期，77
　　〜89頁、図5。

98. 林士民『青瓷與越窯』上海古籍出版社，1999年，185頁，図19上段3。

99. 金志偉　胡雲法　金軍「南宋宮廷所用越瓷的幾個問題」『浙江省文物考古研究所　学刊』第五輯，浙
　　江省文物考古研究所，2002年，72〜77頁。

100. 森達也「唐代晩期越州窯青磁碗の二つの系譜－玉璧高台碗と輪高台碗－」『金大考古』第34号，金
　　沢大学考古学研究室，2000年，1〜3頁。なお、2001年に内容を改訂した下記の論文を中国語で発表
　　した。
　　　森達也「越窯青瓷碗的両個体系－玉璧底碗和圏足碗」『浙江省文物考古研究所　学刊』第5輯，浙江
　　省文物考古研究所（中国語）2001年，140〜144頁。

101. 宋代になると斗笠形の金銀器があるが、これは陶磁器からの影響の可能性が考えられる。

102. 「扶風法門寺搭唐代地宮発掘簡報」『文物』1988年第10期，1〜26頁。
　　陝西省考古研究院ほか『法門寺考古発掘報告』文物出版社，2007年。

103. 陸明華「長沙窯有関問題研究」『中国古陶瓷研究』9, 中国古陶瓷学会，2003年，p74 9行目以下。

104. 亀井明徳「唐代玉璧高台の出現と消滅時期の考察」『貿易陶磁研究』No.13，1993年，86〜126頁。

105. 浙江省文物管理委員会「浙江臨安板橋五代墓」『文物』1975年第8期，66〜72頁。
　　『越窯、秘色瓷』上海古籍出版社，1996年。

106. 浙江省博物館、杭州市文管会「浙江臨安晩唐銭寛墓出土天文図及〝官〟字款白瓷」『文物』1979年
　　第12期，18〜23頁，図11-3。

107. 『中国陶瓷全集6　唐　五代』上海人民美術出版社2000年，図220。

108. 『越窯、秘色瓷』上海古籍出版社, 1996 年, 図 36。

109. 『中国陶瓷全集 4 越窯』美乃美, 1981 年, 図 185。

110. 林士民『青瓷與越窯』上海古籍出版社, 1999 年, 185 頁, 図 19 下段。

111. 定県博物館「河北定県発現両座宋代塔基」『文物』1972 年第 8 期, 39 〜 51 頁。
     『定州文物蔵珍』嶺南美術出版社, 2003 年, 図 88。

112. 寧波市文物考古研究所「浙江寧波市祖関山冢地的考古調査和発掘」『考古』2001 年第 7 期, 40 〜 46 頁、
     図 7-3, 7。

113. 符永才、顧章「浙江南田海島発現唐宋遺物」『考古』1990 年第 11 期, 1048 〜 1050 頁。

114. 『中国陶瓷全集 4 越窯』美乃美, 1981 年, 図 140。
     浙江省博物館編『浙江紀年瓷』文物出版社, 2000 年, 図 163。

115. 浙江省博物館編『浙江紀年瓷』文物出版社, 2000 年, 図 164。

116. 金祖明「浙江餘姚青瓷窯址調査報告」『考古学報 1959 年第 3 期, 107 〜 120 頁、図版弐‐1。

117. 浙江省博物館編『浙江紀年瓷』文物出版社, 2000 年, 図 169。

118. 浙江省博物館編『浙江紀年瓷』文物出版社, 2000 年, 図 171。

119. 『中国陶瓷全集 4 越窯』美乃美, 1981 年, 図 136。

120. 慈渓市鳴鶴瓦窯頭出土 『寧波文物集粋』華夏出版社, 1996 年, 図 44。

121. 浙江省文物管理委員会「杭州、臨安五代墓中的天文図和秘色瓷」『考古』1975 年第 3 期, 186 〜 194 頁。
     浙江省博物館編『浙江紀年瓷』文物出版社, 2000 年, 図 192。

122. 弓場紀知「北宋初期の紀年銘をもつ越州窯青瓷をめぐって」『出光美術館紀要第 1 号』1995 年, 136
     〜 147 頁。

123. 浙江省博物館編『浙江紀年瓷』文物出版社, 2000 年, 図 197。

124. 『越窯、秘色瓷』上海古籍出版社, 1996 年, 図 50。

125. 森達也「晩唐期越州窯青磁の劃花文について」『楢崎彰一先生古希記念論文集』真陽社, 1998 年,
     478 〜 487 頁。

126. 『中国陶瓷全集 8 宋 (下)』上海人民美術出版社, 1999 年, 図 27。

127. 浙江省文物管理委員会「浙江鄞県古瓷窯址調査紀要」『考古』1964 年第 4 期, 182 〜 187 頁。

128. 『中国文物精華大辞典』上海辞書出版社, 1995 年, 248 頁の図 252。

129. 『越窯、秘色瓷』上海古籍出版社, 1996 年, 図 56。

130. 陳万里『瓷器與浙江』中華書局, 1946 年。
     陳万里『中国青瓷史略』上海人民出版社 1956 年, 7 〜 20 頁。

131. 謝明良「記黒石号 (Batu Hitam) 沈船中的中国陶瓷器」『美術史研究集刊』13, 国立台湾大学芸術史
     研究所, 2002 年, 1 〜 60 頁。

132. 鎮江博物館「江蘇鎮江唐墓」『考古』1985 年第 2 期, 131 〜 148 頁。133 頁の図 4-1。

133. 陳万里『中国青瓷史略』上海人民出版社, 1956 年, 第 10 図。
     『越窯、秘色瓷』上海古籍出版社, 1996 年, 図 12。

134. 表 5-106 は、図には瓜割線が記入されていないが、写真では瓜割線が確認できる。

135. 『越窯、秘色瓷』上海古籍出版社, 1996 年, 図 19。

136. 浙江省文物管理委員会「杭州、臨安五代墓中的天文図和秘色瓷」『考古』1975 年第 3 期, 186 〜 194 頁。
     191 頁の図 9-4。

137. 『中国陶磁の展開』愛知県陶磁資料館, 2004 年, 図 32。

138. 『故宮博物院文物珍品全集 31 晋唐瓷器』商務印書館, 1996 年, 作品 235。
     『中国陶瓷全集 6 唐 五代』上海人民美術出版社, 2000 年, 図 165。

139. 東京国立博物館編『日本出土の中国陶磁』東京美術 1978 年 7 頁。

140. 『故宮博物院文物珍品全集 33 両宋瓷器 (下)』商務印書館, 1996 年, 図 92。

第 2 章　越州窯青瓷の編年　　　　　　　　　47

141.『越窯、秘色瓷』上海古籍出版社 , 1996 年 , 図 54。
142. 北京市文物工作隊「遼韓佚墓発掘報告」『考古学報』1984 年第 3 期 , 361 ～ 381 頁 , 図 5。
143. 浙江省文物管理委員会「浙江鄞県古瓷窯址調査紀要」『考古』1964 年第 4 期 , 182 ～ 187 頁 , 図版伍 -2。
144. 浙江省文物考古研究所、北京大学考古文博学院、慈渓市文物管理委員会『寺龍口越窯址』文物出版社 , 2002 年 , 図 104-1, 2, 4、彩図 238、図 107-1, 2、彩図 244。
145.『中国陶瓷全集 8　宋（下）』上海人民美術出版社 , 1999 年 , 図 39。
146.『中国陶瓷全集 8　宋（下）』上海人民美術出版社 , 1999 年 , 図 44。

図版出典

図 1：九州歴史資料館『大宰府史跡　昭和 56 年度発掘調査概報』1982 年。
図 2、図 3：福岡市教育委員会『福岡市鴻臚館跡 II』福岡市埋蔵文化財調査報告書第 315 集 1991 年。
図 4：陝西省考古研究院ほか『法門寺考古発掘報告』文物出版社 2007 年。
図 5：浙江省博物館編『浙江紀年瓷』文物出版社　2000 年、図 173, 174, 176 ～ 178。
図 6：中国社会科学院考古研究所『偃師杏園唐墓』科学出版社 2001 年。
図 7：浙江省博物館編『浙江紀年瓷』文物出版社　2000 年、161 図
図 8：程如峰「合肥市発現明代瓷器窖蔵和唐代邢窯瓷」『文物』1978‐8　51 ～ 53 頁、図 4。
図 9：鎮江博物館「江蘇鎮江唐墓」『考古』1985-2　、134 頁の図 5-5。
図 10：浙江省文物考古研究所、上虞県文物管理所「浙江上虞鳳凰山古墓発掘報告」『浙江省文物考古研究所　学刊　建所十周年記念』科学出版社　1993 年 234 頁図 39-5。
図 11：『故宮博物院文物珍品全集 31　晋唐瓷器』商務印書館　1996 年、図 103, 105。
図 12：符永才、顧章「浙江南田海島発現唐宋遺物」『考古』1990-11、1049 頁の図二 -10。
図 13：中国社会科学院考古研究所『偃師杏園唐墓』科学出版社 2001 年。
図 14：『中国陶瓷全集 4 越窯』美乃美 1981 年　図 143。
図 15：洛陽文物考古隊「洛陽后梁高継蟾墓発掘簡報」『文物』1995-8、52 ～ 60 頁。
図 16：『越窯、秘色瓷』上海古籍出版社 1996 年　図 34, 39, 40, 41。
図 17、図 18：浙江省文物考古所「杭州三台山五代墓」『考古』1984-11、1046 頁の図 3-1, 2, 4。
図 19：内蒙古文物考古研究所ほか「遼耶律羽之墓発掘簡報」『文物』1996-1、図 54, 55。
　　　藍之庸『探尋逝去的王朝　耶律羽之墓』内蒙古大学出版社　2004 年　91 ～ 92 頁。
図 20：浙江省文物管理委員会「杭州、臨安五代墓中的天文図和秘色瓷」『考古』1975-3、186 ～ 194 頁。
　　　浙江省博物館編『浙江紀年瓷』文物出版社　2000 年　図 194。
図 21：杭州市文物考古所、臨安市文物館「浙江臨安五代呉越国康陵発掘簡報」『文物』2000-2、4 ～ 34 頁。
　　　浙江省博物館編『浙江紀年瓷』文物出版社　2000 年、図 180 ～ 191。
図 22：『中国陶瓷全集 4 越窯』美乃美 1981 年、図 182。
　　　『越窯、秘色瓷』上海古籍出版社 1996 年、図 31。
図 23：『唐磁　白磁・青磁・三彩』根津美術館 1988 年、66 頁。
図 24：北京市文物工作隊「遼韓逸墓発掘報告」『考古学報』1984-3　361 ～ 381 頁。
図 25：河南省文物考古研究所編『北宋皇陵』中州古籍出版社 1997 年　322 ～ 324 頁。
図 26：内蒙古自治区文物考古研究所『陳国公主墓』文物出版社　1993 年　54・55 頁。
図 27：『中国陶磁の至宝　英国デイヴィッド・コレクション展』読売新聞社 1998 年、図 3。
図 28：貢昌「浙江東陽南市搭出土青瓷」『考古』1985-1　96 頁。

図 29：『中国陶磁の至宝　英国デイヴィッド・コレクション展』読売新聞社 1998 年、図 4。

図 30：『神品とよばれたやきもの　宋磁展』朝日新聞社 1999 年、図 7。

図 31：浙江省文物管理委員会「浙江臨安板橋五代墓」『文物』1975-8　66 〜 72 頁。

　　　　『越窯、秘色瓷』上海古籍出版社 1996 年、37。

図 32：浙江省博物館、杭州市文管会「浙江臨安晩唐銭寛墓出土天文図及〝官〞字款白瓷」

　　　　『文物』1979-12　18 〜 23 頁。

図 33：『中国陶瓷全集 6　唐　五代』上海人民美術出版社 2000 年　図 220。

図 34：『越窯、秘色瓷』上海古籍出版社 1996 年　図 36。

図 35：『中国陶瓷全集 4 越窯』美乃美 1981 年、図 185。

図 36：『中国陶瓷全集 4 越窯』美乃美 1981 年、図 193。

図 37：『中国陶瓷全集 4 越窯』美乃美 1981 年、図 183。

図 38：『中国陶瓷全集 4 越窯』美乃美 1981 年、図 187。

図 39：『中国陶瓷全集 8　宋（下）』上海人民美術出版社 1999 年、図 36。

図 40：林士民『青瓷與越窯』上海古籍出版社 1999 年　p185　図 19 下段。

図 41：『中国陶瓷全集 8　宋（下）』上海人民美術出版社 1999 年、図 37。

図 42：『定州文物蔵珍』嶺南美術出版社　2003 年　図 88。

図 43、図 44：寧波市文物考古研究所「浙江寧波市祖関山冢地的考古調査和発掘」『考古』2001-7　40 〜 46 頁。

図 45：符永才、顧章「浙江南田海島発現唐宋遺物」『考古』1990-11　1048 〜 1050 頁。

図 46：浙江省博物館編『浙江紀年瓷』文物出版社　2000 年　図 163。

図 47：浙江省博物館編『浙江紀年瓷』文物出版社　2000 年　図 164。

図 48：金祖明「浙江餘姚青瓷窯址調査報告」『考古学報 1959-3　107 〜 120 頁、図版弐 - 1。

図 49：浙江省博物館編『浙江紀年瓷』文物出版社　2000 年　図 169。

図 50：浙江省博物館編『浙江紀年瓷』文物出版社　2000 年　図 171。

図 51：『中国陶瓷全集 4 越窯』美乃美 1981 年　図 136。

図 52：慈渓市鳴鶴瓦窯頭出土　『寧波文物集粋』華夏出版社 1996 年　図 44。

図 53：水邱氏墓　明堂山考古隊「臨安県唐水邱氏墓発掘報告」『浙江省文物考古所学刊』文物出版社 1981
年、94 〜 104 頁。

図 54：『中国陶瓷全集 4 越窯』美乃美 1981 年、図 172。

図 55：浙江省文物管理委員会「杭州、臨安五代墓中的天文図和秘色瓷」『考古』1975-3、

　　　　186 〜 194 頁。

図 56：弓場紀知「北宋初期の紀年銘をもつ越州窯青瓷をめぐって」『出光美術館紀要第 1 号』1995 年
136 〜 147 頁。

図 57：浙江省博物館編『浙江紀年瓷』文物出版社　2000 年　図 197。

図 58：『越窯、秘色瓷』上海古籍出版社 1996 年　図 50。

図 59：『中国陶瓷全集 8　宋（下）』上海人民美術出版社 1999 年　図 27。

図 60：浙江省文物管理委員会「浙江鄞県古瓷窯址調査紀要」『考古』1964-4　182 〜 187 頁。

図 61：『中国文物精華大辞典』上海辞書出版社 1995 年　248 頁の図 252。

図 62：『越窯、秘色瓷』上海古籍出版社 1996 年　図 56。

図 63：『越窯、秘色瓷』上海古籍出版社 1996 年　図 10。

図 64：謝明良「記黒石号（Batu Hitam）沈船中的中国陶瓷器」『美術史研究集刊』13
　　　　国立台湾大学芸術史研究所　2002 年　1 〜 60 頁。

図 65：鎮江博物館「江蘇鎮江唐墓」『考古』1985-2　131 〜 148 頁。133 頁の図 4-1。

図 66：『越窯、秘色瓷』上海古籍出版社 1996 年　図 12。

図 67：『越窯、秘色瓷』上海古籍出版社 1996 年　図 19。

図 68：浙江省文物管理委員会「杭州、臨安五代墓中的天文図和秘色瓷」『考古』1975-3、
　　　186 ～ 194 頁。191 頁の図 9-4。

図 69：『中国陶磁の展開』愛知県陶磁資料館　2004 年　図 32。

図 70：『故宮博物院文物珍品全集 31　晋唐瓷器』商務印書館　1996 年　図 235。

図 71：東京国立博物館編『日本出土の中国陶磁』東京美術 1978 年　7 頁。

図 72：『故宮博物院文物珍品全集 33　両宋瓷器（下）』商務印書館　1996 年　図 92。

図 73：『越窯、秘色瓷』上海古籍出版社 1996 年　図 54。

図 74：浙江省文物考古研究所、北京大学考古文博学院、慈渓市文物管理委員会『寺龍口越窯址』文物出
版社 2002 年　図 104-1, 2, 4、彩図 238、図 107-1, 2、彩図 244。

図 75：『中国陶瓷全集 8　宋（下）』上海人民美術出版社 1999 年　図 39。

図 76：『中国陶瓷全集 8　宋（下）』上海人民美術出版社 1999 年　図 44。

50

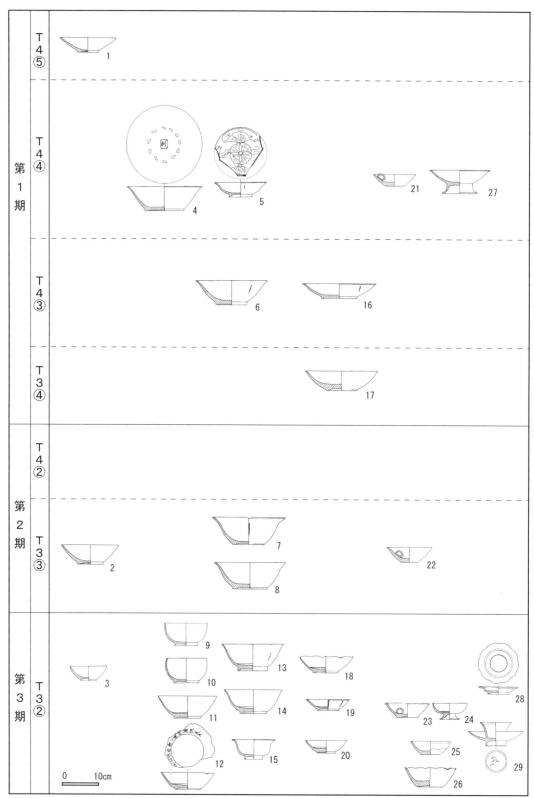

表 1 石馬弄窯址出土遺物編年図①

第 2 章　越州窯青瓷の編年　　　　　　　　　　　　51

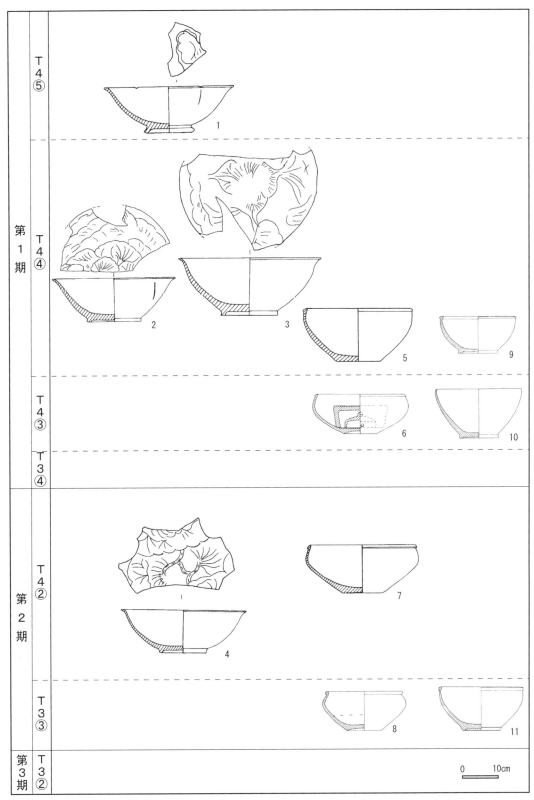

表 2　石馬弄窯址出土遺物編年図②

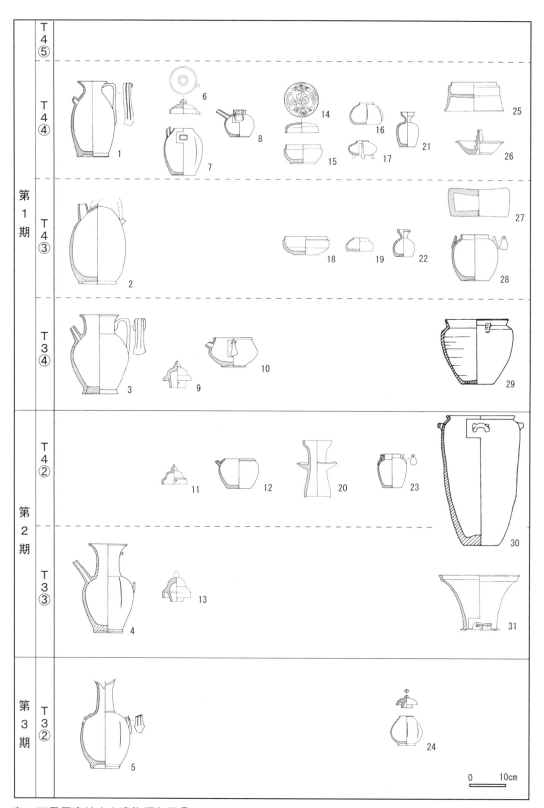

表3 石馬弄窯址出土遺物編年図③

第2章 越州窯青瓷の編年

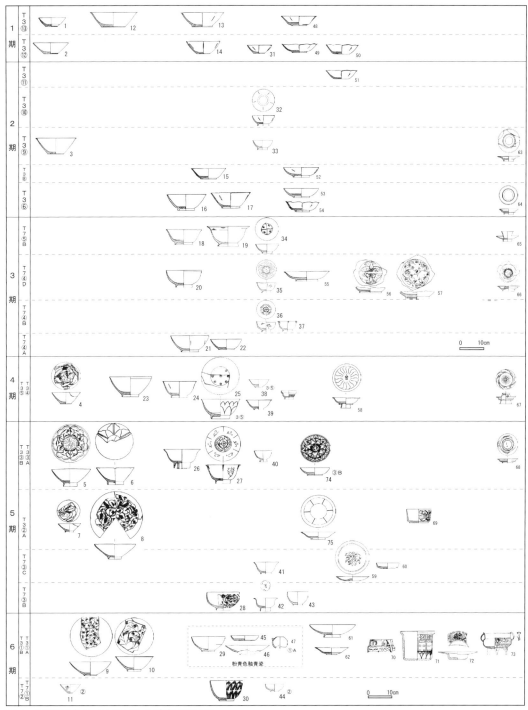

表4 寺龍口窯址 T1,T7 出土遺物編年図

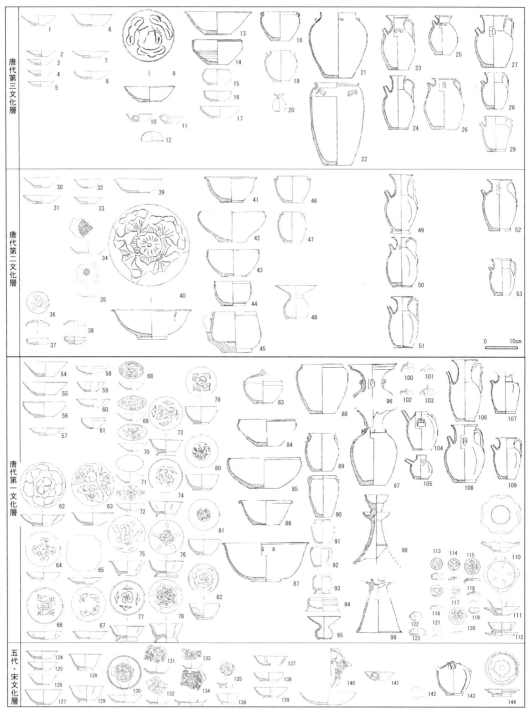

表5 和義路遺跡（浙江省寧波市）層位別出土遺物図

第2章 越州窯青瓷の編年

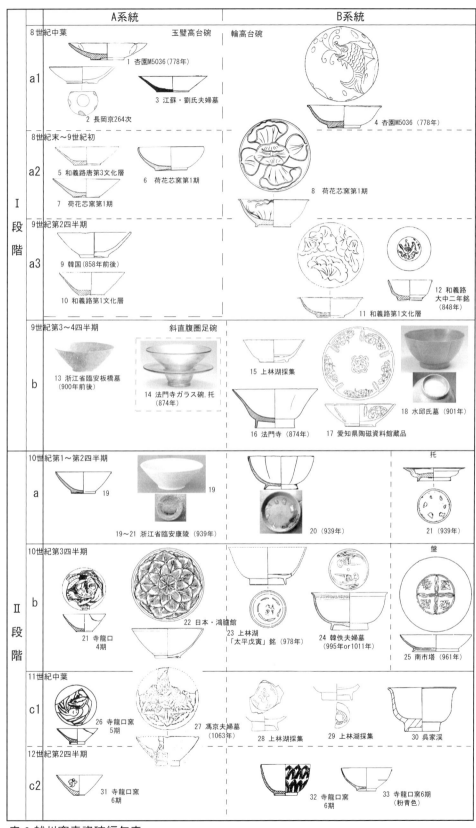

表6 越州窯青瓷碗編年表

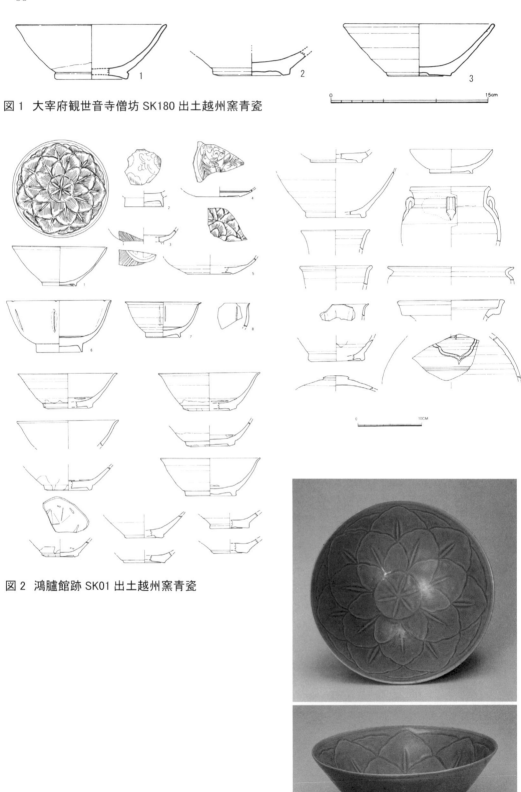

図1　大宰府観世音寺僧坊 SK180 出土越州窯青瓷

図2　鴻臚館跡 SK01 出土越州窯青瓷

図3　鴻臚館跡 SK01 出土越州窯青瓷劃花文碗

第2章　越州窯青瓷の編年

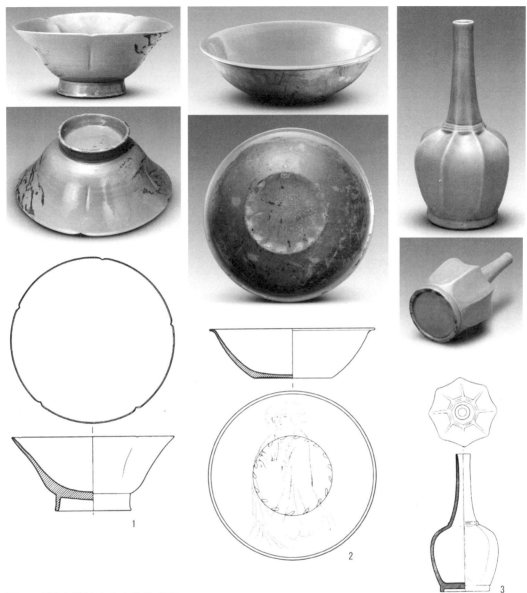

図4　法門寺塔地宮出土秘色青瓷

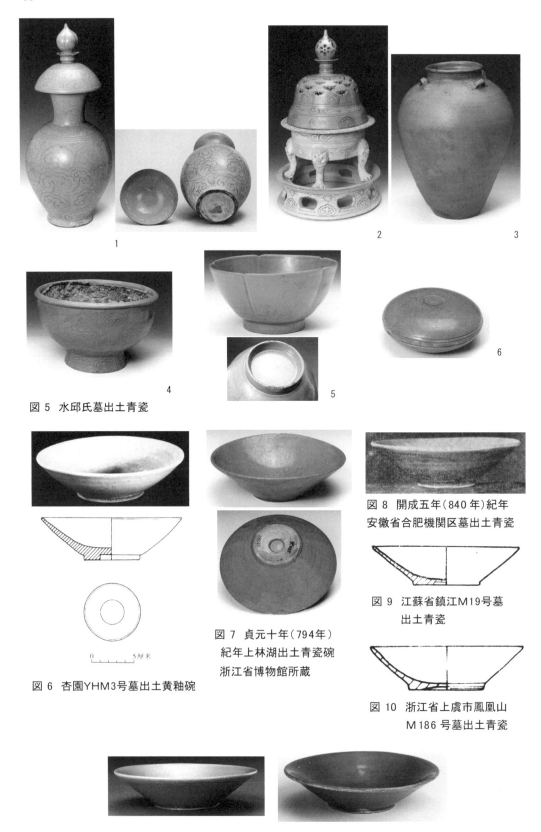

図5 水邱氏墓出土青瓷

図6 杏園YHM3号墓出土黄釉碗

図7 貞元十年(794年)紀年上林湖出土青瓷碗 浙江省博物館所蔵

図8 開成五年(840年)紀年安徽省合肥機関区墓出土青瓷

図9 江蘇省鎮江M19号墓出土青瓷

図10 浙江省上虞市鳳凰山M186号墓出土青瓷

図11 北京・故宮博物院所蔵青瓷玉璧高台碗

第 2 章 越州窯青瓷の編年

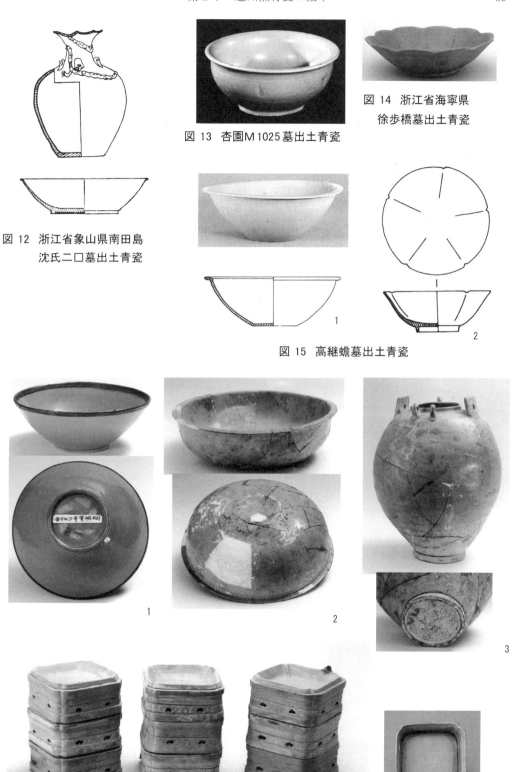

図 12 浙江省象山県南田島
　　　沈氏二口墓出土青瓷

図 13 杏園 M1025 墓出土青瓷

図 14 浙江省海寧県
　　　徐歩橋墓出土青瓷

図 15 高継蟾墓出土青瓷

図 16 江蘇省蘇州市七子山 1 号墓出土青瓷

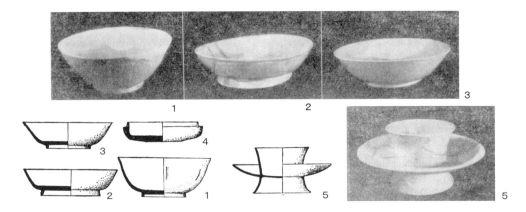

図17 杭州三台山M32号墓出土青瓷①

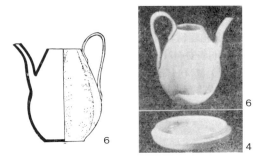

図18 杭州三台山M32号墓出土青瓷②

図19 内蒙古・耶律羽之墓出土青瓷

第 2 章　越州窯青瓷の編年

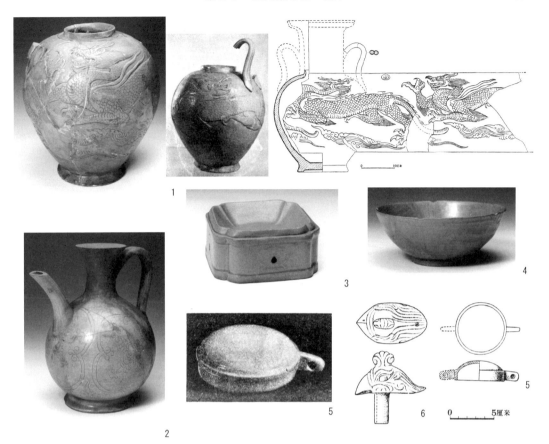

図20　銭元瓘墓出土青瓷

図 21 康陵出土青磁

第2章　越州窯青瓷の編年　　　　　　　　　　　　　63

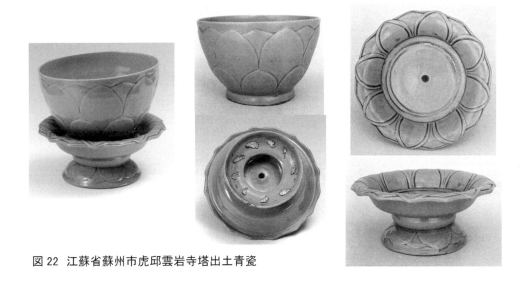

図22　江蘇省蘇州市虎邱雲岩寺塔出土青瓷

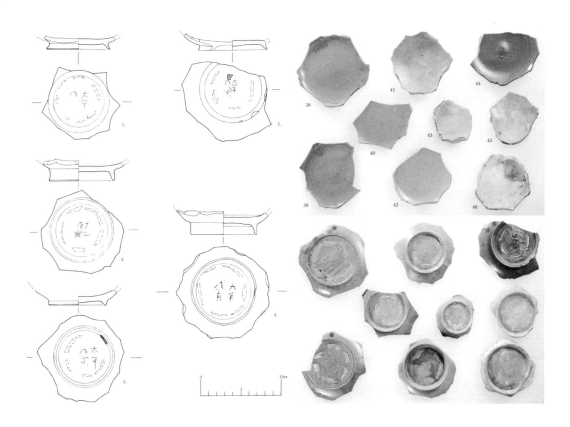

図23「太平戊寅」(太平興国三年・978年)銘碗

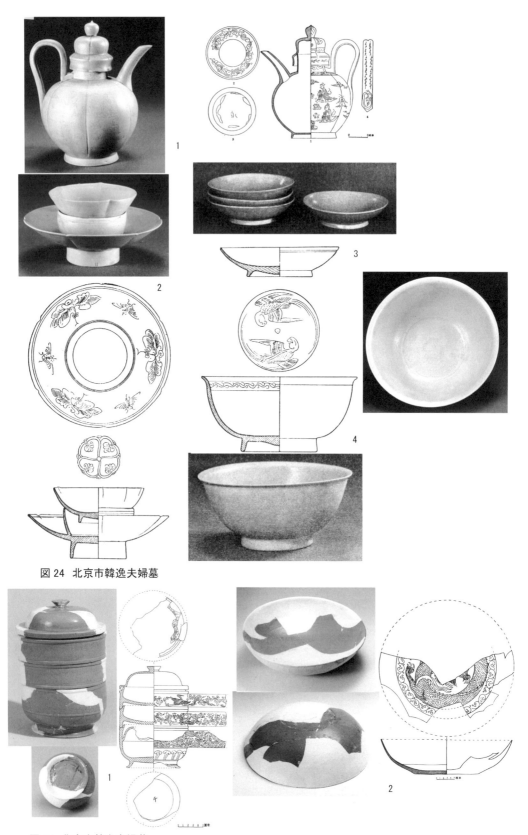

図 24 北京市韓逸夫婦墓

図 25 北京市韓逸夫婦墓

第2章　越州窯青瓷の編年　　65

図26　内蒙古・陳国公主墓出土越州窯青瓷

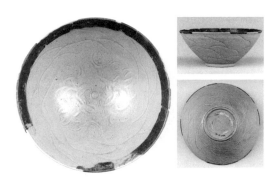

図27　英国デビットコレクション越州窯青瓷碗

図28　南市塔出土青瓷

図29　英国デビットコレクション越州窯青瓷盤

図30　大阪市立東洋陶磁美術館所蔵劃花文盤

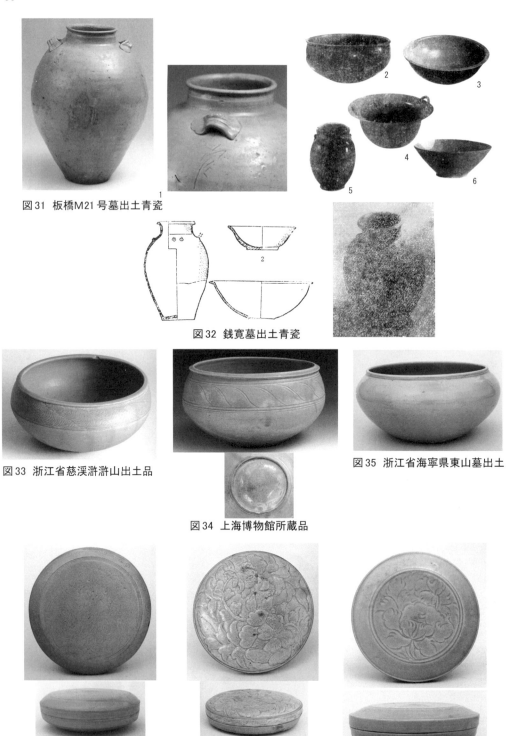

図31 板橋M21号墓出土青瓷

図32 銭寛墓出土青瓷

図33 浙江省慈渓澝澝山出土品

図34 上海博物館所蔵品

図35 浙江省海寧県東山墓出土

図36 浙江省海寧県出土青瓷合子　図37 慈渓市衛前四房出土青瓷合子

図38 浙江省餘姚朗霞徴集青瓷合子

図39 浙江省嵊県富仁一村出土青瓷合子

第 2 章　越州窯青瓷の編年

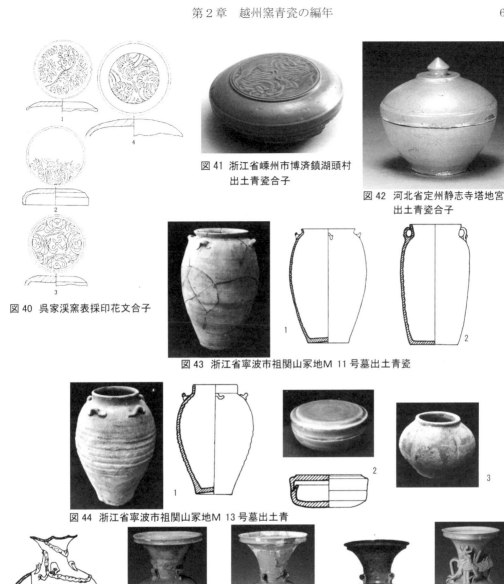

図40　呉家渓窯表採印花文合子

図41　浙江省嵊州市博済鎮湖頭村
　　　出土青瓷合子

図42　河北省定州静志寺塔地宮
　　　出土青瓷合子

図43　浙江省寧波市祖関山冢地M 11号墓出土青瓷

図44　浙江省寧波市祖関山冢地M 13号墓出土青

図45　南田島元和十二年
　　　（817年）墓出土

図46　元和十四年
　　　（819年）銘罌

図47　大和八年
　　　（834年）銘罌

図48　大中四年
　　　（850年）銘罌

図49　乾符六年
　　　（879年）墓出土

図50　光化三年
　　　（900年）銘罌

図51　上林湖狗頭頸山
　　　出土罌

図52　慈渓市
　　　鳴鶴瓦窯頭出土青瓷

図53　水邱氏墓出土
　　　有蓋褐彩雲文罌

図54　板橋M21墓出土
　　　褐彩褐彩雲文罌

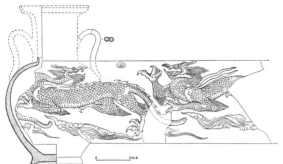
図55 銭元瓘墓蟠竜文罍

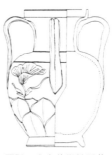
図56 出光美術館所蔵
雍熙四年(987年)銘

図57 咸平元年
(998年)銘罍

図59 浙江省武義県
文物管理委員会蔵
有蓋罍

図60「大中祥符五年」
(1012年)銘水注残欠

図61 浙江省藍渓市
出土の双耳瓶

図62 上海博物館蔵
青瓷長頸双耳瓶

図58 上海博物館所蔵有蓋罍

図63 北海王府君夫人墓
出土水注

図64 黒石号引揚げ
青瓷水注

図65 宝暦二年
(826年)鎮江M9号墓
出土青瓷水注

図66 大中元年(847年)銘
劃花文水注

図67 上海博物館所蔵盤口水注

図68 浙江省杭州市呉漢月
(銭元瓘次妃)墓出土瓜形水注

図69 愛知県陶磁資料館
所蔵青瓷水注

第 2 章　越州窯青瓷の編年　　69

図 70　故宮博物院　　　図 71　京都宇治市木幡
　　　所蔵青瓷水注　　　　　　浄妙寺推定地出土水注

　　　　　　　　　　　　　　　図 72　「太平戊寅」　　　図 73　「太平戊寅」
　　　　　　　　　　　　　　　　　（978 年）銘水注　　　　（978 年）銘水注

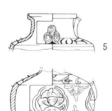

図 74　寺龍口窯址第 4 ～ 6 期青瓷水注

図 75　寧波市鄞県出土青瓷水注　　　　図 76　上虞市謝橋出土青瓷水注

第3章　五代・北宋耀州窯青瓷の編年

1. はじめに

　陝西省西安の北方約 80 ｋｍに位置する耀州窯は、宋代・華北の代表的な大規模陶瓷生産地の一つであり、オリーブグリーンの美しい釉色と流麗な劃花文、繊細緻密な印花文などを特徴とする宋代の青瓷は、古来高く評価されてきた。

耀州窯の開窯時期は現時点でははっきりしないが、遅くとも唐代にはこの地で陶瓷器生産が開始されていたことは間違いない。

　中国の青瓷は、唐代以前には浙江省北部の越州窯など江南地域を中心に発展してきたが、華北の陝西省に所在する耀州窯では、晩唐頃から越州窯青瓷の影響を受けた粗質の青瓷の生産を開始し、五代には天青色釉と呼ばれる美しい釉色をもった上質の青瓷を作るようになった。さらに、北宋代前期に耀州窯独特のオリーブグリーン色の青瓷を生み出し、華北における質の高い青瓷生産を確立したのである。

　また、耀州窯青瓷の意匠や技術は、周辺の窯にも影響を及ぼし、隣接する河南省では、多くの窯で耀州窯青瓷を写した製品が生産されたほか、北宋末期の汝窯や鈞窯に釉色や焼成技術などで影響を及ぼしている可能性が高い。

　耀州窯の製品の編年研究は、窯址発掘調査の報告を中心に進められてきたが (註1)、これら一連の研究の中で、五代・北宋前期の年代位置づけに大きな問題があることは、謝明良によって指摘されている (註2)。謝は、『五代黄堡鎮窯址』の中で示された五代の製品の多くが北宋前期まで下がる可能性を紀年墓出土遺物の詳細な検討によって明らかにした。本節では謝の見解を重視して、五代・北宋の耀州窯青瓷の編年の再検討を試みる。

　さらに、耀州窯青瓷と他窯製品との比較を通じて、その意匠・技術の系譜を明確化するとともに、中国の青瓷発展史上における耀州窯の果たした役割にもふれる。

2. 唐代の耀州窯製品

　中国では、唐代・五代の耀州窯に対して、「耀州」という行政区名が五代初期以前にはなかったことを理由として、窯址の所在地の地名である「黄堡（鎮）」窯という名称を用いることが多いが、煩雑になるため本節では唐・五代の当該窯を「耀州窯」として表記する。

　唐代・耀州窯（黄堡窯）では、三彩、白釉、黒釉、褐釉、茶葉末釉、白釉緑彩、白釉褐彩、素胎黒彩、黒釉白彩（花釉）、黒釉刻花白彩、青瓷白彩、青瓷など多彩な製品が生産された (註3)。

　この段階の胎土は不純物が多く、灰褐色を呈するため、三彩や白釉瓷系では素地の上に

白化粧土を施し、その上に施釉する場合が多い。この白化粧の技術は、河南省・陝西省地域の初唐・盛唐期の三彩や白釉瓷器で多用された技術であり、唐代・耀州窯（黄堡窯）はこれらの技術系譜上にある。

　その開窯時期は現時点ではまだ明らかでないが、中唐から晩唐期の製品が唐代の都・長安城内の遺構や周辺の墳墓から数多く発見されており、長安の北方約80kmという立地を生かして、都へ陶瓷器を供給することにより、唐代後半期に大きく発展したと考えられる。特に晩唐期の長安周辺では、確認されている窯址は耀州窯以外にないことから、都の陶瓷器需要を満たす陶瓷生産地として重要な位置を占めたことがわかる。

　ただし、晩唐期の長安で高級品として使用された陶瓷器は河北省邢窯・定窯の白瓷と江南の浙江省・越州窯の青瓷であり、耀州窯の製品はその下のランクに位置づけられていたと推定される。

　特に越州窯青瓷は、9世紀代に盛んに長安に運ばれ、陝西省法門寺地宮から出土した秘色瓷（図1）（註4）に代表されるように、完成度の高い最上質の製品が宮廷や貴族の邸宅などで用いられた。

　耀州窯の青瓷は、三彩、白釉瓷、黒釉瓷よりも遅れて、晩唐（9世紀）に盛んに生産されるようになったが、これは明らかに越州窯青瓷が9世紀代に長安で盛んに受容され始めたことの影響による。この頃の青瓷は、灰褐色で不純物が多い粗い素地の上に白化粧土をかけ、その上に灰緑色の青瓷釉を施しており、中唐期から生産されている三彩や白釉瓷の白化粧技術が応用されている。底部は無釉で、底部周辺は白化粧土も施されない。胎土・釉・造形のいずれも粗質で、越州窯青瓷の粗製品とかろうじて比肩し得る水準のものが多い。

　器種は碗が主体で、やや大形のものと小形碗との二種がある。大形碗は、玉璧高台（蛇目高台）を持ち（図2）、器形は越州窯青瓷の9世紀中葉から10世紀前半頃の斜直腹碗（註5）（図3）（註6）と近似する。小形碗には二種類の器形がある。越州窯に近似した斜直腹碗（図4）と、越州窯青瓷には見られない玉縁口縁碗で（図5）、後者の器形は9世紀の邢窯・定窯系の白瓷に近似している。なお、発掘報告『唐代黄堡窯址』で唐代晩期として報告されている青瓷には、五代前期まで時期が下がる可能性があるが、これについては後述する。

　唐代・耀州窯（黄堡窯）の青瓷は、越州窯など江南の窯業で用いられた龍窯ではなく、華北の窯業で伝統的に使われている馬蹄形窯（饅頭窯）で焼成されており、造形も白化粧土を用いるなど江南には見られない華北独自の技法が用いられている。つまり、唐代耀州窯青瓷の技術は、華北の伝統的な窯業技術の延長上にあり、越州窯からの技術的な影響はほとんど認められない。意匠的には越州窯青瓷の影響がかなり色濃く認められるが、越州窯青瓷からだけでなく邢窯・定窯など華北の白瓷からの意匠影響も認められる。越州窯青瓷の意匠の影響から見て、唐代耀州窯青瓷の生産は、越州窯青瓷の長安での盛んな受容を

契機として開始されたと考えてほぼ間違いないが、生み出された製品には越州窯青瓷と邢窯・定窯系白瓷の器形の影響が混在しており、越州窯青瓷を忠実に模倣するといった傾向や、質的に越州窯青瓷に比肩しようといった指向はあまり認めることができない。

3. 五代とされる耀州窯青瓷の分類

　前述したように、発掘報告『五代黄堡窯址』で示された五代の耀州窯青瓷の編年と年代位置づけには再検討の必要がある。

　同報告書で五代とされている青瓷は、黒色や褐色の素地に白化粧土をほどこした上に青瓷釉をかけるものと、白色の胎土の上に直接青瓷釉をかけるものとの2種類に大別でき、ここでは白化粧を用いる前者をⅠ類、白胎の後者をⅡ類とする。

　Ⅰ類は、黒色、暗灰色、褐色の素地に白化粧土をほどこした上に青瓷釉をかけており、支焼方法、高台の形態、白化粧土の使用の有無、釉色などから以下のように4つに細分可能である。

Ⅰ-a類：全面施釉され、高台端部に粗目の砂をまとめて置いた目跡が3・4ヶ所残る。高台形は細く低い角高台が主体である。胎土は黒褐色を呈するものが多くその上に白化粧土が施される。高台の内外には化粧土が施されないものが多い。光沢のある美しい天青色釉が厚く掛けられる（図6）。底部に「官」字銘をもつもの（図7）は、ほとんどがこの類に含まれる。

Ⅰ-b類：全面施釉の後に高台端部の釉を削り落とし、高台端部に粗目の砂をまとめて置いた目跡が3・4ヶ所残るものもある。高台端部が無釉になるほかはⅠ-a類に近似する（図8）。

Ⅰ-c類：全面施釉され、高台内（外底面）に三叉トチンによる小さな胎土目跡が3ヶ所残る。Ⅰ-a類と同じ光沢のある天青色釉が厚く掛けられ、胎土は黒褐色を呈するものが多く、その上に白化粧土が施される。碗の高台は細く低い角高台で（図9）、皿には無高台の碁筍底のものと高台をもつものとがある（図10）。

Ⅰ-d類：底部を含めて全面に施釉しているが、高台高端部全体に粗い砂が付着する。高台形は細く高めである。白化粧土を施すが、底部付近は化粧土が掛けられていないため、この部分の釉が褐色に発色するものが多い。単線の劃花文が施されるものもある。釉色は緑青色を呈するものが多い（図11）。

Ⅱ類：白色の精製された胎土を用い、白化粧土は施さずに白胎の上に直接青瓷釉をかける。釉は全面に施した後、高台端部の釉を削り落とす場合が多いが、釉を剥がずに粗い砂が付着する場合もある。釉は、鮮やかな天青色で、厚く施されて光沢がある。水注や壺類では、

胴部に胴部に浮き彫り風の刻花文を施すものがあり（図12）、托などには貼花文が施される。碗は器壁が非常に薄く、精緻なものが多く、やや深彫りの刻花文や単線の劃花文が施されるものもある。Ⅰ類に比べて上質であり、窯址での出土量は圧倒的に少ない。小山冨士夫がかつて、Ⅱ類の産地を宋代の文献にある「東窯」と推定する説を出したことにより（註7）、これを「東窯タイプ」と呼ぶこともある。

　Ⅰ-a～Ⅰ-d類やⅡ類が並存するのか、前後関係があるのか、どのような年代位置づけが可能であるのかなどについては窯址出土資料からは明確な答えが出せないため、紀年墓出土資料や良好な一括出土資料との比較をおこなってこれらの問題を考えてみたい。

4. 紀年墓出土資料と一括資料から見た様相

　五代から北宋にかけての紀年墓出土や年代の明らかな塔などのから発見された耀州窯青瓷は現時点で把握できたのは11例で、遼墓からの出土が中心となる。そのほかに、紀年はないが年代がある程度推定可能な墳墓や塔などの出土例が数例ある。これらを参考に五代から北宋の耀州窯青瓷の変遷と年代を考えてみたい。

(1) 五代

　紀年墓資料で年代が最も遡るのは、五代末期の後周顕徳五年（958年）の咸陽・馮暉墓出土品である（註8）。杯・托のセット2組と、宝珠形の鈕をもつ水注の蓋1、水注の承碗（温碗）と思われる深めの碗1があり、いずれも白化粧土を施した上に青瓷釉をかけるⅠ類である。杯・托は「通体施青釉」（総釉がけの意味）と説明されており、高台端部まで施釉されるⅠ-a類と思われるが、Ⅰ-b類の可能性もある。承碗は高台内に目跡が3点残るⅠ-c類である。杯・托、承碗はすべて五輪花形である（図13）。

　馮暉墓出土品と近似したセットが、洛陽の後周墓（C8M972）から発見されている（註9）。この墓は紀年墓ではないが、墓室構造や出土銅銭から後周代（950～960年）の顕徳二年（955年）以降、北宋以前と推定されているもので、馮暉墓と近似した五輪花形の杯・托と宝珠形鈕の蓋をもつ水注が出土している（図14）。水注の蓋は馮暉墓出土品とまったく同形で、水注の身の胴部は球形を縦方向につぶしたような形態で、肩と裾の部分が屈曲気味となっている。高台端部は無釉で、Ⅰ-b類に分類される。

　現時点で確実に五代に遡る墳墓などからの耀州窯青瓷の出土はこの2例のみであり、五代の耀州窯青瓷の全容を明らかにするには極めて不十分であるが、白化粧土を施した上にほぼ全面施釉をするⅠ-a類、Ⅰ-b類、Ⅰ-c類がこの段階に出現していたことだけははっきりしている。唐代耀州窯青瓷は底部付近が無釉のものが主体であったが、遅くとも五代

後期には全面施釉（高台端部は除く）へと移行していたことがわかるのである。

　発掘報告『五代黄堡窯址』で示された窯址出土品の中から類品を探すと、杯はD型Ⅱ式（図15）（『五代黄堡窯址』36頁・図22-2）、托はB型Ⅱ式（図16）（『五代黄堡窯址』44頁・図26-13）、水注は壺B型Ⅰ式（図17）（『五代黄堡窯址』64頁・図35-7）が挙げられる。これらはいずれも報告書の編年表では五代前半期に置かれており（『五代黄堡窯址』図155, 157, 160）、五代末期の馮暉墓や洛陽後周墓の出土品との間に時間差が生じてしまう。

　馮暉墓と洛陽後周墓出土耀州窯青瓷の共通性から見て、このような特徴が五代後期の耀州窯の様相を示すと考えて大きな問題はないであろう。それでは五代前半の耀州窯青瓷はどのような様相であったのだろうか。五代前期から五代後期にかけて器形に大きな変化はなく、ほぼ同じ形態の製品が生産され続けていたのか？　それとも五代前期には五代後期とは異なる特徴の製品が作られていたのか？

　この問題については、現時点での窯址出土資料や墳墓出土耀州窯青瓷から答えを求めることはできないが、第2章で五代前半期に位置づけた越州窯青瓷碗と、唐代として報告されている耀州窯青瓷碗の形態を比較することにより、五代前期の様相をある程度推定することができる。

　越州窯青瓷の編年では、斜直腹碗は、唐末期から五代初頭の9世紀後半から10世紀前半にかけて（Ⅰ－b期からⅡ－a期にかけて）器高が高くなり、高台幅が狭くなる傾向が見られる（図18）（註10）（第2章　表6参照）。唐代として報告された耀州窯青瓷碗（図19）は、この段階の越州窯青瓷碗と形態が近似しており、唐末から五代前期に位置づけられる可能性が充分に考えられる。つまり、唐代とされている碗の中に五代前期まで時代の下がる資料が含まれている可能性があるのである。これらの碗は底部周辺には釉がかけられておらず、五代後期には総釉がけがおこなわれていることを考えると、五代の中頃に総釉がけが始まる可能性が推定される。ただし、これはあくまでも越州窯青瓷との比較検討からの推測であり、今後該期の資料の増加を待って再検証する必要がある。

　唐代には大量の越州窯青瓷が長安に運ばれて受容されたが、五代になると華北での越州窯青瓷の流通が著しく低下した。その結果、上質の青瓷の不足を補うために、当時の華北ではほとんど唯一の青瓷生産地であった耀州窯（黄堡窯）で、秘色青瓷の質感を目指して青瓷生産技術が改良され、Ⅰ類の天青釉青瓷が作られるようになった。Ⅰ－a類に見られる「官」字銘はこの時期に黄堡鎮窯が宮廷用の御用品を生産していたことを示している。北宋初期になるとさらに技術が向上し、同時代の越州窯青瓷を凌駕するような所謂「東窯タイプ」（Ⅱ類）が生み出された。

　つまり、五代における華北での越州窯青瓷の不足を契機として、唐代までは低いレベルに留まっていた黄堡鎮窯の青瓷生産技術や意匠の水準は、一挙に高まり、短期間に越州窯

と比肩するまでに発達したのである。

また、五代耀州窯（黄堡窯）でみられる注目すべき新技術は、青瓷釉を施す前に素地の素焼きを行なっていることである。深い刻花文をもつII類の水注や、無文の水注・壺類など比較的大形器種で素焼きが行なわれている。恐らく、安定した焼成と光沢のある厚い釉を施すために素焼き技法を取り入れたものと思われる。素焼きの技術は、陝西省や河南地方では初唐期から三彩の焼成で用いられ、唐代耀州窯の三彩でも認められる。越州窯青瓷ではこの時期に素焼きはまったく行なわれていないことから、これは外部からの影響によるものでなく、伝統的な技術を応用しながらより優れた品質の青瓷を生み出そうとする独自の技術革新と考えてよいであろう。この青瓷の素焼き技術は、北宋代の耀州窯でも大形器種生産に使われ、北宋後期には河南省の汝窯で応用される。さらには江南の南宋官窯、龍泉窯へと伝わり、上質の青瓷を生産する基本的な技術となっていくのである。

(2) 北宋前期・960 年～ 1010 年代頃まで

　北宋代の埋納年代が明らかな資料で最も古く遡るのは、河北定州・静志寺塔地宮出土品で（註11）、太平興国二年（977 年）に封印された埋納品の中に 3 点の耀州窯青瓷が含まれていた（図 20）。これらはいずれも白化粧土をかけないで白胎の上に直接青瓷釉を施すII類であるが、長頸瓶と盤の胎土はやや灰色がかっている。釉はわずかに緑がかった天青色で、長頸瓶と盤は胎土が灰色がかるためか釉の緑色がやや濃い。長頸瓶と碗は全面施釉後に高台端部の釉を剥ぎ取っているが、盤は高台端部の釉を剥ぎ取らずに全面に粗い砂が付着している。盤の口縁は六輪花形であるが、唐代や五代の耀州窯青瓷の輪花は大部分が五輪花で、この資料から北宋初期に六輪花が出現することが確認できる。

　10 世紀末の例としては北京・韓佚夫婦墓出土資料がある。この墓は、韓佚が統和十五年（997 年）に埋葬され、夫人の王氏が統和二十九年（1011 年）に追葬されているが、遺物の配置などから瓷器の大部分は韓佚の随葬品と考えられている（註12）。出土した青瓷の大部分は越州窯青瓷の優品であるが、それらに混じって 2 点の耀州窯青瓷斗笠碗が出土している（図 21）。どちらも白胎のII類で、全面に釉をかけたのち、高台端部の釉を剥ぎ取っている。高台端部脇には粗めの砂が付着する。釉はやや緑かかった天青色である。同形の斗笠碗は、紀年はないが 10 世紀後半と推定されている葉茂台 7 号墓（図 22-3）（註13）、遼開泰九年（1018 年）埋葬の陳国公主墓（図 26- 左）（註14）、遼開泰十一年（1020 年）の遼寧・耿延毅墓（図 27- 上）（註15）から出土しており、10 世紀後半から 11 世紀初頭にわたって認められる。

　葉茂台 7 号墓は、紀年墓ではないが 960 年代から 980 年代頃と考えられている。この墓からは、 I -a 類の五輪花碗 1 点、 I -b 類の斗笠碗 2 点、II類の斗笠碗 5 点、II類の蓮弁

第3章　五代・北宋耀州窯青瓷の編年　　　　　　　　　77

文碗2点、浮き彫り風の蓮弁文が施されたⅡ類の有蓋短頸壺2点と計12点の耀州窯青瓷
が出土している（図22）。Ⅱ類の碗、壺はいずれも天青釉が施された上質品で、蓮弁文碗
は978年の静志寺塔地宮出土品と近似している。この形の蓮弁文碗は、葉茂台7号墓より
やや時代が下り10世紀末から11世紀初頭と推定されている河北平泉県小吉溝遼墓（註16）
からも出土しており（図23-1）、10世紀第3四半期から11世紀初頭の範囲内に出土例が
集中している。

　河北平泉県小吉溝遼墓からは、Ⅰ-a類の碗3点（図23-2）、釉色からⅠ類と推定される（Ⅱ
類の可能性もある）六輪花の托1点（図23-3）が出土しているほか、前述したⅡ類の蓮弁
文碗、浮き彫り風の刻花文が施されたⅡ類の水注（図23-4）が出土している。類似した浮
き彫り刻花文の水注は、1008年の遼寧朝陽紡織廠常遵化墓（註17）からも出土している（図
24）。これらの出土例から、10世紀第3四半期から11世紀初頭にかけて、Ⅰ類とⅡ類が共
伴し、Ⅱ類には浮き彫り刻花文が施される水注や壺が見られることが確認できる。そのほ
か、10世紀末と推定されている内蒙古通遼県二林場遼墓では、小吉溝遼墓出土の碗（図
23-2）と近似したⅠ-a類の碗が2点出土しており（図25）、ほぼ同時期の墓から同じタイ
プの碗が出土していることが確認できる。

　少し時代が下がる遼開泰九年（1018年）埋葬の陳国公主墓（註18）では、斗笠碗2点と
十輪花の碗5点が出土しているが（図26）、これらの碗の釉色は天青色ではなく、北宋耀
州窯青瓷の典型的な釉色であるオリーブグリーンに近く、胎土の色も白色ではなく、灰白
色である。耀州窯青瓷の釉色は、五代から北宋初期には灰青、天青色、豆青色が盛行したが、
北宋中期頃からやや黄色味を帯びたオリーブグリーンへと変化するが、その変化は薪燃料
から石炭燃料への転換と白色胎（白化粧土が施されたものも含む）から灰白色胎土への変
化によってもたらされたと考えられている（註19）。

　近年、西安市長安区郭杜鎮で発見された天禧三（1019）年埋葬の李保枢夫婦墓からは、
彫の深い片切彫の刻花紋が施されたオリーブグリーンの青瓷蓋付き壺が出土しており（図
36）（註20）、白化粧土の施されない典型的な北宋タイプのオリーブグリーンの耀州窯青瓷
の最も早い段階の出土例として注目される。また、この壺の刻花文は、1958年に陝西省彬
県で出土した青瓷倒流壺（図40の編年表に写真提示）と近似しており、これまで漠然と
五代から北宋初期とされていたこの倒流壺の年代を明確にする貴重な資料である。

　李保枢夫婦墓や陳国公主墓の例から見て、釉色のオリーブグリーン化と胎土の灰白色化
は1010年代に顕著となり始めた可能性が高い。10世紀後半の葉茂台7号墓で出土した斗
笠碗には、白化粧土がかけられたⅠ-b類（図22-1）と白胎のⅡ類（図22-3）の2種類が
あり、釉色は灰青色と天青色である。1010年代になると、白化粧をかけたⅠ類の斗笠碗は
姿を消し、白胎のⅡ類の斗笠碗は器形・造形はほとんど変化せずに、胎土が灰白色となり、

釉色もオリーブグリーンへと変化し始めるのである。なお、ここではオリーブグリーン化した北宋代の製品をⅢ類と分類し、無文のものをⅢ-a類、刻花文または劃花文が施されるものをⅢ-b類、印花文が施されるものをⅢ-c類とする。

　陳国公主墓とほぼ同時期である遼開泰十一年（1020年）の遼寧朝陽・耿延毅墓（註21）からは、Ⅱ類の斗笠碗1点とⅡ類の五輪花碗5点が出土しており（図27）、前者は青灰色釉が施され、後者は天青色の釉がかけられている。

　10世紀末から11世紀前半頃と推定される北京密雲冶仙塔塔基（註22）からは、陳国公主墓の十輪花碗とよく似た造形の十輪花盤（内底に単線の劃花文が施される）が出土しているが（図28）、釉色は法門寺出土の秘色青瓷に近い豆青色と報告されており、オリーブグリーン化はしていない。

　遼寧阜新・蕭和夫婦合葬墓（註23）でも耀州窯青瓷が出土しているが、蕭和は997年から1021年頃に死去したと推定され、夫人は遼・重熙十四年（1045年）に死去しており、副葬遺物には年代幅が想定される。

　六輪花盤が出土しており（図29）、器形は河北定州・静志寺塔地宮（977年）出土の盤（図20-1）と近似しているが、釉色は暗緑色と報告されており、Ⅱ類に含まれるのか、オリーブグリーン化したⅢ類なのかははっきりしないが、この器形でオリーブグリーンの釉がかけられた製品はほとんど知られていないので、Ⅱ類の可能性が高い。

　遼代中期の聖宗期（983～1030年）と推定されている内蒙古扎魯特旗浩特花遼代壁画墓M1（註24）ではⅡ類と思われる五輪花の碗の破片と口径20cmの大形の碗が出土している（図30）。後者の碗は浅緑釉が施され、高台部は褐色になると説明されているが、これは白化粧をかけたタイプの特徴で、Ⅰ類に相当すると推定できる。この形態の大形碗は、Ⅰ-a類、Ⅰ-c類、Ⅰ-d類に見られるが、この碗はⅠ-a類かⅠ-d類であろう。

　遼寧・清河門遼墓4号墓（註25）は、埋葬年代が明確ではないが、11世紀前半から中頃と推定される。ここからは、Ⅱ類と思われる六輪花の托1点、口縁の内側に単線の劃花文が施されたⅡ類の碗の破片1点、内側面と内底面に単線の劃花文が施された緑青釉の碗1点が出土している（図31）。後者の碗は胎土が灰色、総釉がけで高台端部に砂が付着するという記載から見て白化粧土をかけたⅠ-d類と考えられる。単線の劃花文はⅠ-d類やⅡ類に見られ、オリーブグリーン化した初期の段階の製品にも見られるが、オリーブグリーン化が進むと片切彫りの刻花文が隆盛となり姿を消してしまう。

　耿延毅墓や密雲冶仙塔塔基、蕭和夫婦合葬墓、浩特花遼代壁画墓M1、清河門遼墓4号墓などの出土品から見て、11世紀初頭の1010年代には耀州窯青瓷のオリーブグリーン化が進み始めているものの、灰青色、天青色、豆青色などの釉色をもったⅡ類の製品は、11世紀半ば頃までの墳墓からの出土例が少なくない。11世紀前半にオリーブグリーンの青瓷と

Ⅱ類とが同時に生産されていたか、または前段階に生産されたⅡ類がある程度の伝世期間を経て11世紀前半までは墳墓に副葬されていたという二つの場合が考えられる。この問題については、次の11世紀中頃以降の様相と比較しながら考えてみたい。

(3) 北宋中期－1010年代～1050年頃、後期–1050年代～11世紀末

　11世紀中頃以降の紀年墓出土資料や紀年資料は、印花文青瓷（Ⅲ-c類）が主流となる。
　遼清寧四年（1058年）の天津薊県独楽寺塔上層塔室[註26]では、内面に枝花文の印花文、外面に条線文が施された碁笥底の碗が出土しており（図32）、印花文青瓷の初現となっている。ほかに、嘉祐八年（1063年）の河南密県・馮京夫婦墓[註27]では印花文碗と無文碗（Ⅲ-a類）（図33）、熙寧十年（1077年）の湖北郭家弯・謝文詣墓[註28]では外面に条線文が施された印花文碗が1点出土している（図34）。
　また、耀州窯の窯址からは、「熙寧」（1068～1077年）「大観」（1107～1110年）「政和」（1111～1118年）などの年号が記された印模や印花文碗が発見されており、11世紀後半から12世紀初頭に印花文青瓷が盛んに生産されたことがわかる（図35）[註29]。
　印花文青瓷の初現である遼清寧四年（1058年）の天津薊県独楽寺塔上層塔室の出土品では、北宋代の印花文青瓷の枝花文、外面の条線文など11世紀後半に盛行する印花文青瓷の定型的な様式がすでに確立しており、印花文の初現はさらに遡る可能性がある。また馮京夫婦墓（1063年）と謝文詣墓（1077年）で出土している碗の、口縁がやや外反し底部が小さい斗笠碗の器形（図33、34）は、北宋末期の政和七年（1117）の陝西宝鶏・馬徳元墓でも見られ、北宋中期から晩期にかけて盛行したことが確認できる。斗笠碗は、北宋前期の陳国公主墓（1018年）の頃までは、斜直腹形かやや内弯する形態（図21、22-1、22-3、26）であったが、遅くとも11世紀中頃には、口縁がやや外反する形態に変化して定型化し、それ以後この形態の碗は北宋末まで生産され続けた。
　北宋の典型的な耀州窯青瓷の施文には、印花文とともに片切彫りによる刻花文があり、片切彫り刻花文が先行し、やや遅れて印花文が出現し、以後両者が並存するとされている[註30]。北宋中・後期の紀年墓出土資料では残念ながら片切彫り刻花文をもつ製品（Ⅲ-b類）は見られず、印花文（Ⅲ-c類）と無文青瓷（Ⅲ-a類）しか確認できない。しかし、この時期に刻花文青瓷が存在しなかったとは考えられず、たまたま墓葬出土品が発見されていないだけと考えるのが適切であろう。印花文青瓷の出現が11世紀中葉頃とすると、それに先立って片切彫り刻花文青瓷の盛行した時期が存在した可能性が高いが、11世紀第2四半期は明確な紀年墓出土資料や紀年資料が認められていない空白期であり、この時期に片切彫り刻花文青瓷が盛行し始めた可能性が高い。前述したように、1010年代には釉色のオリーブグリーン化が始まっているがその頃の器形や施文にはまだⅡ類の影響が強く残り、

11世紀第2四半期頃に片切彫りやオリーブグリーンの釉色をもった典型的な北宋様式の耀州窯青瓷（図37）が確立したのであろう。

　以上のように考えると、耀州窯青瓷のオリーブグリーン化がすでに始まっている陳国公主墓（1018年）より後の11世紀第2四半期頃と推定される墓葬から出土しているⅡ類の耀州窯青瓷は、11世紀初頭以前に生産されたものがやや遅れて副葬された可能性が高いのではないだろうか。

　12世紀末の紀年墓出土例は政和七年（1117年）の陝西宝鶏・馬徳元墓（註31）の1例しか確認されていない。この墓からは、無文の斗笠碗と刻花文が施された水注が出土している（図38）。水注の胴部に描かれた刻花文は太い片切彫りで表されており、櫛目による細かな表現は省略されており、刻花文が退化に向かっていることがわかる。同様の略式の片切彫り刻花文が施された碗（図39）が、北宋末期と推定される洛陽・安楽宋代窖蔵（註32）から出土しているが、この窖蔵からは片切彫りと櫛目が併用されたやや粗雑な刻花文の皿も出土しており、北宋末期には両タイプの刻花文が並存していたことがわかる。こうした傾向は、金代にも引き継がれている（註33）。

　北宋末期の様相は紀年墓資料が限られているため明確にはできないが、刻花文が粗雑化しはじめているが、印花文青瓷は窯址出土の「大観」（1107〜1110年）、「政和」（1111〜1118年）年銘青瓷（図35）から見て粗雑化はそれほど進んでいないようである。

5. まとめ

　以上の晩唐から北宋末期までの編年を簡単にまとめておきたい（図40編年表参照）。

　晩唐期の青瓷は、褐色や灰色の粗い素地に白化粧土をかけ、その上に灰青色の青瓷釉を施した粗製品で、高台付近は大部分が無釉である。碗などの器形は越州窯青瓷と邢窯・定窯白瓷の影響を強く受けている。

　五代に前期には唐代とあまり変化のない粗製の青瓷を生産して可能性が高く、五代後期になると黒色や灰色の素地に白化粧をかけ、全面に灰青色や天青色の釉をかけたⅠ類の青瓷の生産が始まる。五代末期または北宋初期に白胎の上に美しい天青色釉をかけたⅡ類の生産が始まり、10世紀末頃までⅠ-a, Ⅰ-b, Ⅰ-c類とⅡ類が共存する。この頃に浮彫り刻花文を施したⅡ類の天青色青瓷の水注や壺が生産された。11世紀に入るとⅠ類はⅠ-d類が主流となり、Ⅱ類は引き続き生産されるが、1010年代にはⅡ類は、釉色がオリーブグリーンのⅢ類に変化し、胎土も灰白色化し始める。

　11世紀第2四半期には、オリーブグリーンの釉色で片切彫り刻花文を施した典型的な耀州窯青瓷（Ⅲ-b類）が出現し、11世紀中頃には印花文が施された碗や盤（Ⅲ-c類）などの生産が始まる。以後、無文の青瓷（Ⅲ-a類）と片切彫り刻花文（Ⅲ-b類）と印花文（Ⅲ

-c 類）の製品は並存し器形も大きな変化はないが、12 世紀初頭になると片切彫り刻花文の粗製化が目立つようになるのである。

　耀州窯は北宋王朝が滅びた後も、金王朝のもとで青瓷生産を続けらたが、製品の釉色や器形が次第に粗製化し、元代には磁州窯系の陶瓷器生産が主流となって青瓷は生姜色の粗雑な製品しか見られなくなってしまう。金代以降の耀州窯青瓷については稿をあらためて考察を加える所存である。

註

1. 陝西省考古研究所『陝西銅川耀州窯』科学出版社, 1965 年。
   陝西省考古研究所『唐代黄堡窯址』文物出版社, 1992 年。
   陝西省考古研究所『五代黄堡窯址』文物出版社, 1997 年。
   陝西省考古研究所　耀州窯博物館『宋代耀州窯址』文物出版社, 1998 年。
   耀州窯博物館　陝西省考古研究所　銅川市考古研究所『立地坡・上店耀州窯址』三秦出版社, 2004 年。
2. 謝明良「耀州窯遺址五代青瓷的年代問題－従所謂『柴窯』談起」『故宮学術季刊』第 16 巻第 2 期, 53 ～ 78 頁。
3. 陝西省考古研究所『唐代黄堡窯址』文物出版社, 1992 年。
4. 咸通 15 年（873）に唐皇帝・僖宗によって献納された。共伴する『衣物帳』（献納物台帳）の記載から、当時「秘色」と呼ばれた青瓷であることが明らかとなった。
   陝西省法門寺考古隊「扶風法門寺塔唐代地宮発掘簡報」『文物』1988 年第 10 期, 1 ～ 26 頁。
   陝西省考古研究院『法門寺考古発掘報告』文物出版社 2006 年, 上巻, 220 ～ 226 頁。
5. 第 2 章、表 6 の 9, 10, 13, 19。
6. 金寅圭「韓国出土の中国磁器」『貿易陶磁研究』No. 19, 日本貿易陶磁研究会, 1999 年, 147 ～ 164 頁、図 10。
7. 小山冨士夫『支那青磁史考』文中堂出版, 1943 年, 178 ～ 189 頁。
8. 咸陽市文物考古研究所『五代馮暉墓』重慶出版社, 2001 年。46 頁図 43-1, 2, 3, 6、図版 82 ～ 84, 87。
9. 洛陽市文物工作隊「洛陽発現一座后周墓」『文物』1995 年第 8 期, 64 ～ 67 頁、65 頁：図 2-1, 2, 3。
10. 杭州市文物考古所、臨安市文物館「浙江臨安五代呉越国康陵発掘簡報」『文物』2000 年第 2 期, 4 ～ 34 頁。
11. 「河北定県発現両座宋代塔基」『文物』1972 年第 8 期, 39 ～ 51 頁。
    『地下宮殿の遺宝』出光美術館, 1997 年, 図 78 ～ 80。
12. 北京市文物考古隊「遼韓佚墓発掘報告」『考古学報』1984 年第 3 期, 361 ～ 380 頁、366 頁：図 6-4, 図版弐参 -3。
13. 馮永謙「葉茂台遼墓出土的陶瓷器」『文物』1975 年第 12 期, 40 ～ 48 頁、42 頁：図 3-1 ～ 5。
    朝陽地区博物館「遼寧朝陽姑営子遼耿氏墓発掘報告」『考古学集刊』3, 中国社会科学出版社 1983 年, 168 ～ 195 頁、183 頁：図 20-12, 15、図版参弐 -1, 4。
14. 内蒙古自治区文物考古研究所、哲里木盟博物館『陳国公主墓』文物出版社 1993 年, 53 頁：図 32-8 彩版一三 -1、53 頁：図 32-9　彩版一三 -2。
15. 朝陽地区博物館「遼寧朝陽姑営子遼耿氏墓発掘報告」『考古学集刊』3, 中国社会科学出版社, 1983 年, 168 ～ 195 頁、183 頁：図 20-12, 15、図版参弐 -1, 4。
16. 張秀夫、田淑華、成長福「河北平泉県小吉溝遼墓」『文物』1982 年第 7 期, 50 ～ 53 頁、51 頁：図 4, 5、52 頁：図 7, 8。

17. 彭国善『遼代陶瓷的考古学研究』吉林大学出版社 2003 年 , 232 頁 : 図 5-19-1。

18. 内蒙古自治区文物考古研究所　哲里木盟博物館『陳国公主墓』文物出版社 , 1993 年 , 53 頁 : 図 32-8 彩版一三 -1、53 頁 : 図 32-9　彩版一三 -2。

19. 杜葆仁「耀州窯的窯炉和焼成技術」『文物』1987 年第 3 期 , 32 〜 37 頁。
    森達也「耀州窯の窯構造・工房・窯道具」『耀州窯』朝日新聞社 , 1997 年 , 162 〜 168 頁、164 頁。
    禚振西「耀州窯歴代青磁の工芸上の特色」『耀州窯』朝日新聞社 , 1997 年 , 147 〜 151 頁、149 頁。

20. 西安市文物保護考古所「西安市長安区郭杜鎮清理的三座宋代李唐王朝後裔家族墓」『文物』2008 年第 6 期 , 36 〜 53 頁。

21. 朝陽地区博物館「遼寧朝陽姑営子遼耿氏墓発掘報告」『考古学集刊』3 中国社会科学出版社 , 1983 年 , 168 〜 195 頁、183 頁 : 図 20-12,15、図版参弐 -1, 4。

22. 王有泉「北京密雲冶仙塔塔基清理簡報」『文物』1994 年第 2 期 , 58 〜 61 頁、59 頁 : 図 3,4。

23. 遼寧省文物考古研究所「阜新遼蕭和墓発掘簡報」『文物』2005 年第 1 期 , 33 〜 50 頁、38 頁 : 図 10-11、42 頁 : 図 19。

24. 中国社会科学院考古研究所蒙古工作隊　内蒙古文物考古研究所「内蒙古扎魯特旗浩特花遼代壁画墓」『考古』2003 年第 1 期 , 3 〜 14 頁、11 頁　図 7-1, 3。

25. 李文信「義縣清河門遼墓発掘報告」『考古学報』第八冊 1954 年 , 163 〜 202 頁、192 頁 : 挿図 22-1, 図版式拾弐 -1、193 頁 : 挿図 23-6, 図版式拾弐 -2、194 頁 : 挿図 24-1, 3, 図版拾陀柒 -1 〜 3。

26. 天津市歴史博物館考古隊ほか「天津薊県独楽寺塔」『考古学報』1989 年第 1 期 , 83 〜 119、107 頁 : 図 30, 図版式参 -1。

27. 河南省文物研究所ほか「密県五虎廟北宋馮京夫婦合葬墓」『中原文物』1987 年第 4 期 , 77 〜 89 頁、78 頁 : 図四 , 80 頁 : 図六 -11。

28. 黄岡地区博物館、英山県博物館「湖北英山三座宋墓的発掘」『考古』1993 年第 1 期 , 29 〜 36 頁、35 : 図 9-3, 図版六 -4。

29. 陝西省考古研究所　耀州窯博物館『宋代耀州窯址』文物出版社 , 1998 年、154 頁 : 図 83-8,156 頁 : 図 84-1 〜 3。

30. 陝西省考古研究所　耀州窯博物館『宋代耀州窯址』文物出版社 , 1998 年 , 544 〜 546 頁。

31. 王紅武「陝西宝鶏県県功公社陳家咀大隊出土一批宋代文物」『文物』1981 年第 8 期 , 89 頁 , 図 2-1, 3, 4。

32. 張剣「洛陽安楽宋代窖蔵瓷器」『文物』1986 年第 12 期 , 69 〜 71 頁、70 頁 : 図 7,8。

33. 耀州窯博物館、陝西省考古研究所、銅川市考古研究所『立地坡・上店耀州窯址』三秦出版社 , 2004 年。

図版出典
図 1：陝西省考古研究院『法門寺考古発掘報告』文物出版社 2006 年。
図 2：陝西省考古研究所『陝西銅川耀州窯』科学出版社 1965 年、88 頁図 52-13。
図 3：金寅圭「韓国出土の中国磁器」『貿易陶磁研究』19　日本貿易陶磁研究会 1999 年　147 〜 164 頁 図 10。
図 4：陝西省考古研究所『陝西銅川耀州窯』科学出版社 1965 年、88 頁図 52-17。
図 5：陝西省考古研究所『陝西銅川耀州窯』科学出版社 1965 年、88 頁図 52-18。
図 6 〜 12：『耀州窯：中国中原に華ひらいた名窯』朝日新聞社 1997 年。
図 13：咸陽市文物考古研究所『五代馮暉墓』重慶出版社 2001 年。　46 頁図 43-1, 2, 3, 6、図版 82 〜 84, 87。
図 14：洛陽市文物工作隊「洛陽発現一座后周墓」『文物』1995-8。64 〜 67 頁、65 頁 : 図 2-1, 2, 3。
図 15：陝西省考古研究所『五代黄堡窯址』文物出版社 1997 年。36 頁・図 22-2

図 16：陝西省考古研究所『五代黄堡窯址』文物出版社 1997 年。44 頁・図 26-13

図 17：陝西省考古研究所『五代黄堡窯址』文物出版社 1997 年。64 頁・図 35-7

図 18：杭州市文物考古所、臨安市文管館「浙江臨安五代呉越国康陵発掘簡報」『文物』2000-2　4 〜 34 頁。

図 19：陝西省考古研究所『陝西銅川耀州窯』科学出版社 1965 年、88 頁図 52-17。

図 20：『地下宮殿の遺宝』出光美術館　1997 年，図 78 〜 80。

図 21：北京市文物考古隊「遼韓佚墓発掘報告」『考古学報』1984-3　361 〜 380 頁、366 頁：図 6-4, 図版弍参 -3。

図 22：馮永謙「葉茂台遼墓出土的陶瓷器」『文物』1975-12　40 〜 48 頁、42 頁：図 3-1 〜 5。

図 23：張秀夫、田淑華、成長福「河北平泉県小吉溝遼墓」『文物』1982-7　50 〜 53 頁、51 頁：図 4, 5, 52 頁：図 7, 8。

図 24：彭国善『遼代陶瓷的考古学研究』吉林大学出版社 2003 年　232 頁：図 5-19-1。

図 25：朝陽地区博物館「遼寧朝陽姑営子遼耿氏墓発掘報告」『考古学集刊』3 中国社会科学出版社 1983 年　168 〜 195 頁、183 頁：図 20-12, 15、図版参弍 -1, 4。

図 26：内蒙古自治区文物考古研究所　哲里木盟博物館『陳国公主墓』文物出版社 1993 年、53 頁：図 32-8　彩版一三 -1、53 頁：図 32-9　彩版一三 -2。

図 27：朝陽地区博物館「遼寧朝陽姑営子遼耿氏墓発掘報告」『考古学集刊』3 中国社会科学出版社 1983 年, 168 〜 195 頁、183 頁：図 20-12, 15、図版参弍 -1, 4。

図 28：王有泉「北京密雲冶仙塔塔基清理簡報」『文物』1994-2　58 〜 61 頁、59 頁：図 3, 4。

図 29：遼寧省文物考古研究所「阜新遼蕭和墓発掘簡報」『文物』2005-1　33 〜 50 頁、38 頁：図 10-11, 42 頁：図 19。

図 30：中国社会科学院考古研究所蒙古工作隊　内蒙古文物考古研究所「内蒙古扎魯特旗浩特花遼代壁画墓」『考古』2003-1, 3 〜 14 頁、11 頁　図 7-1, 3。

図 31：李文信「義縣清河門遼墓発掘報告」『考古学報』第八冊 1954 年　163 〜 202 頁、192 頁：挿図 22-1, 図版式拾弍 -1、193 頁：挿図 23-6, 図版式拾弍 -2、194 頁：挿図 24-1, 3, 図版拾陀柒 -1 〜 3。

図 32：天津市歴史博物館考古隊ほか「天津薊県独楽寺塔」『考古学報』1989-1　83 〜 119、107 頁：図 30, 図版弍参 -1。

図 33：河南省文物研究所ほか「密県五虎廟北宋馮京夫婦合葬墓」『中原文物』1987-4　77 〜 89 頁、78 頁：図四 , 80 頁：図六 -11。

図 34：黄岡地区博物館　英山県博物館「湖北英山三座宋墓的発掘」『考古』1993-1　29 〜 36 頁、35 頁：図 9-3、図版六 -4。

図 35：陝西省考古研究所　耀州窯博物館『宋代耀州窯址』文物出版社 1998 年、154 頁：図 83-8, 156 頁：図 84-1 〜 3。

図 36：西安市文物保護考古所「西安市長安区郭杜鎮清理的三座宋代李唐王朝後裔家族墓」『文物』2008-6, 36 〜 53 頁。

図 37：『耀州窯：中国中原に華ひらいた名窯』朝日新聞社 1997 年。

図 38：王紅武「陝西宝鶏県県功公社陳家咀大隊出土一批宋代文物」『文物』1981-8　89 頁　図 2-1, 3, 4。

図 39：『洛陽出土瓷器』河南美術出版社 2005 年。

図1　法門寺地宮出土秘色青瓷

図2　耀州窯青瓷碗（Ⅱg式）口径20cm
　　『唐代黄堡窯址』88頁図52-13

図3　越州窯青瓷碗　韓国出土　858年頃
　　第1章表7-9

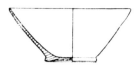

図4　耀州窯青瓷碗（Ⅱk式）
　　口径15.6cm『唐代黄堡窯址』88頁図52-17

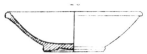

図5　耀州窯青瓷碗（Ⅱl式碗）
　　口径11cm 唐代黄堡窯址』88頁図52-18

図7　Ⅰ-a類「官」字銘
　　耀州窯址出土

図6　Ⅰ-a類　耀州窯址出土

図8　Ⅰ-b類　耀州窯址出土

図9　Ⅰ-c類　耀州窯址出土

図10　Ⅰ-c類　耀州窯址出土　　図11　Ⅰ-d類　耀州窯址出土

第3章　五代・北宋耀州窯青瓷の編年

図12　Ⅱ類　耀州窯址出土

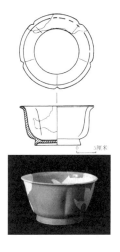

図13　咸陽・馮暉墓出土品

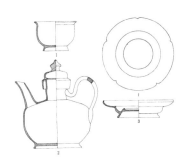

図14　洛陽後周墓出土品

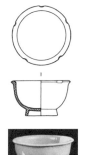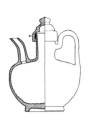

図15　杯(D型Ⅱ式)　　図16　托はB型Ⅱ式　　図17　水注(壺B型Ⅰ式)

図18 越州窯青瓷
浙江省臨安・康陵（939年）出土

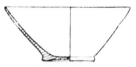
図19 耀州窯青瓷碗（Ⅱk式）
口径15.6cm『唐代黄堡窯址』88頁図52-17

図20 静志寺塔地宮（977年）出土品

図21 韓佚夫婦墓（997年）出土品

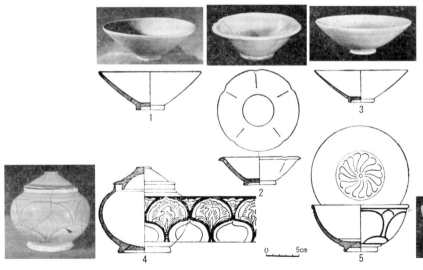

図22 葉茂台7号墓出土品

第３章　五代・北宋耀州窯青瓷の編年　　　　　　　　　　　87

図23　小吉溝遼墓出土品

図24　常遵化墓（1008年）出土品　　図25　通遼県二林場遼墓出土品

図26　陳国公主墓（1018年）出土品

図27　耿延毅墓（1020年）出土品

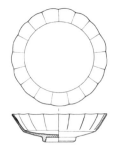

図28 北京密雲冶仙塔塔基出土品

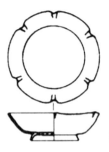

図29 蕭和夫婦合葬墓出土品　　図30 扎魯特旗浩特花遼代壁画墓M1出土品

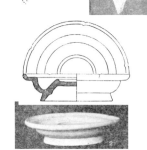

図31 清河門遼墓4号墓出土品

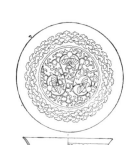

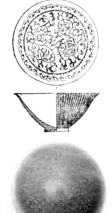

図32 天津薊県独楽寺塔上層塔室　　図33 河南密県・馮京夫婦墓　　図34 湖北郭家弯・謝文詣墓
　　　（1058年）出土品　　　　　　　（1063年）出土品　　　　　　（1077年）出土品

第3章 五代・北宋耀州窯青瓷の編年

「熙寧」年銘(1068〜1077年) 「大觀」年銘(1107〜1110年) 「政和」年銘(1111〜1118年)

図35 耀州窯址出土品

図36 西安・李保樞夫婦墓(1019年)出土品　　東京国立博物館蔵品　　大阪市立東洋陶磁美術館蔵品

図37 片切彫り刻花文の北宋耀州窯青瓷

図38 陝西宝鶏・馬徳元墓(1117年)出土品

図39 洛陽・安楽宋代窖蔵

分類	玉璧高台・玉環高台碗 （白化粧）	I-a類 （白化粧、砂目跡、総釉）	I-b類 （白化粧、砂目跡）	I-c類 （白化粧、胎土目、総釉）	I-d類 （白化粧、砂積、総釉）	
唐末	耀州窯出土　耀州窯出土					
五代　前期（907年）	耀州窯出土					
五代　後期		馮暉墓（958年）	洛陽後周墓	馮暉墓（958年）		
北宋　前期（960年）		葉茂台7号墓（960～990年） 二林場遼墓（10世紀末） 小吉溝遼墓（10世紀末～11世紀初）	葉茂台7号墓（960～990年）			
北宋　中期（1010年頃）					清河門4号墓（11世紀前半～中頃）	
北宋　後期（1050年頃）						
北宋　末期（1100年頃）						
金（1127年）						

図40　五代・北宋　耀州窯青瓷　編年表

第3章 五代・北宋耀州窯青瓷の編年

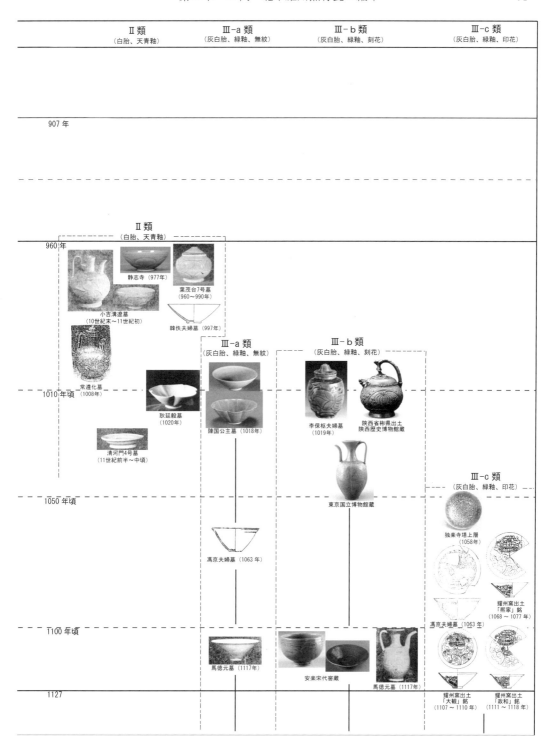

第4章　汝窯と南宋官窯－技術と器種の比較－

1. はじめに

　汝窯天青釉青瓷は、北宋陶瓷の最高峰に位置づけられ、その技術・意匠は南宋以降の陶瓷生産に大きな影響を及ぼした。汝窯ではそれまでの陶瓷器には見られなかった新たな器種や器形が創生され、その多くが南宋官窯や龍泉窯、鈞窯などに引き継がれ、中国陶瓷史上に大きな画期を作り出したのである。

　清朝紫禁城（現・故宮）に伝世した汝窯天青釉青瓷の生産地は、長い間謎とされてきたが、1980年代初めに河南省宝豊県清涼寺で伝世汝窯青瓷とよく似た瓷片が発見され、清涼寺窯が汝窯の産地とされるようになった（註1）。1987年に河南省文物考古研究所による考古学調査が開始され、1988年、1989年、1998年、1999年にかけて、2次から5次調査が実施されたが、伝世品に匹敵する上質の天青釉青瓷の出土はあまり多くなかった（註2）。

　しかし、総面積500㎡の大規模な発掘調査が行われた2000年の第6次調査では、出土した青瓷片の多くが、伝世汝窯と特徴が一致して、汝窯青瓷が主にこの地で生産されたことが再確認された（註3）。この発掘では、窯址15基、工房2ヶ所、濾過槽1、水簸槽1、排水溝2、瓷片廃棄坑22、井戸1基などが発見さ、汝窯の技術や生産体制を知るための貴重なデータが得られた。出土遺物には、伝世品には見られない器種、器形もかなり見られ、汝窯に対する認識が大きく変わり、さらに、天青釉青瓷生産の試行段階とも言える初期と、本格的な天青釉青瓷を生産した成熟期の2段階に分けられることが明らかとされ（註4）、伝世汝窯青瓷はすべて成熟期の製品であることが確認された。

　本論文では、こうした汝窯の最新の発掘調査の成果をもとに、まず南宋官窯、耀州窯などと汝窯との焼成技術や支焼方法の共通性や相違点を明らかにして、それらの窯の技術的系譜関係を明らかにする。さらに、汝窯天青釉青瓷の伝世品や窯址出土品に見られる器種や器形を分析し、汝窯でそれまでの中国陶瓷に見られないどのような新たな器種・器形が創生されたのか、また、その器種・器形が、どのように南宋官窯に引き継がれていったのか、また南宋官窯ではどのような新たな器種が創生されたのかについて考察し、汝窯を中心に、南宋官窯を含めた天青釉青瓷の技術・意匠の特色を明らかにする。

2. 汝窯の焼成技術と支焼方法

　まず、汝窯天青釉青瓷の焼成技術と支焼方法、造形技法の特徴を列挙してみよう。
汝窯天青釉青瓷では、初期には馬蹄形窯、成熟期には楕円形の小形窯が用いられ、焼成は低温で素焼きをした後に施釉し、再度1200度前後の高温で還元焼成をする二次焼成による。

燃料は、木材の薪である（註5）。華北の窯業では一般的に五代から北宋初期に、燃料が薪から石炭へと転換しているが（註6）、北宋後期に位置づけられる汝窯では敢えて古い技術の薪燃料による焼成を行なっている。一般的に石炭燃料による焼成は、製品の釉色がやや黄色がかる傾向が認められる。五代には天青釉青瓷を生産した耀州窯が、薪燃料から石炭燃料への転換によって北宋以降にはやや黄色味を帯びたオリーブグリーンの色調に変化することや、定窯白瓷が北宋初期に薪燃料から石炭燃料へ転換して、純白から黄色味を帯びた牙白色に変化する例などがそのことをよく示している。その原因は、石炭に含まれる微量な硫黄の影響、または石炭を使用すると還元焼成がしづらく、酸化焼成気味に焼きあがるためと考えられる（註7）。汝窯天青釉青瓷の焼成に当時の華北の窯業燃料の主流であった石炭でなく、薪が用いられた理由は、石炭燃料では製品の釉色が黄色がかってしまって、天青色青瓷が焼成できないために、敢えて薪を用いたと考えることができる。後に鈞窯でも天青釉などの製品の焼成には薪が用いられ（註8）、金代の耀州窯でも薪燃料で天青釉青瓷が生産された例が認められており（註9）、天青釉青瓷を焼成するためには石炭ではなく薪燃料を用いるというのは当時の窯業の常識的な技術であったのかもしれない。なお、宋代の華北では、枯渇し始めていた薪燃料に替わって石炭燃料がさまざまな産業や日常生活で利用されており（註10）、そうした中で石炭に比べて高価で、入手も困難であったと思われる薪燃料を敢えて用いた背景には、経済性を度外視して、上質な天青釉青瓷の生産を目指した汝窯の特別な位置づけが窺われるのである。

　汝窯では匣鉢の使用法にも独特な技法が認められる。天青釉青瓷はすべて一点ずつ匣鉢に入れて多数の匣鉢を積み上げて焼成されたが、成熟期には積み上げた匣鉢の外面に泥を塗りつけることが行なわれた（図1）。これは、保温性を高めて急冷を避けるため、または、密閉性を高めて匣鉢の中の空気を外部と遮断して効率的に還元焼成を行なうためと考えられる（註11）。この技法は、やはり天青釉青瓷を焼いた汝州市張公巷窯でも確認されている（註12）。密閉のために匣鉢の間を粘土で塞ぐ方法は、陝西省の金・元代の耀州窯などで見られるほか（註13）、五代・北宋の越州窯では粒子の細かい瓷土で作った気密性の高い匣鉢を用い匣鉢と匣鉢の間の隙間を釉で塞ぐ方法が取られるなど（註14）、匣鉢の気密性を高める工夫は各地の窯で確認されているが、匣鉢の外面全体に泥を付着する方法は、現時点では汝窯と張公巷窯でのみ確認されており、質の高い天青釉青瓷を生産するために行なわれた特殊な技法と考えてよいであろう。

　器物の成形については、碗、鉢、皿などの素紋の器物の成形に、陶範が用いられたことが特徴的である（図2）。印花や輪花、あるいはさまざまな立体物の造形のための陶範は、北宋中期頃から定窯白瓷や耀州窯青瓷、臨汝窯青瓷（河南省の耀州窯系青瓷）などで盛んに用いられていたが、汝窯ではこうした施文のための陶範のほかに、素紋の碗、皿などを

陶範（内模）にあてて厳密に同寸、同形の器物を生産する方法が用いられている。こうした同一規格品の生産のために陶範が使用されるのは、北宋代の耀州窯で開始されたと思われるが（註15）、多用されるのは汝窯が最初であり、天青釉青瓷を厳密な規格に従って生産するために、こうした技術が用いられたことがわかる（註16）。この陶範を用いた技術は後に南宋官窯に引き継がれており、『垣齋筆衡』（南宋・葉寘）の修内司官窯青瓷に関する「澄泥為範、極其精致（澄んだ細かい土で範をつくり、その精致をきわめた）」という記載は、こうした技術を用いたことを示していると考えられる（註17）。

　汝窯の天青釉は、全面に細かい貫入（氷裂）が入るのが特徴で、『清波雑志』（宋・周煇）の「汝窯宮中禁焼、内有瑪瑙末為油」とあるように、清涼寺村付近で産出する瑪瑙が加えられていた可能性が指摘されている（註18）。施釉は、素焼き後に行なわれ、胎に比べて釉層は薄く、南宋官窯のような薄胎厚釉や多層施釉は認められない。底部を含め全面施釉されるものが大多数で、底面の胡麻状の小さな目跡で支焼するのが主であるが、梅瓶や長頸瓶、碗や盞、套盒、托の一部には高台端部の釉を剥いで、その部分で支焼するものもある。目跡は5点のものが最も多く、小形製品には3点目跡も少なくない。水仙盆には6点目跡、方壺には4点目跡など、5、3以外の目跡数の器種も見られ、ほかに7点や8点のものもあるが極めて少ない。目跡の形状は、成熟期の製品は胡麻状の2mmほどの楕円形を呈するが、初期の製品は円形で成熟期のものよりやや大きく、粗い。

　以上のような汝窯天青釉青瓷の焼成技術と支焼方法の源流について、筆者はかつて五代・北宋初期の耀州窯青瓷との関連で論じたことがある（註19）。汝窯青瓷の特徴である天青釉と全面施釉された外底面に残る微少な目跡は、五代から北宋初期の耀州窯青瓷に見られる特徴と共通性が認められる。また焼成技術も、二次焼成、薪燃料の使用といった点が五代・北宋初期の耀州窯青瓷と共通する。両者には年代的に数十年の開きがあり、直接的な影響は考えられないが、復古的な意識で五代の天青釉青瓷の模倣が行なわれ、その技術・意匠が再現された可能性が高いと考えている。しかし、両者の間には相違点も認められ、五代・北宋初期の耀州窯の小さな目跡をもつ裏足の天青釉青瓷は、暗灰色の胎土の上に白化粧土をかけてその上に青瓷釉を施しており、釉色も汝窯の天青色釉よりも緑色がやや強く、目跡も大きめである。こうした相違点から見て、汝窯天青釉青瓷は、五代・北宋初期の耀州窯を忠実に再現しようとしたものではなく、耀州窯の天青釉青瓷のイメージを継承しながら、それに新たな技術、新たな意匠を加えて、はるかに上質な天青釉青瓷として生み出されたものなのである。清涼寺汝窯の民窯区では、天青釉青瓷の生産が開始される以前に、耀州窯青瓷に近似した臨汝窯タイプの青瓷が生産されており、この段階には耀州窯からの技術的な影響を強く受けていたと考えられる。こうした耀州窯系の技術を基礎として、さまざまな新技術、新意匠を付加して、それまでにない極めて上質の天青釉青瓷として生み

出されたのが汝窯天青釉青瓷なのである。汝窯天青釉青瓷の初期段階には、目跡が成熟期のものよりやや大きめで、釉色が緑色がかった製品が多いが、この段階には、まだ耀州窯系青瓷の技術影響が色濃く認められ、耀州窯の技術を基にして新たな天青釉青瓷を創出する技術的な模索段階であったと考えることができる。成熟期になると、小形楕円窯、陶範を利用した同寸同形の製品の製作技術、微細な目跡、匣鉢外面の泥の塗布などさまざまな新たな技術・技法が用いられるようになって、極めて上質の天青釉青瓷が完成したのである。

3. 汝窯と南宋官窯の技術の比較

　南宋官窯は、『垣齋筆衡』（南宋・葉寘）に「襲故京遺制、置窯于修内司」とあるように、北宋代の官窯の遺制を引き継いだとされているが、その焼成技術と支焼方法、造形技法には、汝窯と共通する部分と、越州窯以来の江南の伝統的な窯業技術、および、南宋官窯の段階で創生された新たな技術とが認められる。

　老虎洞窯（修内司官窯）では、饅頭窯と龍窯が発見されており、饅頭窯で素焼きを行い、施釉後に龍窯で高温焼成を行なったと考えられている（註20）。郊壇窯でも、龍窯および饅頭窯と思われる素焼き窯が発見されており（註21）、南宋官窯では、饅頭窯で素焼き、龍窯で高温焼成という二次焼成が一般的であったことがわかる。北宋代の越州窯では、饅頭窯の使用や素焼き焼成はまったく確認されておらず、南宋官窯で初めて、汝窯と同じ二次焼成と饅頭窯の使用とが開始されたと考えられる。なお、老虎洞窯1号饅頭窯（98LSY1）は、写真で見る限りは、汝窯の成熟期の小形楕円窯と平面形がよく似ており、汝窯からの強い影響が窺える。一方、施釉後の高温焼成に用いられた龍窯は越州窯などで長く用いられてき江南の伝統的な窯であり、南宋官窯の焼成方法には、汝窯から引き継がれたと思われる北方系の技術と、江南の伝統的な技術が並存していることがわかる。なお、饅頭窯と龍窯を併用した二次焼成技法は、南宋官窯の影響を強く受けた龍泉窯でも粉青色青瓷などの上質青瓷の生産に取り入れられ、少なくとも明代前期頃までは使われていたことが、龍泉大窯楓洞岩窯址の調査で明らかにされた（註22）。

　燃料は汝窯と同じく、薪が用いられた。江南では、華北の窯業が石炭燃料に転換した北宋以後も薪燃料での焼成が続いており、南宋官窯での薪燃料の使用は、汝窯からの影響と考えるよりも、江南窯業の伝統と考えた方が適切であろう。

　製品を一点づつ匣鉢の中に入れ、積み上げて焼成する方法は汝窯と同じであるが、匣鉢の形態は汝窯で多用されたV字形匣鉢（註23）は少なく、越州窯など江南の窯に多いM字形匣鉢が主流である（註24）。成熟期の汝窯に見られた、匣鉢の外面に泥を塗りつける技法も、南宋官窯では使われておらず（註25）、匣鉢積みの技法は越州窯からの影響が強いと考えら

れる。

　施釉は、老虎洞窯の初期の段階では、釉層が比較的薄い「厚胎薄釉」の製品が主流であるが、中期になると「薄胎厚釉」の製品が多くなり、多層施釉が開始される（註26）。この段階から黒胎の使用も始まり、いわゆる「紫口鉄足」の典型的な南宋官窯青瓷が確立した。こうした、多層施釉による「薄胎厚釉」や黒胎の使用は、南宋官窯で創生された技術である。

　成形技法は、汝窯と同じく、素紋の碗、皿などを陶範（内模）にあてて厳密に同寸、同形の器物を生産する方法が用いられている。

　支焼方法は、老虎洞窯の初期の段階では汝窯と同じように5点と3点の小さな目跡が主流であるが、時代が下がると6点,7点,8点,12点など目跡の数が増え、また、底部の釉を環状に剥ぎ取ってリング状の窯道具で支える方法も用いられるようになる。目跡は汝窯のものよりやや大きく、形は楕円ではなく円形である。

　以上のように、南宋官窯の焼成技術と造形技法は、二次焼成、饅頭窯の使用（素焼きのみ）、薪燃料の利用、陶範（内模）の多用、初期の製品の支焼は5点と3点目跡が主流、などの点が汝窯と共通しているほか、次節で述べるように生産器種や器形も汝窯との共通性が高く、汝窯の技術、意匠の影響を強く受けていることが明らかであり、宋朝の南遷によって華北から江南に移動した陶工や技術者が直接的に技術を伝えた可能性も窺えるのである。一方、施釉後の高温焼成には江南伝統の龍窯を使用し、匣鉢の形態や匣鉢の積み方も越州窯に近いもので、焼成の基本的な部分では在地の伝統的な技術が用いられている。つまり、南宋官窯青瓷は、汝窯の技術・意匠と、江南の伝統的な窯業技術との融合によって生み出されたのである。さらに、老虎洞窯（修内司官窯）の開窯後しばらくたつと、多層施釉による「薄胎厚釉」や黒胎の使用という南宋官窯独自の技術が付加され、いわゆる「紫口鉄足」典型的な南宋官窯の様式が確立したのである。

4. 汝窯天青釉青瓷と南宋官窯青瓷の器種・器形

　前節では、汝窯と南宋官窯の焼成技術、支焼技法、成形技法、施釉法などの比較を行ない、両者の窯に技術的な系譜関係が認められることを明らかにしたが、本節では両者で生産された青瓷の器種や器形を比較し、汝窯でそれまでの北宋陶瓷には見られなかったどのような新たな器種が生み出されたのか、汝窯から南宋官窯へどのような器種・器形が受け継がれたのか、南宋官窯でどのような新たな器種・器形が生み出されたのか、などについて概観したい。

　なお、清涼寺・汝窯の発掘調査については2008年に正式報告書が刊行され、全容が明らかにされている（註27）。南宋官窯については、南宋初期に南宋越窯で生産された「低嶺頭様式」と呼ばれる一群の天青釉青磁、老虎洞窯（修内司官窯）、郊壇下窯（郊壇官窯）な

どがある。郊壇下窯は 1996 年に報告書が出されており（註28）、「低嶺頭様式」についても寺龍口窯の報告である程度内容が明らかである（註29）。しかし、出土遺物が最も豊富な老虎洞窯（修内司窯）の正式な発掘調査報告は未刊であるため、老虎洞窯の出土品については、これまでに出版された調査の概報等で報告された遺物と筆者が実見した出土遺物を基に考察を進めたい。

　清涼寺・汝窯の発掘調査出土品と伝世汝窯を併せて考えると、成熟期の汝窯天青釉青瓷の器種には、碗、盤、楕円盤、碟、鉢、杯、托、洗、盆、盒、水仙盆、套盒、執壺、温碗、双耳瓶、梅瓶、盤口長頸瓶、長頸瓶、八稜瓶、弦文長頸瓶、蓮花形香炉、獣足香炉、鏤孔球形香炉形、三足樽、三足盤、方壺、壺、各種蓋などの器種がある。ここでは、これらの器種を以下の 4 つのグループに分けて考察を進めたい。Ⅰ群：碗、盤、楕円盤、碟、鉢、杯、托、洗、盆、盒、水仙盆、套盒、執壺、温碗、双耳瓶、梅瓶、盤口長頸瓶、長頸瓶などの食器・日用容器類。Ⅱ群：盤口長頸瓶や長頸瓶、八稜瓶など西方のガラス器に祖形が求められる器種。Ⅲ群：蓮華形香炉、獣足香炉、鏤孔球形香炉形など、唐から宋頃の金銀器や青銅器を写した器種。Ⅳ群：三足樽、三足盤、方壺、壺、弦文長頸瓶など、漢代の青銅礼器を写した器種。

　以下、各群ごとに、南宋官窯の製品などと比較してみよう。

Ⅰ群：食器・日用容器類
　清涼寺汝窯址で出土した天青釉青瓷でもっとも多い器種は、碗、鉢、盤、碟などであり（図3）、食器が汝窯青瓷の主体を占めていたと考えられる。碗、鉢は、底部に外にひらく高台が付き、総釉かけ（裏足）である。高台内に汝窯独特の胡麻目状の目跡が、小形品では 3 点、一般的には 5 点残されている。外面に蓮弁文が彫り出されるものもある。高台が直立する碗や杯には高台下端部の釉が剥ぎ取られ、目跡がないものもある。盤や碟には、碗・鉢と同様の外傾高台と目跡を持つものが多いが、楕円盤や碟には平底で底部に 3 点の胡麻状の目跡があるものも少なくない。こうした汝窯の碗、盤、碟と同じ器形は、北宋代の越州窯や耀州窯、定窯白瓷でも見られるが、汝窯の製品はは総釉がけにこだわり、支焼痕が極めて小さいなど、極端に丁寧に作られているほか、陶範（内模）に当てて大きさが厳密に規格化されていることなどが特徴的である。汝窯のこうした食器類の器種・器形や支焼方法は、南宋官窯にほとんどそのまま引き継がれているが、南宋官窯の支焼目跡は、汝窯よりやや大きくなっている（図4）。

　その他に、洗、套盒、杯、托、盆、梅瓶などがあるが（図5）、これらの器種も汝窯から南宋官窯にほとんど同じ形で引き継がれている。こうした器種・器形は、越州窯や耀州窯、

定窯白瓷など汝窯以前の各地の窯で生産が行われており、汝窯で創生されたものではなく、北宋陶瓷の伝統の延長上に位置づけられる。

II群：ガラスなどを祖形とする器種

盤口長頸瓶

汝窯青瓷の代表的な器種であり（図6）、西アジアから輸入されたガラス瓶（図7）を模したと考えられている[註30]。

南宋官窯（老虎洞窯と郊壇下窯）でもこの形の瓶を生産しているが、高台の器形が異なっている。汝窯では平底に5点の目跡が残るが、老虎洞窯では高台を設け、端部を釉はぎしている（図8・9）。老虎洞窯出土品では、汝窯と同じように胴側面がふくらみをもつタイプ（図8）と直線的なもの（図9）と2種類認められる。南宋の龍泉窯では胴部が直線的なタイプが作られている。南宋官窯（老虎洞窯と郊壇下窯）開窯以前に宮廷の御用品を生産した可能性が高い越州窯の寺龍口窯でも生産されたが、底部の形態は明らかでない。

張公巷窯で出土した盤口長頸瓶は、底部の外縁が高台状になってこの部分の釉が剥ぎ取られているが、老虎洞窯出土品ほどはっきりとした高台にはなっていない（図10）。

なお、定窯白瓷でもこの形態の瓶が作られているが（図11）、北宋代に位置づけられる可能性が高く、北宋末期の汝窯との前後関係は微妙である。もし定窯白瓷の方が年代が早ければ、この器形の長頸瓶は汝窯で創生されたものではないことになる。

八稜瓶

清涼寺汝窯址では、晩唐の越州窯の秘色瓷八稜瓶と類似した青瓷八稜瓶が発見されている（図12）。この器形は、西方から運ばれたイスラーム・ガラス（図13）を祖形とした可能性が高い[註31]。この器形に近似する長頸瓶は北宋初期の耀州窯でも作られており（図14）、こうした西方からの影響を強く受けた器種が、晩唐から北宋代に高級陶瓷として各地の窯で生産されていたことがわかる。この器形は南宋官窯でも作られた可能性があり、高麗青瓷にも影響を及ぼしている（図15）。

長頸瓶

口縁が小さくラッパ状にひらく長頸瓶（図16）は、西方からのガラス瓶（図17）や南北朝から唐、宋代の青銅器（響銅）（図18）を模した可能性がある。汝窯では素文の製品と外面に劃花文が施されたものが出土している。越州窯の寺龍口窯では汝窯青瓷とほぼ同じ形の素文、劃花文、鏤孔の3タイプが生産され、老虎洞窯では素文（図19）、鏤孔が引き継がれている。

Ⅲ群：唐・宋の金銀器や青銅器を祖形とする器種

蓮花形香炉

　脚部に蓮の葉、上部に蓮の花を表わした香炉（図20）で、唐以降の金銀器や青銅器の香炉を祖形とする。汝窯で初めて作られ、南宋官窯の郊壇窯でも生産が行われ（図21）、龍泉窯でも作られている。12世紀の高麗青瓷でも汝窯と非常によく似た蓮花形香炉が生産されている。そのほか、汝州市張公巷窯でも蓮花形香炉（図22）が生産されているが、汝窯の香炉の蓮花は型成形で作られているの対して、公巷窯の蓮花弁は一枚一枚貼りつけて成形しており、技法に差異が認められる。

鳥形蓋、獅子形蓋

　上に鳥（図23）や獅子（図24）を貼り付けた蓮花形香炉の蓋で、唐・宋代の金銀器（図25）や青銅器（図26）の香炉を写した器形である。徐兢の『宣和奉使高麗図経』（1124年）に「狻猊出香亦翡色也、上有蹲獣、下有仰蓮以承之。諸器惟此物最精絶。其余則越州古秘色、汝州新窯器、大概相類（獅子から香煙が出るがこれもまた翡色であり、上には蹲る獣（形の蓋）があり、下には上向きの蓮華があって、これを受けている。諸器のうち、この物の素晴らしさには比類が無い。そのほかも、越州の古秘色や汝窯の新窯器におおむね類似している）」の記載があり（註32）、当時、越州窯や汝窯、高麗青瓷でこのような蓋が作られたことが知られている。汝窯で破片が出土しており、南宋官窯の郊壇窯、汝州張公巷窯でも確認されている。12世紀の高麗青瓷の窯址でも類品が発見されている。

鏤孔球形香炉

　清涼寺・汝窯で出土した蓋が透かし彫りになった球形の香炉（図27）は、北宋初期の越州窯秘色青瓷でも見られるが（図28）（浙江省黄岩市霊石寺塔出土咸平元年 −998年− 銘香炉）、その祖形は法門寺地宮出土の金銀器の球形香炉（図29）に代表される唐・宋代の金銀器や青銅器である。この器種は、南宋官窯（老虎洞窯）に引き継がれている。

Ⅳ群：漢代の青銅礼器を写した器種

倣青銅器

　汝窯では古代の青銅器を写した器種の生産を開始し、これが汝窯の大きな特徴となっている。

　汝窯で作られた倣青銅器の器種は、三足樽（図30）、三足盤（図31）、方壺（図32）、壺（鍾）（図33）、弦文長頸瓶（図34）などである。これらの原形は、漢代の青銅器（図35）であり、

第4章　汝窯と南宋官窯－技術と器種の比較－　101

当時の漆器にも同じ器形のものがある。

　南宋官窯では、三足樽、三足盤（郊壇下窯で生産が確認）（図36）、弦文長頸瓶（図37）は引き継がれるが、方壺と壺（鍾）は姿を消してしまう。かわって、鼎形炉（図38）や方形鼎（図39）、鬲式炉（図40）、觚（図41）、尊形瓶、簋など、商から春秋頃までの青銅器を写した器種が盛んに作られるようになった。これらは、龍泉窯にも受け継がれている。南宋越窯（寺龍口窯）でも觚（図42）や鬲式炉（図43）、外面に雷文などを形押しした三足香炉（図44）が作られており、商から春秋青銅器（図45）の模倣は、この段階で始まったのかもしれない。また、新石器から商頃の玉器である琮を写した琮形瓶の生産も南宋官窯で始まった。

　また、張公巷窯では、正式発掘出土品ではないが、鼎形炉の胴部と脚部が発見されており（図46）、北宋末期の政和六年（1116）に徽宗皇帝の命で作られた「政和鼎」（図47）とよく似た器形である。類似した器形は、12世紀の高麗青瓷にも知られている。

その他（Ⅰ～Ⅳ群に含まれない器種）

水仙盆

　水仙盆は（図48）、汝窯の伝世品の中でも比較的数の多いもので、窯址でも瓷片がかなり多く出土している。出土品にも伝世品にも大・小二種類ある。南宋官窯の窯址ではこの器種の生産は報告されていないが、南宋官窯とされる伝世品（台湾・故宮博物院蔵）はある。この器種の用途については、清朝の乾隆帝は「汝窯猫食盆」と記しており、かつてはペットのエサ入れとして使われた可能性もある。この器種が本来どのような用途に使われたのかは現時点では明らかではないが、古代の礼器の写しの可能性も考慮する必要があると考えている。

　なお、底部に穴をあけた花盆（植木鉢）は、汝窯では報告がなく、南宋越窯で生産が始まり（図49）、南宋官窯（図50）、龍泉窯に引き継がれている。

　四つの群に分けた汝窯の器種のうち、Ⅰ群（食器・日用容器類）は、越州窯青瓷、耀州窯青瓷、定窯白瓷などで既に生産されていた北宋代の伝統的な器種・器形の延長線上にあるが、それらをより精緻に造形したことが汝窯天青釉青瓷の特色といえる。Ⅱ群（ガラスを祖形とする器種）とⅢ群（唐・宋の金銀器や青銅器を祖形とする器種）は、晩唐から五代・北宋の越州窯青瓷、耀州窯、定窯などで、ガラス器や金銀器を写す動きが認められているが、汝窯の段階で盤口長頸瓶や蓮花炉（鳥形蓋・獣形蓋）などの新たな器種が加えられた。これらの器種は、どれも唐代から北宋代に珍重された最上質の金属工芸品やガラス工芸品

が原形となっており、陶瓷器の中でも最上質の位置づけであったと考えられる。

Ⅰ・Ⅱ・Ⅲ群は、汝窯以前の越州窯、耀州窯、定窯（白瓷）など、それまでの北宋陶瓷の伝統の延長上に位置づけられる器種・器形であるが、漢代の青銅礼器を模倣したⅣ群は、北宋後期の汝窯において新たに生み出された器種・器形であり、汝窯天青釉青瓷の性格を考える上で最も重要である。

5. 汝窯の倣漢代礼器

北宋代には、士大夫層を中心に三代（夏・商・周）の礼制と青銅礼器に対する憧憬が高まり、呂大臨（1046-1092年）の『考古図』（元祐七年・1092）（註33）や徽宗の命による『重修宣和博古図』（宣和五年・1123）などの青銅礼器の集成が編まれ（註34）、古器物に対する収集、研究が急速に進んだ（註35）。

汝窯天青釉青瓷の倣漢代礼器は、こうした流れの中で生み出されたのであるが、ここで問題になるのは、汝窯で作られた倣青銅礼器の青瓷は、漢代の青銅礼器を写したものだけで、当時最も憧憬された三代礼器は写されていないことである。三代青銅器に倣った青瓷礼器は、南宋代になってから寺龍口窯などの南宋越窯で生産が開始され、杭州の南宋官窯（修内司官窯）の段階で生産が本格化したのである。なぜ、汝窯天青釉青瓷の段階には漢の礼器の写しのみで、三代礼器の写しはおこなわれなかったのだろうか？　恐らく、北宋代に行なわれた三代礼器の倣製は、三代の頃と同じ原料である青銅を用いるのが一般的で、わざわざ異なる原料の陶瓷器で倣製することはなかったのではないかと考えられる。北宋末の徽宗は、現存する「政和鼎」（図47）や「大晟編鐘」のほか数多くの倣三代青銅礼器の製作を命じており、北宋代に三代青銅礼器の倣製が盛んに行なわれたことは明らかである。

それではなぜ汝窯では漢の青銅礼器を写した新たな器種を作り出したのであろうか。汝窯が写した三足樽（図30）、三足盤（図31）、方壺（図32）、壺（鍾）（図33）、弦文長頸瓶（図34）などは『考古図』『重修宣和博古図』に類似する青銅礼器が掲載されており（図51）、これらの器種が三代ではなく、漢に属していることは、北宋代にはしっかりと認識されていたことがわかる。つまり、汝窯では、敢えて三代ではなく、漢の礼器を選んで倣製したわけである。北宋代の士大夫は、三代の礼制に対して強烈な憧憬をいだいており、いかに忠実にその再現を行なうかということに大きな力を注いだ。そうした流れの中で、三代青銅礼器を倣製する際には、オリジナルと同じ材料で忠実にその姿・質感を再現することが求められたのであろう。そのため、北宋代には異なる材質の青瓷で三代礼器を倣製するなどということは、まったく考えられなかったのではなかろうか。北宋代に陶製礼器を使用した記録は少なくないが（註36）、これらは無釉陶であり、瓷器ではなかったと考えられる。

第4章　汝窯と南宋官窯－技術と器種の比較－　　　103

北宋の陶製礼器の遺例はほとんど知られておらず、清涼寺汝窯からは無釉陶礼器と思われる破片が出土しているが、出土層位は金・元代の地層とされていて、北宋の礼器かどうかは残念ながら断定できない（註37）。北宋末期の徽宗による『宣和博古図』以降には、無釉陶礼器は下火になり、主に青銅によって三代銅器を写した礼器が作成されるようになった（註38）。

　それではなぜ、漢代の青銅礼器の写しが北宋末期の汝窯において青瓷で作られたのであろうか。北宋代に三代礼制の再現を目的に始まった金石学では、三代より後の漢代の古器物も研究・収集の対象としており、前述したように『考古図』『重修宣和博古図』には、漢の器物も掲載されている。当時の士大夫たちは、これらの古器物がかれらの憧憬する三代よりも新しいものであることを充分に認識しており、三代青銅礼器の再現とは異なった意図によって青瓷での再現を行なったのではないだろうか。汝窯天青釉青瓷の漢代青銅礼器模倣品（Ⅳ群）には三足樽（図30）、三足盤（図31）、弦文長頸瓶（図34）、方壺（図32）、壺（鍾）などがあるが、この内、三足樽、三足盤、弦文長頸瓶については原型の漢代青銅器とほぼ同じ大きさであるが、方壺、壺（鍾）については、漢代に実用された青銅器の方壺、壺よりもかなり小さく、大きさから見ると実用品の模倣ではなく、漢代にミニチュアとして作られた青銅明器の模倣品と考えられる。北宋代に青銅で作られた倣三代礼器は、一般的に三代のオリジナルの礼器とほぼ同じ大きさであり、汝窯青瓷の倣漢代礼器とは明らかに相違が認められる。大きさから見て、汝窯青瓷の方壺、壺は礼器としての使用を目的として製作されたものではなく、明らかに別の目的で作られたと考えられるのである。三代礼制の再現を目的として始まった金石学は、古器物の研究・収集から、やがて「玩古（骨董趣味）」の領域へと広がっていったとされている（註39）。汝窯における漢代礼器の倣製は、礼器としての再現を目的とした「復古」の意識で行なわれたのではなく、当時流行していた「玩古」の意識によってなされたのではないだろうか。北宋の士大夫が憧憬かつ神聖視した三代青銅礼器を再現する場合には、三代と同じ青銅によることが礼に適っており、必ず青銅が用いられたが、漢代礼器については、三代礼器ほどの強い憧憬・神聖視の対象ではなかったため、青瓷というまったくオリジナルとは異なる素材によって倣製することも可能であったのであろう。つまり、金石学の発展によって認識された漢代の器物の形態を、「復古」ではなく、「玩古（骨董趣味）」の意識に基づいて、当時の中国最高峰の陶瓷生産技術によって再現したのが汝窯天青釉青瓷の倣漢代礼器なのである。その製作意図は、礼器としての復原にあったのではなく、漢代古器物の意匠を取り入れた「玩古」趣味的な容器の創出にあったのではないだろうか。なお、宮廷の御用品として生産された汝窯天青釉青瓷の性格を考えると、この「玩古」の意識は、当時の皇帝（哲宗または徽宗）の嗜好を直接的に反映したものであった可能性が極めて高いのである。

こうした状況は、南宋に入ると急激に変化し、青瓷による三代銅器の倣製が開始される。

6. 青瓷による倣三代銅器

寺龍口窯などの南宋越窯では、粉青釉青瓷の鬲式炉（図43）や觚（図42）などが出土
しているが、これらは『中興礼書』の記載にある南宋高宗紹興元年（1131）と紹興四年（1134）
に朝廷が越州と紹興府余姚県に「陶器」の明堂祭器を焼かせたという記録に合致する製品
と考えられている（註40）。

12世紀中頃前後に開窯したと考えられている老虎洞窯（修内司官窯）では（註41）、初期
の段階から鼎形炉（図40）、方形鼎（図39）、鬲式炉（図40）、觚（図41）、尊、簋などの
倣三代銅器の青瓷が作られ、郊壇下官窯でも引き続き生産が続けられた。

南宋官窯の青瓷倣三代銅器は、建炎三年（1129）の高宗南渡の際に失われた朝廷の青銅
礼器（徽宗朝の新成礼器）を補う目的で生産が開始されたとされてきたが（註42）、最近、
紹興年代に作られた「陶器」の祭器や『咸淳臨安志』「郊廟」にある「祭器応用銅玉者、
権以陶木（銅や玉による祭器は、陶器や木製で代用した）」とあるのは、杭州市内や郊壇
下官窯で出土した無釉陶器の祭器ではないかとの説が示されている（註43）。しかし、北宋
代にはまったく作られていなかった青瓷の倣三代銅器が、南宋初期に突然生産されるよう
になった原因は、やはり失われた青銅礼器の代替品が必要であったためと考えた方が適切
であろう。前節で述べたように、北宋朝では無釉陶礼器と三代礼器に倣った青銅礼器が共
に使われたが、青瓷の倣三代礼器は作られることはなかった。北宋末期には三代銅器の復
古は青銅で行なうことが常識であったが、青銅礼器を鋳造する余裕がなかった初期の南宋
朝によって、それまでの常識または規範が、やむを得ず放棄されて、銅器の代替品として
青瓷による倣三代礼器が作り出されたのである。青瓷倣礼器の生産開始と同時に、無釉陶
礼器の生産も行なわれており、前述したように無釉陶こそが礼器であり、青瓷は礼器では
なかったとの説が出されているが（註44）、筆者は、北宋代に無釉陶礼器と青銅礼器が同時
に使われていたことから見て、南宋初期には無釉陶礼器と銅礼器の代替品としての青瓷礼
器が同時に用いられたのではないかと考えている（註45）。

金との講和を経て南宋朝が安定すると青銅礼器の生産が再び活発となり（註46）、南宋後
期の倣三代銅器は各地の墓や窖蔵で発見されている（註47）。ただし、青銅礼器の生産が再
び活発化した後にも、南宋官窯で青瓷倣三代銅器の生産が停止されることはなく、これら
の器種は、南宋官窯から龍泉窯に伝わり、さらに景徳鎮窯の白瓷、青白瓷などにも広がって、
南宋・元以降の中国陶瓷の代表的な器種となっていったのである。

7. まとめ

「2. 汝窯の焼成技術と支焼方法」で述べたように、汝窯天青釉青瓷には、五代・北宋初期の耀州窯青瓷の技術・意匠の影響が認められるが、耀州窯の天青釉青瓷は、越州窯の秘色瓷を模して生み出されたものであることから、越州窯から耀州窯、耀州窯から汝窯という意匠の連続性をたどることができるのである。

また、汝窯は、耀州窯の技術系譜上にありながらも、陶範成形の多用、小さな目跡による支焼技法の改良、匣鉢積み技法の改良、天青釉の上質化、倣漢代礼器など新器種の追加などの技術・意匠の革新によって、耀州窯よりはるかに上質な天青釉青瓷を生み出し、北宋朝の御用品を生産する窯としての位置を占めた。なお、汝窯天青釉青瓷の主な器種は、それまでの北宋陶瓷の伝統を引き継いだ器形をより精緻化したものであるが、倣漢代礼器については、当時流行した「玩古」趣味の影響によって新たに創生されたものである。

宋朝の南遷によって、汝窯の技術・意匠は南宋官窯に引き継がれ、在地の越州窯系の技術と汝窯の意匠・技術が融合し、さらに南宋官窯での「薄胎厚釉」「多層施釉」「黒胎」などの新たな技術と、三代礼器を写した新たな器種の追加により、いわゆる「紫口鉄足」に代表される南宋官窯の様式が確立した。なお、南宋代に始まった青瓷による倣三代礼器の製作は、宋朝南遷の混乱期に失われた青銅礼器の代替を目的に始まったが、青銅礼器の生産が再開された後にも青瓷倣三代礼器の生産は続いた。こうした南宋官窯の技術・意匠は龍泉窯に直接的な強い影響を与えた。また、南宋官窯を代表する器種である倣三代礼器は、龍泉窯だけでなく、景徳鎮窯を始めとする中国各地の窯でも作られるようになり、南宋から元・明にかけての中国陶瓷において重要な位置を占めたのである。

註

1. 汪慶正、范冬青、周麗麗『汝窯的発現』上海人民美術出版社, 1987年。
2. 河南省文物考古研究所「宝豊清涼寺汝窯址的調査与試掘」『文物』1989年第11期, 1～14頁。
   河南省文物考古研究所「宝豊清涼寺汝窯址第二、三次発掘簡報」『華夏考古』1992年第3期, 140～153頁。
3. 河南省文物考古研究所「宝豊清涼寺汝窯址2000年発掘簡報」,『文物』, 2001年第11期, 4～22頁。
   河南省文物考古研究所「宝豊清涼寺汝窯遺址的新発現」『華夏考古』, 2001年第3期, 21～28頁。
   河南省文物考古研究所『宝豊清涼寺汝窯』, 大象出版社, 2008年。
4. 河南省文物考古研究所『宝豊清涼寺汝窯』, 大象出版社, 2008年, 参照53頁, 126～135頁。
5. 河南省文物考古研究所『宝豊清涼寺汝窯』, 大象出版社, 2008年, 参照132～135頁。
6. 杜葆仁「耀州窯的窯炉和焼成技術」,『文物』1987年第3期, 32～37頁。
7. 瀬戸の陶芸家・長江総吉氏の御教示による。
8. 河南省文物考古研究所『禹州鈞台窯』, 大象出版社, 2008年, 参照42頁
9. 耀州窯博物館、陝西省考古研究所、銅川市考古研究所『立地波・上店耀州窯址』, , 三秦出版社, 2004年, 参照254頁18-19行。

10. 宮崎市定「宋代における石炭と鉄」,『東方学』13, 1957。

11. 孫新民「汝窯的発現与研究」,『汝窯与張公巷窯出土瓷器宝豊清涼寺汝窯』, 科学出版社, 2009 年, 153 ～ 155 頁, 参照 155 頁。

12. 河南省文物考古研究所『宝豊清涼寺汝窯』, 大象出版社, 2008 年, 参照 146 頁。

13. 耀州窯博物館、陝西省考古研究所、銅川市考古研究所『立地波・上店耀州窯址』, 三秦出版社, 2004 年, 参照 326 頁 4 ～ 6 行。

14. 浙江省文物考古研究所、北京大学考古文博学院、慈渓市文物管理委員会『寺竜口越窯址』文物出版社, 2002 年, 参照 353 ～ 354 頁。

15. 陝西省考古研究所、耀州窯博物館『宋代耀州窯址』文物出版社 1998 年, 参照 477 頁の図 231-5 (盤範)。

16. 小林仁「汝窯の謎－澄泥為范の系譜」,『国際シンポジウム北宋汝窯青磁の謎にせまる』論文集, 大阪市東洋陶磁美術館, 2010 年, 90 ～ 96 頁。

17. 陶宗儀 (元)『南村輟耕録』巻二十九「窯器」(『輟耕録』世界書局 / 台湾, 1972 年, 参照 446 ～ 447 頁。

18. 李家治主編『中国科学技術史陶瓷巻』科学出版社, 1998 年。

19. 森達也「論耀州窯青瓷製瓷技術的伝播与影響」『中国耀州窯国際学術討論会文集』, 耀州窯博物館, 2005 年, 131 ～ 134 頁。

20. 杭州市文物考古所「杭州老虎洞南宋官窯址」『文物』2002 年第 10 期, 4 ～ 31 頁, 参照 7、8 頁。

21. 遺構の残存状態が悪く構造は明確ではないが、形状から見て饅頭窯であった可能性が高い。
中国社会科学院考古研究所、浙江省文物考古研究所、杭州市園林文物局『南宋官窯』中国大百科全書出版社, 1996 年, 参照 14 頁。

22. 沈岳明「楓洞岩窯址発掘的主要収穫和初歩認識」『竜泉大窯楓洞岩窯址出土瓷器』, 文物出版社, 2009 年, 1 ～ 6 頁, 参照 2、3 頁。

23. 河南省文物考古研究所『宝豊清涼寺汝窯』, 大象出版社, 2008 年, 参照 61 ～ 64 頁。

24. 鄧禾穎、唐俊傑『南宋史研究叢書南宋官窯』, 杭州出版社, 2008 年, 参照 55、56 頁。

25. 唐俊傑氏の御教示による。

26. 唐俊傑「南宋郊壇下官窯与老虎洞官窯的比較研究」『南宋官窯文集』, 文物出版社, 168 ～ 199 頁, 参照 174 ～ 181 頁。

27. 河南省文物考古研究所『宝豊清涼寺汝窯』大象出版社, 2008 年。

28. 中国社会科学院考古研究所、浙江省文物考古研究所、杭州市園林文物局『南宋官窯』中国大百科全書出版社, 1996 年。

29. 浙江省文物考古研究所、北京大学考古文博学院、慈渓市文物管理委員会『寺竜口越窯址』, 文物出版社, 2002 年。

30. 『北宋汝窯特展』国立故宮博物院, 2006 年, 参照 119 ～ 121 頁。

31. 森達也「ペルシアと中国－陶磁器、金属器、ガラスに見る東西交流－」,『陶説』650 号, 日本陶磁協会, 20 ～ 26 頁, 参照 24 頁。

32. 『宣和奉使高麗図経』,『影印文淵閣四庫全書』第 593 冊, 上海古籍出版社, 1987 年。

33. 『考古図』『影印文淵閣四庫全書』子部, 上海古籍出版社, 1987 年。

34. 『重修宣和博古図』,『影印文淵閣四庫全書』子部, 上海古籍出版社, 1987 年。
『博古図』は大観年代初頭頃に作成されたと考えられているが現存せず、宣和五年 (1123 年) に重修された『重修宣和博古図』のみが伝えられている。

35. 宋代の古器物学と倣古品の製作に関しては、以下の研究を参考とした。
陳芳妹「宋古器物学的興起与宋倣古銅器」『国立台湾大学美術史研究集刊』10 期 (台北), 2001 年, 37 ～ 160 頁。
陳芳妹「再現三代－従故宮宋代倣古銅器説起」『千禧年宋代文物大展』国立故宮博物院 (台北), 2001 年, 293 ～ 320 頁。

第 4 章　汝窯と南宋官窯－技術と器種の比較－　　　　　　　　　　107

　　陳芳妹「追三代於鼎彝之間－宋代従「考古」到「玩古」的転変」『故宮学術季刊』第 23 巻 1 期, 2005
　　年, 267 ～ 332 頁。

　　韓巍「宋代倣古製作的"様本"問題」,『宋韻――四川窖蔵文物輯粋』, 中国社会科学出版社, 2006 年。

36.　『郊廟奉祀礼文』記載:「礼院儀注, 慶暦七年 (1047 年), 礼院奏准修制郊廟祭器所状, …臣等参詳
　　古者祭天, 器皆尚質, 蓋以極天下之物, 無以称其徳者, …今伏見新修祭器改用匏爵、瓦登、瓦甒之類,
　　蓋亦追用古制, 欲乞祭天神位。…故掃地而祭, 器用陶匏, 席以薫秸, 因天地自然之性」(『永楽大典』
　　巻五四五四『郊廟奉祀礼文』, 中華書局影印影本, 60 冊, 第 17 頁。)

　　『宋朝儀注』記載:「(元豊六年) 郊之祭也, 器用陶匏, 以象天地之性, 樺用白木, 以素為質, 今郊祀
　　簠簋尊豆皆非陶, 又有龍杓, 未合於礼意。請図丘方沢正配位所設簠簋尊豆改用陶器, 仍以樺為杓。」(『宋
　　朝儀注』光緒十年 (1884 年)、上海図書集成銘版印書局鉛印本。)

37.　河南省文物考古研究所『汝窯与張公巷窯出土瓷器宝豊清涼寺汝窯』科学出版社, 2009 年, 67 頁。

38.　『宋会要輯稿』礼一二之八記載:「(淳熙六年) 十月二十七日, 礼部太常寺言, …所有祭器制度, 唐雖
　　有品官時其廟, 祭器之数即不載制度, 以何為飾, 照得聶崇義三礼図所載礼器, 笾豆簠簋杓尊俎爵坫筐洗,
　　並以竹木為之, 惟以銅, 至政和六年礼制局参考古制, 易木以銅, 至紹興十六年礼器局官段払等陳請,
　　乞凝土范金, 燐正郊廟祭器之数, 次及臣僚家廟給賜, 並依政和六年已行旧制。」

　　『中興礼書』巻九「郊祀祭器一」記載:「(紹興十三年) 四月二十九日, 礼部太常寺言, 勘会国朝祖宗
　　故事, 遇大礼其所用祭器並依三礼図用竹木製造, 至宣和年倣博古図, 改造新成礼器, 内燐站尊爵站豆
　　盂洗用銅鋳造, 余用竹木」(『続修四庫全書』影印北京図書館蔵清蒋氏宝彝堂鈔本, 上海古籍出版社,
　　1998 年, 822 冊, 36 頁)。

39.　陳芳妹「追三代於鼎彝之間＝宋代従「考古」到「玩古」的転変」,『故宮学術季刊』第 23 巻第 1 期, 2005 年,
　　267 ～ 332 頁。

40.　『中興礼書』巻五十九「明堂祭器」記載:「(紹興元年) 四月三日…祀天並配位用匏爵陶器, 乞令太常
　　寺具数下越州製造, 仍允依見今竹木祭器様制焼造。」(『続修四庫全書』影印北京図書館蔵清蒋氏宝彝
　　堂鈔本, 上海古籍出版社, 1998 年, 822 冊, 242 頁)。

　　『中興礼書』巻五十九『明堂祭器』記載:「(紹興四年四月二十七日) 同日工部言, 拠太常寺申,
　　契勘今来明堂大礼正配四位合用陶器, 已降指揮下紹興府余姚県焼造」(『続修四庫全書』影印北京図書館蔵
　　清蒋氏宝彝堂鈔本, 上海古籍出版社, 1998 年, 822 冊, 243 頁)。

41.　森達也「杭州・老虎洞窯出土青瓷の編年について」,『愛知県陶磁資料館研究紀要』15, 2010 年, 69 ～ 93 頁,
　　参照 80, 81 頁。

42.　『中興礼書』巻五十九「明堂祭器」記載:「(紹興四年四月) 二十七日, 礼部侍郎陳与義等言, 太常寺
　　申, 勘会昨建炎二年郊祀大礼, 其所用祭器, 並係於東京搬取到新成礼器, 紹興元年明堂大礼所用祭器
　　為新成礼器, 渡江後尽散失, 申明系依三礼図, 竹木及陶器様製造応副了当」(『続修四庫全書』影印北
　　京図書館蔵清蒋氏宝彝堂鈔本, 上海古籍出版社, 1998 年, 822 冊, 第 243 頁。

43.　唐俊傑「祭器、礼器、"邵局"―関於南宋官窯幾個問題」『故宮博物院院刊』2006 年第 6 期, 45 ～ 60 頁。
　　唐俊傑「関於修内司窯的幾個問題」『文物』2008 年第 12 期, 61 ～ 68 頁。

44.　唐俊傑「関於修内司窯的幾個問題」『文物』2008 年第 12 期, 61 ～ 68 頁。

45.　『中興礼書』巻五十九「明堂祭器」記載:「(紹興四年四月二十七日) 同日工部言, 拠太常寺申, 契勘
　　今来明堂大礼正配四位合用陶器, 已降指揮下紹興府余姚県焼造;其従祀四百四十三位合用竹木祭器,
　　已令臨安府製造。数内木太尊二十四双, 今続討論到依周礼礼記儀礼, 其太尊系用瓦為之合行改正, 欲
　　乞申明朝廷令指揮両浙転運司行, 下紹興府余姚県一就焼造瓦太尊二十四双供使」(『続修四庫全書』影印
　　北京図書館蔵清蒋氏宝彝堂鈔本, 上海古籍出版社, 1998 年, 822 冊, 第 243 頁。

　　この記載にある「瓦」は無釉陶器をのことを指していると考えられるが, 「陶器」には瓷器と無釉陶器
　　の両者が含まれている可能性もある。

　　この点については以下の文献を参照した。

沈一東「南宋官窯陶質祭器探索」『東方博物』第 24 輯，2007 年，16 ～ 23 頁，参照 20 頁。

46. 『中興礼書』巻五十九「明堂祭器」記載：「(紹興) 十年二月一日，工部言，拠文思院下界申契勘，近承指揮改造将来明堂大礼合用銅爵盞並坫，依古爵礼象製造四百五十二隻，爵坫合依本寺見管礼象内様製造四百七十二片。」(『続修四庫全書』影印北京図書館蔵清蒋氏宝彝堂鈔本，上海古籍出版社，1998 年，822 冊，244 頁)。

　　『中興礼書』巻九「郊祀祭器一」記載：「(紹興十三年) 四月二十九日，礼部太常寺言…今看詳欲乞先次将円壇上正配四位合用陶器，並今来所添従祀爵坫並依新成礼器倣博古図，内陶器下平江府焼変，銅爵坫令建康府鋳，其竹木祭器令臨安府製造。」(『続修四庫全書』影印北京図書館蔵清蒋氏宝彝堂鈔本，上海古籍出版社，1998 年，822 冊，36 頁)。

　　この記録によって南宋朝が紹興十年前後には青銅礼器の生産を開始していたことが明らかである。

47. 代表的なものとしてはは以下のような出土例がある。
　　謝基梁「江西万安窖蔵出土青銅器」『江西文物』1991 年第 1 期，110 ～ 111 頁。
　　遂寧市博物館等「四川遂寧金魚村南宋窖蔵」『文物』1994 年第 4 期，1 ～ 28 頁。
　　黄漢傑、曽偉希「福建南平窖蔵銅器」『南方文物』1998 年第 2 期，29 ～ 36 頁。
　　成都市文物考古研究所，彭州市博物館「彭州宋代青銅器窖蔵」『2004 成都考古発現』科学出版社，2006 年，392 ～ 432 頁。

図版出典

図 1 ～ 4 左、5、6、12 左、16、19 左、27、30 ～ 34、48：河南省文物考古研究所『宝豊清涼寺汝窯』，大象出版社，2008 年。

図 4 右、8、9、19 右、36 上、38、40、41、50：杜正賢　主編『杭州老虎洞窯址瓷器精選』文物出版社 2002 年。

図 7：内蒙古自治区文物考古研究所『陳国公主墓』文物出版社　1993 年。

図 11：『千禧年宋代文物大展』(台北) 国立故宮博物院　2000 年　159 頁。

図 13：繭山龍泉堂提供。

図 14：『地下宮殿の遺宝』出光美術館　1997 年。

図 15、35 上右、37、39、46：筆者撮影

図 12 右、17、25、29：陝西省考古研究院ほか『法門寺考古発掘報告』文物出版社 2007 年。

図 18：『中国の響銅：轆轤挽きの青銅器』和泉市久保惣記念美術館 1999 年。

図 21、36 下：中国社会科学院考古研究所、浙江省文物考古研究所、杭州市園林文物局『南宋官窯』，中国大百科全書出版社，1996 年。

図 10、20、22 ～ 24：孫新民編『汝窯与張公巷窯出土瓷器宝豊清涼寺汝窯』科学出版社 2009 年。

図 26：『東アジアの海とシルクロードの拠点　福建』海のシルクロードの出発点"福建"展開催実行委員会 2008 年、図 11.

図 28：『越窯、秘色瓷』上海古籍出版社 1996 年。

図 42 ～ 44、49：『寺龍口越窯址』文物出版社　2002 年。

図 47：『千禧年宋代文物大展』(台北) 国立故宮博物院　2000 年　100 頁。

第4章　汝窯と南宋官窯－技術と器種の比較－

図1　匣鉢　汝窯成熟期

図2　陶范（内模）汝窯成熟期

図3　碗、盤、皿等（1群）汝窯成熟期　上段：伝世品　下段：窯址出土品

図4　左：汝窯　右：老虎洞窯

110

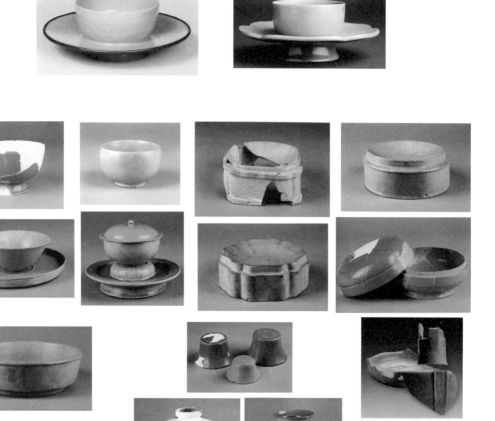

図5 杯、托、套盒、梅瓶等（1群）汝窯成熟期　上段：伝世品　下段：窯址出土品

第4章　汝窯と南宋官窯－技術と器種の比較－　　111

図6　盤口長頸瓶　汝窯

図7　ガラス瓶　陳国公主墓

図8　盤口長頸瓶　老虎洞窯

図9　盤口長頸瓶　老虎洞窯

図10　盤口長頸瓶　張公巷窯

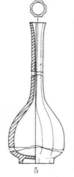

図11　盤口長頸瓶　定窯白瓷　国立故宮博物院（台北）

図12　八稜瓶　左：汝窯　右：法門寺地宮出土秘色瓷

図13　ガラス八稜瓶　日本個人蔵

図14　耀州窯青瓷瓶　河北静志寺地宮出土

図15　高麗青瓷八稜瓶　大阪市立東洋陶磁美術館蔵

図16　汝窯長頸瓶　左：大英博物館　右：汝窯址出土

図17　ガラス瓶　法門寺地宮出土

図18　銅器長頸瓶　唐代　奈良国立博物館蔵

図 19 長頸瓶
左：汝窯址出土　右：老虎洞窯 H2 出土

図 20 蓮花形香炉　汝窯址出土

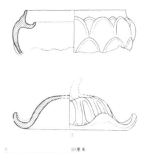
図 21 蓮花形香炉
郊壇下窯址出土

図 22 蓮花形香炉
張公巷窯出土

図 23 鳥形香炉蓋
汝窯址出土

図 24 獅子形蓋
汝窯址出土

図 25 銀鍍金蓮花形香炉
法門寺地宮出土

図 26 銅獅子香炉
唐末　福建博物院

図 27 鏤孔球形香炉
汝窯址出土

図 28 鏤孔球形香炉
越窯 黄岩寺霊石寺塔

図 29 銀鍍金球形香炉
法門寺地宮出土

図 30 三足樽
故宮博物院

図 31 三足盤
汝窯址出土

図 32 方壺
汝窯址出土

図 33 壺（鐘）
汝窯址出土

第4章 汝窯と南宋官窯－技術と器種の比較－

図34 弦紋長頸瓶
汝窯址出土

図36
上：老虎洞窯址H2出土
下：郊壇下窯址出土

図35 上左：北京市景上出土　上右：邯鄲市博物館蔵
　　　下左、下右：西安博物院

図37 弦紋長頸瓶
老虎洞窯址出土

図38 鼎形炉
老虎洞窯址H20出土

図39 方形鼎
老虎洞窯址出土

図41 觚
老虎洞窯址H3出土

図40 鬲式炉
老虎洞窯址H1出土

図42 觚
寺竜口窯址出土

図43 鬲式炉
寺竜口窯址出土

図44 雷紋鼎形香炉
寺竜口窯址出土

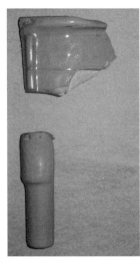

図47 政和鼎
国立故宮博物院（台北）

図46 鼎形炉　張公巷窯
北京個人蔵

図45 上左：西周　上海博物館
上右、下左：西周　西安博物院
下右：商　西安博物院

図48 水仙盆　国立故宮博物院（台北）

図49 花盆
寺竜口窯址出土

図50 花盆
老虎洞窯址 H20 出土

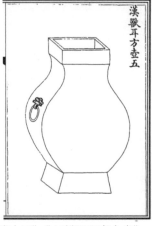

図51 壺、方壺《重修宣和博古図》《文淵閣四庫全書》

第5章　南宋官窯（老虎洞窯）出土青瓷の編年

1. はじめに

　南宋代（1127 〜 1279 年）の陶瓷生産の頂点に位置づけられるのは、首都・臨安府（現・杭州）に設けられた「官窯」であり、そこでは宮廷の御用品として用いられた上質の青瓷が生産された。

　南宋の葉寘が著した『垣齋筆衡』と顧文薦の『負喧雑録』とにある「政和間（『負喧雑録』では「宣政間」）京師自置窯焼造（『負喧雑録』では「自置焼造」）、名曰官窯。中興渡江、有邵成章提挙后苑、号邵局。襲故京遺制、置窯于修内司、造青器、名内窯。澄泥為範、極其精致、油色瑩徹、為世為珍。後郊壇下（『負喧雑録』では「郊下」）別立新窯、（『負喧雑録』では「亦曰官窯」が加わる）比旧窯大不侔矣。」（註1）という記載では、宋朝が南遷後に、修内司に窯を置いて青瓷生産を行ない、これを「内窯」と呼び、のちに郊壇下に別に「新窯」を立てたことが述べられており、南宋代に新旧二つの官窯が存在したと推定されている。一般的には前者を「修内司官窯」または「内窯」、後者を「郊壇下官窯」または「郊壇官窯」と呼ぶことが多く、両者を総称して「南宋官窯」と呼んでいる。

　南宋官窯の窯址は長く所在が明らかでなかったが、1930 年に浄土真宗本願寺派の大谷光瑞師の命を受けた小笠原彰真師が杭州市南部の烏亀山山麓で窯址を発見した。1956 年、1985 〜 86 年に発掘調査が実施され、2 基の小形の龍窯と工房が確認された（註2）。烏亀山の山頂には南宋代に皇帝が天を祭った郊壇があるため、この窯址は『担斎筆衡』の記載「后郊壇下別立新窯」に合致するという考えが定説になっており、「郊壇下官窯」または「郊壇官窯」と呼ばれている。

　「修内司官窯」の窯址に関しては、杭州領事であった米内山庸夫が 1930 年に烏亀山の北方約 2.5km にある鳳凰山の山麓で南宋官窯青瓷と思われる瓷器片や窯道具が散布する遺跡を発見し、「修内司官窯」であるとの説を提示した（註3）。しかし、そこで得られた瓷器片には南宋官窯青瓷だけでなく白瓷や黒釉瓷などの破片も含まれていたため、この説が大きな支持を得ることはなかった。

　1996 年 9 月に鳳凰山と九華山の間の老虎洞と呼ばれる渓谷で山崩れがおこり、多量の南宋官窯青瓷に似た瓷器片や窯道具が発見された。1998 年 5 月から 12 月と 1999 年 10 月から 2001 年 3 月にかけて 2,300 平米にわたる面積の発掘調査が実施され、龍窯 3 基、小形饅頭窯 4 基、工房 10 基、水簸池 4 基、轆轤ピット 12 基、採掘坑 2 基、廃棄土坑 24 基などの遺構と多量の瓷器片、窯道具が確認された。この窯址の調査は、「修内司官窯の発見」と大きく報道されて注目され、中国・国家文物局が選定する「中国重要考古発現」の一つ

に1998年度と2001年度の二回にわたって選定された（註4）。また、2001年10月には発掘調査概報（註5）と出土遺物の資料集である『杭州老虎洞窯址瓷器精選』（註6）が出版され、その調査成果の一端が示された。これら概報と資料集の出版に併せて2002年11月に中国・杭州市で開催されたシンポジウム『老虎洞窯址国際学術研討会』では、老虎洞窯址を修内司官窯とする意見が大勢を占めたが、一方で、その断定を危ぶむ意見も出されていた。しかし、2006年11月に南京と杭州で開催された中国古陶瓷学会の研究発表の際に、発掘を担当した杭州市考古所副所長・唐俊傑氏が、老虎洞窯址出土資料の中から遺物整理作業の際に発見された蕩箍（とうこ・轆轤の軸下にはめる陶瓷製のリング状の部品）に「修内司窯置庚子年（一部欠）□□□□□匠師造記」の刻銘が発見されたことを報告した。2008年には、唐氏はその概要を『文物』誌上で報告している（註7）。なお、南宋の庚子年は孝宗淳熙七年（1180）と理宗嘉熙四年（1240）の二回あり、この蕩箍の年代は1180年の可能性が高いとされている。

　唐俊傑氏の報告によって老虎洞窯が修内司窯であったことはほぼ確実視されるようになり、その後の研究も盛んであるが、老虎洞窯址出土資料自体の詳細な分析・研究はまだ充分に進んでいるとはいいがたい状況が続いている。ここでは、老虎洞窯址の既に公表されている資料と研討会の際に観察することができた資料をもとに、その編年と年代についての考察を行なうこととする。

2. 遺物・遺構の状況

　『簡報』では、老虎洞窯址の遺構・遺物は4時期に区分され、第一期は北宋代、第二期・第三期は南宋代、第四期は元代に位置づけられている。第二期・第三期には南宋官窯タイプの青瓷の生産、第四期には哥窯に近似した青瓷の生産が行われており、第二期が南宋初期、第三期が郊壇下官窯の早期と並行時期、第四期が元時代に比定されている。南宋官窯タイプの青瓷が集中して出土したのは第二期・第三期に位置づけられている24基の廃棄土坑で、その多くは土坑内に青瓷片がびっしりと詰まっており、破片の間にはほとんど土が入っていない状態であった。これらの土坑から出土した青瓷は、細片に割れていたが大部分は全形が復元可能で、窯出し後の製品チェックに通らなかった失敗品を意識的に破砕して、土坑の中に廃棄したとものと考えられる。同様の廃棄土坑は、江西省景徳鎮窯の明代官窯など宮廷用の御器が生産されたと推定される窯跡で共通して見られるものである。このような廃棄状態から見て、各土坑から出土した青瓷はほぼ同時に破砕されて埋められた一括性の高い資料と考えられることから、土坑ごとの出土遺物のセットを同時期の製品として編年を組み立てることが可能である。

　廃棄土坑から出土した青瓷は、粉青色釉が主で、米黄色釉がそれに次ぐ。胎土は黒胎、

第5章　南宋官窯（老虎洞窯）出土青瓷の編年　　117

灰黒胎が多く、灰白胎もみられる。胎が薄く釉が厚い、「薄胎厚釉」のものが多いが、「厚胎厚釉」や「厚胎薄釉」のものもある。厚釉の釉断面には複数の間層が観察され、多層施釉法（註8）によることがわかる（図1）。焼成は饅頭窯によって素焼きしたのちに龍窯で本焼を行なっており、越州窯など素焼きを行なわない江南の伝統的な焼成技法によるのではなく、汝窯など黄河流域の焼成技法の影響を強く受けている。もっとも、本焼に使用された窯は、黄河流域の饅頭窯ではなく龍窯であることから、華北と江南の技術を融合して生み出された焼成技法とすることができよう。なお、『簡報』で報告されている Y1 号龍窯は幅約 2 m、長さ 15 m で、南宋初期の寺龍口窯の幅約 1.8 m、長さ約 50 m という規模と比べてかなり小形である。これは老虎洞窯が大量生産のための窯ではなかったことを物語っている。

　『簡報』の第四期に位置づけられ遺物は、廃棄土坑などの遺構に伴うものではなく、トレンチ内や遺跡の表土中からの出土が大部分である。第二・第三期の出土遺物と比べて、胎土は粗く、器肉が厚く重い。胎土は灰色が主で、次いで黒胎のものが多い。釉には米黄色釉、灰青色釉、月白釉などがある。底部に点状目跡を持つものが多く、支釘トチンには元代に用いられたパスパ文字が印されたものが出土している。

3. 廃棄土坑出土遺物の概要

　廃棄土坑のうち、出土遺物の状況がある程度明らかにされているのは、『簡報』と『杭州老虎洞窯址瓷器精選』（以下『精選』）で概要が紹介されている 5 基（H3、H4、H5、H7、H20）と、『精選』で写真のみが提示されている 7 基（H1、H2、H6、H8、H10、H18、H22）の計 12 基である。『精選』の遺物写真は遺構ごとに提示されているわけではなく、説明も不十分であるため、ここではまずこれらの公表された資料を遺構ごとに整理し、さらに 2002 年のシンポジウムで公開された遺物のデータを加えて検討を行なう。

H1 廃棄土坑

　『精選』で出土遺物の写真が示されているだけで、詳細は不明である。樽式炉 1、鬲式炉 2、套盒 1 が提示されている。

　樽式炉（図2）は、三足をもち、胴部外面に 3 条の突圏線が一組となった突帯を 3 本巡らす。総釉がけののち底部に蛇目釉剥ぎが施され、この部分に筒状の窯道具（輪トチン）をあてて支えて焼成している。戦国時代から漢代に作られた青銅樽の器形を模倣したものである。

　鬲式炉（袴腰香炉）（図3）は、鐔状の口縁、直立する頸部、横に膨らむ胴部、円錐状の三足をもち、胴部側面から足にかけてはヒレ状の装飾がはり付けられている。総釉掛けの

のち足下端部の釉を剥ぎ取っている。また、この部分に焼成時に足の中の空気を抜く穴が設けられている。器形は、春秋・戦国時代の青銅鬲を模倣している。

套盒（図4）は、同形の器を複数重ね合わせて使用する日本の重箱に似た容器である。総釉掛けののち下端部の釉を剥ぎ取っている。上部にはL字に屈曲した受け部を設けているが、H3とH4廃棄土坑から出土している同形の套盒（図14）よりも受け部の高さが低いことが特徴である。

H2廃棄土坑

『精選』で出土遺物の写真が示されているだけで、詳細は不明であるが、H3廃棄土坑に隣接しており、出土遺物も共通性が高いことから、H3廃棄土坑と同時期と考えられる。長頸瓶4、梅瓶3、樽式炉2、盞托1が公表されている。

長頸瓶は、高さ35cmほどの大形品（図5）と22cmほどの小形品（図6）があるが、形態はほぼ同じである。口縁はゆるく外反し、胴部はやや下膨れ、高台はやや高く、外傾する。高台端部以外は総釉である。

梅瓶（図7）は高さ30cm前後で、口縁は盤口形で、胴は肩が張って下すぼまりとなる。底部は外底部を削り込んで高台状になっている。総釉で底部下端部のみが露胎となる。

樽式炉（図8）はH1廃棄土坑出土品（図2）とほぼ同形であるが、底部には蛇目釉剥ぎはなく、5点目跡が残る。

盞托（図9）は碗形の受け部と鍔、スカート状に広がる底部をもつ。受け部の底は穴が空けられている。総釉で底部下端部のみが露胎となる。

H3廃棄土坑

H3廃棄土坑は、2×1.8mの長方形で、深さは0.45m、1万余りの青瓷片が出土し、器形が復元されたものは800点近く、器種は20種余りにのぼる。日常生活用具が主で、青銅製礼器を写した器種もある。

現時点で提示されている遺物は、盤口長頸瓶（砧形瓶）5、長頸瓶5、梅瓶4、梅瓶蓋4、觚3、樽式炉2、套盒2、挟層碗3、盤7、小皿1、鉢2、碗13、盞托3、筆架1などがある。

盤口長頸瓶（砧形瓶）（図10）は、口縁は鐔状に水平にひらき、胴部は肩が張り、側面はふくらみを持ちながら下部がややすぼまる。底部は外底部を削り込んで高台状になっている。総釉で底部下端部のみが露胎となる。

長頸瓶、梅瓶、樽式炉は、H2廃棄土坑出土品（図5〜8）と同形である。

梅瓶蓋は、上面が平坦で、裾がスカート上にひろがる。総釉で、内頂面に5点目跡があるもの（図11）と、裾端部が釉剥ぎされたもの（図12）の2種がある。

第5章　南宋官窯（老虎洞窯）出土青瓷の編年　　　119

　觚（図13）は商・周代に見られる青銅酒器を写したもので、口縁はラッパ状に、裾部は
スカート状にひらく。胴部と裾部の四方には刻みの施されたヒレ状の浮文が貼り付けられ
ている。総釉で、裾端部の釉が剥ぎ取られている。

　套盒（図14）は、H1廃棄土坑出土品（図4）と基本的な器形は似ているが、上部の受部
のL字形の部分がH1のものより大きく、体側面の最上部が外側に膨らむ。

　挟層碗（図15）は、中が空洞で底部に穴のあけられた碗形の容器である。12世紀後半
の龍泉窯青瓷にも同形のものがあり（図16）、空洞部に湯を入れて皿部の上に盛った食物
を温めるための容器ともいわれる。総釉掛けののち、リング状の底部の部分の釉をすべて
剥ぎ取っている。

　盤には大（口径30cm前後）（図17）、中（口径18cm前後）（図18）、小（口径14cm前後）（図
19）の3種がある。口縁は斜めにひらき、高台は外傾し先端が丸みをおびる。総釉掛けで
高台内には5点目跡がある。小形盤（図19）は大型・中形盤より口縁の立ち上がりと体部
の膨らみが強い。

　小皿（図20）は小形盤（図19）とほぼ同形である。

　鉢（図21）は、ボール状で底部にはやや外傾する高台がつく。総釉掛けで高台端部を釉
剥ぎする。

　碗には、大形碗（図22・23）と有蓋碗（図24・25）、高台をもたない小碗（図26）があ
る。大形碗は口部が斜めに大きくひらき、底部には外傾する高台がつく。総釉掛けで、高
台端部が釉剥ぎされるもの（図22）と高台内に5点目跡があるもの（図23）の2種がある。
有蓋碗は、口部が直立し、宝珠形のつまみがつく蓋が伴う。口径10cmほどのもの（図24）
と14cmほどのもの（図25）の2種がある。前者には斜めにひらく高台がつき、高台内に
は5点目跡がある。後者は短く直立する高台がつき高台端部の釉が剥ぎ取ぎされる。どち
らもふたには足がつき、内頂部には5点目跡がつく。小碗（図26）は半球形で、外底部に
は5点目跡がつく。

　蓋托はH2廃棄土坑出土品（図9）と同形のものと、受部に底がつくものとがある（図
27）。

　H3廃棄土坑出土遺物の目跡はすべて5点であることが注目すべき点である。また数は少
ないが前述したH2廃棄土坑の出土遺物も、目跡はすべて5点である。

H4廃棄土坑
　下蕪形瓶1、梅瓶蓋1、套盒3、蓮弁文盤1、盤1、蓮弁文碗1が提示されている。
　下蕪形瓶（図28）は、底部にわずかに外傾する高めの高台がつき、側面には2箇所の透
かし穴があけられる。総釉で高台端部のみ釉剥ぎされる。

梅瓶蓋（図29）はH3廃棄土坑出土の裾端部を釉剥ぎしたもの（図12）と近似するが器高がやや低い。

套盒はH3廃棄土坑出土品（図14）と同形である。

蓮弁文盤（図30）は口縁端部が外反し、外側面には幅の広い鎬蓮弁文が陽刻される。底部には外傾する高台がつき、総釉で高台端部のみ釉剥ぎされる。

盤（図31）は蓮弁文盤（図30）とほぼ同形であるが、無文である。

蓮弁文碗（図32）は、体部は斜めにひらき口縁端部が外反する。外側面には幅の広い鎬蓮弁文が陽刻される。底部には外傾する高台がつき、総釉で高台端部のみ釉剥ぎされる。

H5 廃棄土坑

長頸瓶1、透かし彫り長頸瓶1、盤口長頸瓶（砧形瓶）1、樽式炉1、透かし彫り樽式炉1、折縁盆1、洗1、蓮弁文盤1が提示されている。

長頸瓶（図33）は、H2廃棄土坑の大形品（図5）やH3廃棄土坑出土品とほぼ同形であるが、高台の外傾がやや弱く、直立気味になっている。

透かし彫り長頸瓶（図34）は、胴部を2重構造にして外壁に唐草文の透かし彫りを施している。器形や高台の特徴、施釉方法は長頸瓶（図33）とほぼ同じである。

盤口長頸瓶（砧形瓶）（図35）は、H3廃棄土坑出土品（図10）と基本的な形態、造形・施釉方法は共通するが、H3のものに比べて胴部の膨らみが少なく直線的で、肩部の屈曲も強く直角に近い。

樽式炉（図36）はH1廃棄土坑出土品（図2）、H2廃棄土坑出土品（図8）、H3廃棄土坑出土品とほぼ同形であるが、外底面の目跡が12点目跡である。

透かし彫り樽式炉（図37）は樽式炉（図36）とほぼ同形であるが、胴部を2重構造にして外壁に唐草文の透かし彫りを施している。外底面に12点目跡がある。

折縁盆（図38）は高台をもたない平底で、外底面に蛇目釉剥ぎを施している。

洗（図39）は口縁が直立するコの字形の器形で、外底面に8点目跡をもつ。

蓮弁文盤（図40）はH4廃棄土坑出土品（図30）とほぼ同形である。

H6 廃棄土坑

『精選』で樽式炉1と折縁盆1の写真が提示されているほか、2002年シンポジウムの際に蓮弁文碗1が公開された。

樽式炉（図41）はH1廃棄土坑出土品（図2）とほぼ同形で、外底部に蛇目釉剥ぎが施されている。

折縁盆（図42）は底部に直立する低い高台をもち、総釉掛けののち高台端部の釉を剥ぎ

取っている。

蓮弁文碗は（図43）はH4廃棄土坑出土品（図32）と全体的な器形はよく似ているが、高台が直立して高台の厚さが薄いことが特徴である。

H7廃棄土坑

盤口長頸瓶（砧形瓶）1、花盆4、盤3が提示されている。

盤口長頸瓶（砧形瓶）（図44）はH3廃棄土坑出土品（図10）と器形、造形・施釉技法が近似するが、口縁の鍔状部分がH3のもののように水平にひろがるのではなく、内彎しながらわずかに立ち上がっている。

花盆（図45）は球形の胴部にラッパ状の口縁がつく器形で、口縁端部と胴部に巡らされた2条の突帯に波状の押圧文が施されている。底部には外傾する高台がつけられ、内底部には水抜きの穴があけられている。総釉掛けで、高台端部のみ釉剥ぎが施されている。

盤（図46）は口縁が内彎しながら斜めにひろがり、底部には細くて低い高台がつけられる。総釉掛けで、高台端部のみ釉剥ぎが施されている。

H8廃棄土坑

長頸瓶1、折縁盆1、洗2、鉢1、碗1が提示されている。

長頸瓶（図47）はH2廃棄土坑の小形の長頸瓶とほぼ同形である。

折縁盆（図51）はH5廃棄土坑出土品（図38）と同形で、外底部に蛇目釉剥ぎが施される。

洗（図48）はH5廃棄土坑出土品（図39）と器形は近似しているが、外底部に点状の目跡はなく、蛇目釉剥ぎとなっている。

鉢（図49）はH2廃棄土坑出土品（図21）と体部の器形は近似するが、高台は外傾せず直線的に立ち上がり、外底部に蛇目釉剥ぎを施す。

碗（図50）は口径11cmほどの小形碗で、底部には垂直に立ち上がる短い高台がつけられ、総釉で高台端部のみ釉剥ぎしている。

H10廃棄土坑

『精選』で鉢2の写真が提示されている（図52）。H8廃棄土坑出土品（図49）と同形で、高台内に蛇目釉剥ぎが施されている。

H18廃棄土坑

『精選』で折縁盆1の写真が提示されている（図53）。器形はH5廃棄土坑出土品（図38）やH8廃棄土坑出土品と同形であるが、外底部に蛇目釉剥ぎでなく7点目跡をもつ。

H20 廃棄土坑

　長さ 2.2 m、幅 1.14 m、深さ 0.06 ～ 0.15 m の長方形を呈する廃棄土坑である。出土遺物は弦文瓶 1、尊式瓶 2、鼎式炉 4、折縁盆 1、碗 1、盞托 1 が提示されている。

　弦文瓶（図 54）は口縁が短く外反し、頸部に 3 条、胴肩に 1 条の弦文（突帯）が巡る。底部には外反する高台がつき、総釉で高台端部の釉が剥ぎ取られている。

　尊式瓶（図 55）は球形胴の上にラッパ状の口縁、下にはスカート状にひろがる底部がつく。四方には刻み文を施したヒレ状の浮文が貼り付けられる。底部は外底部を削り込んで周囲が高台状になっている。総釉で底部下端部のみが露胎となる。

　鼎式炉（図 56）は古代の青銅鼎の器形を写した器種で、口縁に U 字形の耳と、三足の足がつく。総釉掛けののち足端部の釉が剥ぎ取られている。足端部には空気抜きの穴もあけられている。胴服部の下には 6 点目跡があり、足と腹の下にあてたトチンで支えて焼成したと思われる。

　折縁盆（図 57）は H6 廃棄土坑出土品（図 42）と近似した器形の高台付の盆である。H6 出土品と同様に高台端部の釉が剥ぎ取られるが、外底部には 7 点目跡があり、高台端部と底部の下に置いたトチンで支えて焼成したと考えられる。

　碗（図 58）は H8 廃棄土坑出土品（図 50）と近似している。

　盞托（図 59）は、構造は H2 廃棄土坑（図 9）や H3 廃棄土坑出土品とよく似ているが、鍔の部分が 6 弁の輪花となっている。

H22 廃棄土坑

　長さ 1.15 m、幅 0.85 m、深さ 0.3 m の楕円形の廃棄土坑で、『精選』において盤口長頸瓶（砧形瓶）1、透し彫り長頸瓶 1、樽式炉 1、鬲式炉 2、折縁盆 1、洗 2 の写真が示されている。

　盤口長頸瓶（砧形瓶）（図 60）は H5 廃棄土坑出土品（図 35）と近似した形態で、肩の屈曲が鋭く、胴部が直線的である。

　透し彫り長頸瓶（図 61）は H5 廃棄土坑出土品（図 36）と同じ構造であるが、透かし彫りの文様は唐草文の上下に蓮弁文帯が配されており、異なっている。

　樽式炉（図 62）は H2 廃棄土坑（図 8）や H3 廃棄土坑出土品とよく似ているが、胴下面の目跡は 5 点ではなく 6 点目跡である。

　折縁盆（図 63）は H22 廃棄土坑出土品（図 57）同形であり、底部に 7 点目跡がある。

　洗（図 65）は、H5 廃棄土坑出土品（図 39）とほぼ同形であるが、底部の目跡は 8 点ではなく、7 点目跡である。

第5章　南宋官窯（老虎洞窯）出土青瓷の編年　　123

H24 廃棄土坑

　H24 廃棄土坑は、『簡報』や『精選』ではまったく遺物が示されていないが、2002 年シンポジウムの際に樽式炉 1 と花盆 1 を実見した。

　樽式炉（図 66）は H1 廃棄土坑（図 2）や H6 廃棄土坑出土品（図 41）と近似して、外底部に蛇目釉剥ぎが施される、

　花盆（図 67）は口縁から胴部上半部にかけての破片のみで全形は不明であるが、H7 廃棄土坑出土品（図 45）と近似している。

4. 器種ごとの分類

　まず、同一器種の中で器形や支焼技法の違いが認められるものを取り上げて分類をおこなう。

盤口長頸瓶（砧形瓶）

　　Ⅰ類：胴部が丸みをもつ　　　　　　　　　H3、H7 廃棄土坑

　　　Ⅰ-a：口縁が鐔状に水平にひろがる　　H3 廃棄土坑（図 10）

　　　Ⅰ-b：口縁が内彎しながらわずかに立ち上がる　H7 廃棄土坑（図 44）

　　Ⅱ類：肩の屈曲が直角に近く、胴部が直線的　　H5、H22 廃棄土坑（図 35, 60）

　　Ⅰ類は、河南省清涼寺汝窯の盤口長頸瓶と器形がよく似ており、11 世紀末から 12 世紀初頭の汝窯の器形を忠実に継承していると思われる。ただし、底部の形態が異なり、汝窯は平底で胡麻目状の 5 点目跡をもつが、老虎洞のものは高台をもち端部が釉剥ぎされて目跡はない。

　　Ⅱ類は、13 世紀代中葉に位置づけられる陝西・略陽県八渡河や四川・簡陽県東渓園芸場出土の龍泉窯青瓷の盤口長頸瓶 (註9)（図 68）によく似ている。13 世紀初頭以降の龍泉窯青瓷は南宋官窯の器形や焼成技術の影響を強く受けており (註10)、南宋官窯青瓷の編年を考える上で、龍泉窯の年代を参考とすることは有用である。

　　以上のような他窯の製品との比較から、Ⅰ類の方がⅡ類より古く位置づけられると考えてよいだろう。

樽式炉

　　Ⅰ類：外底部に 5 点目跡　　　　　H2、H3 廃棄土坑（図 8）

　　Ⅱ類：外底部に 6 点目跡　　　　　H22 廃棄土坑（図 62）

　　Ⅲ類：外底部に 12 点目跡　　　　H5 廃棄土坑（図 36, 37）

Ⅳ類：外底部に蛇目釉剥ぎ　　　　H1、H6、H24 廃棄土坑（図 2, 41, 66）

　蛇目釉剥ぎをもつⅣ類は最も新しく位置づけられる。南宋官窯のモデルとなった汝窯は、総釉掛けをして胡麻目のような小さな目跡で支焼をおこない、全面が釉に覆われて露胎が見えないことに徹底的にこだわっている。南宋官窯もこのこだわりを引き継いで、汝窯のものよりはやや大きいが点状の目跡で支焼をおこなうものが多い。蛇目釉剥ぎは胎土が大きく露出し、汝窯から引き継いだ南宋官窯の総釉掛けに対するこだわりに反する技法であり、目跡をもつものより時代が下がると考えてよい。なお、龍泉窯では蛇目釉剥ぎは元代中期頃から用いられている（註11）。

　Ⅰ類・Ⅱ類・Ⅲ類の目跡数の差は、時期差を示すものであるか明確でない。ただ、5 点目跡のⅠ類が出土した H2 と H3 廃棄土坑の出土品で点状目跡をもつものはすべて 5 点目跡である。汝窯青瓷では碗や小形盤は 3 点目跡、瓶や盤などの底径が大きめの器種では大部分が 5 点目跡で、最も一般的に用いられた目跡数が 5 点であった。H2 と H3 廃棄土坑出土品は汝窯の伝統を最も色濃く残していると考えられ、最も古くに位置づけられる可能性が高い。

鬲式炉

　Ⅰ類：腹部下に 6 点目跡　　　　H22 廃棄土坑（図 64）

　Ⅱ類：目跡なし、足端部釉剥ぎ　　　　H1 廃棄土坑（図 3）

　13 世紀から 14 世紀前半に生産された龍泉窯青瓷の鬲式炉は目跡がなく老虎洞のⅡ類と同じく足端部で支焼している。龍泉窯の鬲式炉は南宋官窯の器形に倣ったと考えられることからみて、Ⅱ類が、目跡をもつⅠ類より新しい要素をもっていると考えてよいであろう。

折縁盆（平底）

　Ⅰ類：総釉で外底部に 7 点目跡　　　　H18 廃棄土坑（図 53）

　Ⅱ類：外底部に蛇目釉剥ぎ　　　　H5、H8 廃棄土坑（図 38, 51）

　樽式炉と同様に、蛇目釉剥ぎのⅡ類の方が時代が下がると考えられる。

折縁盆（高台付）

　Ⅰ類：外底部（高台内）に 7 点目跡、高台端部釉剥ぎ　　　H20、H22 廃棄土坑（図 57, 63）

　Ⅱ類：外底部（高台内）に目跡なし、高台端部釉剥ぎ　　　H6 廃棄土坑（図 42）

　鬲式炉と同様に 7 点目跡をもつⅠ類が古式と考えられる。

第 5 章　南宋官窯（老虎洞窯）出土青瓷の編年　　125

洗

　　Ⅰ類：総釉で、外底部に 7 または 8 点目跡　　H5、H22 廃棄土坑

　　　　Ⅰ-a：7 点目跡　　　　　　　　　H22 廃棄土坑（図 65）

　　　　Ⅰ-b：8 点目跡　　　　　　　　　H5 廃棄土坑（図 39）

　　Ⅱ類：外底部に蛇目釉剥ぎ　　　　　H8 廃棄土坑（図 48）

　樽式炉・折縁盆（平底）と同様に、蛇目釉剥ぎのⅡ類の方が、時代が下がると考えられる。

鉢

　　Ⅰ類：外底部（高台内）に 5 点目跡　　H3 廃棄土坑（図 21）

　　Ⅱ類：外底部（高台内）に蛇目釉剥ぎ　H10 廃棄土坑（図 52）

　樽式炉・折縁盆（平底）・洗と同様に蛇目釉剥ぎのⅡ類の方が、時代が下がると考えて
よいであろう。

大碗

　　Ⅰ類：高台内に 5 点目跡　　　　　　H3 廃棄土坑（図 23）

　　Ⅱ類：目跡なし、高台端部釉剥ぎ　　H3 廃棄土坑（図 22）

　H3 廃棄土坑から出土したほぼ同形の大碗の中に 5 点目跡をもつⅠ類と目跡なしで高台端
部を釉剥ぎするⅡ類が併存しており、

盤（口径 20cm 前後）

　　Ⅰ類：総釉、高台内に 5 点目跡　　　　H3 廃棄土坑（図 18）

　　Ⅱ類：目跡なし、高台端部釉剥ぎ　　　H7 廃棄土坑（図 46）

　大碗と同様にこの段階に 2 種類の支焼方法が同時におこなわれていたことがわかる。

盞托

　　Ⅰ類：円形鐔　　　　　　　　　　　H2、H3 廃棄土坑

　　　　Ⅰ-a：受部の底なし　　　　　　H2、H3 廃棄土坑（図 9）

　　　　Ⅰ-b：受部の底あり　　　　　　H3 廃棄土坑（図 27）

　　Ⅱ類：輪花形鐔　　　　　　　　　　H20 廃棄土坑（図 59）

　Ⅰ類とⅡ類の鍔の形態の差が時期差を示すものであるのか、ただ単に形の異なるタイプ
なのかは明確でない。

梅瓶蓋

　　Ⅰ類：内頂部に5点目跡　　H3 廃棄土坑（図11）

　　Ⅱ類：裾端部を釉剥ぎ　　　H3、H4 廃棄土坑

　　　Ⅰ-a：器高-高　　　　　H3 廃棄土坑（図12）

　　　Ⅰ-b：器高-低　　　　　H4 廃棄土坑（図29）

　　大碗と同じようにH3廃棄土坑で5点目跡をもつⅠ類と目跡なしで裾端部を釉剥ぎする
Ⅱ類が併存している。

套盒

　　Ⅰ類：受部高く、体側面の最上部が外側にわずかに膨らむ　　H3、H4 廃棄土坑（図14）

　　Ⅱ類：受部低い　　　　　　　　　　H1 廃棄土坑（図4）

　　　Ⅰ類の体側面の最上部が外側にわずかに膨らむ特徴は、汝窯の套盒と共通しており（図
69）（註12）、汝窯の器形を忠実に受け継いだ古式の様相をもつ可能性が高い。

5. 編年

　　次に、以上の各器種の分類と廃棄土坑ごとの各類の組成を併せて検討し、時期設定をお
こないたい（表1、表2）。

　　遺構によって出土器種のかたよりがあり、すべての遺構に共通する器種はないため、比
較検討はなかなか難しいが、比較的多くの遺構から出土していて、支焼法の変化が顕著で
ある樽式炉に着目して、樽式炉Ⅰ類（5点目跡）が出土したH2とH3廃棄土坑を第1段階、
樽式炉Ⅱ類（6点目跡）・Ⅲ類（12点目跡）が出土したH22廃棄土坑とH5廃棄土坑を第2段階、
樽式炉Ⅳ類（蛇目釉剥ぎ）が出土したH1・H6・H24廃棄土坑を第3段階とする。

　　第1段階は、点状の目跡をもつ器種が多く、報告されている目跡積みによる資料はその
すべてが5点目跡である。碗や盤の小皿など碗皿類は多くが総釉掛けで5点目跡をもつが、
大碗や有蓋碗では5点目跡のものと高台端部を釉剥ぎするものが共存している。鉢、丸碗、
挟層碗、套盒、盞托は高台端部釉剥ぎのみである。盤口長頸瓶（砧形瓶）や長頸瓶などの
瓶類も高台端部釉剥ぎである。前述したように、5点目跡を主流とすることは汝窯の遺風
を色濃く引き継いでいるということであり、また、碗皿類の一部や瓶類、盞托などが高台
端部釉剥ぎをほどこすことも、汝窯と共通している（註13）。

　　第1段階の盤口長頸瓶（砧形瓶）は、汝窯のものとよく似た、体部に丸みがあるⅠ類で
あるが、第2段階に位置づけたH22とH5廃棄土坑から出土した盤口長頸瓶（砧形瓶）は、
胴部が直線的で新しい様相をもつⅡ類である。

第5章　南宋官窯（老虎洞窯）出土青瓷の編年　　127

　第2段階でも第1段階と同様に外底部に点状目跡をもつ器種が少なくないがH22廃棄土坑出土品では目跡の数は6点または7点で、公開されている資料の中では5点目跡はまったく見られない。H5廃棄土坑では、樽式炉III類の12点目跡や洗I-a類の8点目跡など、H22よりもさらに目跡数が多くなっている。また、H5廃棄土坑では折縁盆（平底）II類のように蛇目釉剥ぎをもつ器種も見られ、次の第3段階で主流となる蛇目釉剥ぎが、すでに第2段階で出現していたことがわかる。以上の点から、H5号廃棄土坑の方がH22廃棄土坑よりも新しい要素が見られ、5点目跡が主流となる第1段階から、第2段階に入ると目跡数が漸移的に増加し、やがて蛇目釉剥ぎが出現するという支焼方法の変遷を窺い知ることができる。

　H4、H18、H20廃棄土坑は、時期を判断する特徴的な器種が出土していないが、第1段階と第2段階のどちらかに位置づけられることは間違いない。なお、『簡報』では、H20廃棄土坑をH3と同じ時期に位置付けている。

　第3段階に入ると蛇目釉剥ぎが主流となる。蛇目釉剥ぎの樽式炉IV類が出土したH1、H6、H24廃棄土坑のほかにも、H8廃棄土坑からは蛇目釉剥ぎの折縁盆（平底）II類と洗II類、鉢II類が出土しており、やはり第3段階に位置づけてよいであろう。また、鉢II類が2点出土しただけであるがH10廃棄土坑もこの段階であろう。器種ごとに第2段階と比較すると、鬲式炉は第2段階の6点目跡をもつI類から目跡のないII類に変化し、折縁盤（高台付）も7点目跡のI類から高台端部釉剥ぎのII類にかわる。洗は7点または8点目跡のI類から蛇目釉剥ぎのII類となり、全体的に点状目跡から、蛇目釉剥ぎか高台端部釉剥ぎへと変化する。なお、折縁盤（平底）は第2段階のH5廃棄土坑ですでに蛇目釉剥ぎへと変化し、同形態で第3段階へと続く。

　このように、第1段階から第3段階にかけて支焼技法は大きく変化したが、各器種の器形的な変化はあまり顕著でない。盤口長頸瓶（砧形瓶）は第1段階と第2段階での器形変化が比較的はっきりしているが、3段階を通じてみられる樽式炉では、支焼方法は大きく変化するものの、器形的な変化はほとんど見られない。また、洗、鬲式炉、折縁盆など複数の段階にまたがる器種でも器形変化はほとんどない。3段階にまたがって出土している長頸瓶などは、支焼方法も器形もほとんど変化していない。各段階の年代位置づけについては後述するが、第1段階から第3段階は少なくとも1世紀前後の長期間にわたる可能性があり、通常の窯業生産であればもっと大きな器形変化が認められるものである。器形変化が乏しいということは老虎洞窯の大きな特徴として挙げてよいであろう。
概報などで断片的に報告された資料を基にして出土状況の全様が明らかでないため、各器種の消長については明確にしがたいが、第1段階に見られる外反高台をもつ直口の盤（図18〜20）が、第2段階と第3段階には見られないことは注目すべきで点ある。このタイ

プの盤は汝窯の遺風を色濃く残しているが、もしこの器種が第2段階以降には生産されていないのであれば、汝窯の遺風が時代を経るにしたがって薄れていったことを示していると考えられるのである。

さて、現時点で報告されている資料では第3段階で点状目跡による支焼法が消滅するようにみえるが、ここでさらに注意すべき点は、哥窯に近似した青瓷が生産された、『簡報』でいう第四期（元代）、つまり筆者が第3段階とした時期の次の段階（以下、「第4段階」とする）には、点状目跡をもつ青瓷（図71）や支釘トチンがかなり出土していることである。つまり、点状目跡による支焼法は第3段階で完全に消滅するのではなく、第4段階にまで確実に引き継がれているのである。第4段階はパスパ文字が印された支釘トチン（図70）があることから、明らかに元代に位置づけられる。この段階には釉下に鉄絵で「官窯」の文字を書いた碗底部の破片（図69）があり、元代に南宋官窯の様式を引き継いだ青瓷をこの地で生産し、その製品が「官窯」という名で流通していたことを物語っている。

第4段階の製品には、南宋官窯に似た粉青色青瓷のほかに、伝世・哥窯に似た貫入の目立つ灰青色釉の青瓷やオリーブグリーンの青瓷などがあり、器壁の厚い製品が目立つ。不思議なことに、公開されている瓷片の中には蛇目釉剥ぎのほどこされたものは見られず、点状目跡や高台端部釉剥ぎの製品が大部分である。第3段階に消滅に向かった点状目跡が第4段階に再び盛んとなるという回帰ともいえる現象がみられるわけであるが、想像をたくましくすれば、第3段階に支焼技法は点状目跡から蛇目釉剥へと一旦移行したが、元代（第4段階）に入って倣南宋官窯青瓷を生産する中で、より南宋官窯らしい青瓷を志向して、南宋官窯の最大の特徴ともいえる点状目跡を復活させと考えることができる。なお、第4段階の老虎洞窯が元朝の「官窯」として位置づけられていたかどうかは記録がまったく残されていない。その製品が日本向けの貿易船である韓国・新安沈船（1323年沈没）に積み込まれていたことや（図74）(註14)、「官窯」と記された青瓷が上質製品とは思えない状況などから見て、「南宋官窯」の遺風を引き継いではいるが、朝廷用の礼器を主に生産した「南宋官窯」とは性格を異にした「官窯」であったのだろう。

さて、次に各段階の年代的な位置づけを考えてみたい。紀年資料や年代の明らかな墳墓などからの出土資料があるわけではないので、年代決定は簡単ではない。老虎洞窯の年代を考察するために南宋官窯や修内司に関する文献資料を引用するのが一般的であるが、ここでは、文献資料を参考にしながらも、年代の明らかな他窯の製品との比較を中心に年代推定を試みる。

第1段階は、前述したように汝窯の影響を色濃く残している。盤口長頸瓶、盤類、樽式炉、蓋托、梅瓶、套盒など多くの器種が汝窯の器形を踏襲している。ただ、盤口長頸瓶の底部は汝窯のものが平底に5点目跡をもつのに対して、端部が釉剥ぎされる高台をもち、外見

はそっくりであるが細部には相違点も見られる。汝窯青瓷の生産年代は諸説あるが、遅くとも開封が金軍におとされて北宋朝が滅亡した靖康二年（1127年）には確実に生産を停止したと考えられる。その後、南宋朝が杭州に臨安府を設けたのが紹興二年（1132年）、宋金間の講和成立と杭州への正式遷都が行なわれたのが紹興八年（1138年）で、杭州で官窯青瓷の生産が可能となるのはそれ以降と考えられる。窯址出土遺物の分析から第1段階の生産開始年代を正確に示すことは困難であるが、汝窯の器形、釉色をかなり正確に引き継いでいることから見て、汝窯の生産停止からあまり時を経ていない12世紀半ば頃には生産を開始したと推定できる。

　修内司官窯の開窯時期について、文献を中心とした研究では多くの説が示されている。代表的なものとして、杭州に臨安府が設けられた紹興二年（1132年）を上限、郊壇が築かれた紹興十三年（1143年）を下限とする説（註15）、礼器局が設けられた紹興十五年（1145年）前後とする説（註16）、紹興十九年（1149年）以前には宮廷用の陶瓷祭器の生産が、越州、平江府、臨安府などに命じられていることから、官窯の成立は紹興二十年（1150年）以降とする説（註17）、老虎洞窯址で最も早い段階に位置づけられるH3廃棄土坑から出土した青瓷に刻された「戊」字銘の干支を、紹興二十四年（1154年）の「甲戊」年として、この年代を修内司官窯の成立年代と考える説（註18）などがあるが、現時点では、紹興二十年（1150年）から『垣齋筆衡』『負暄雑録』の記載にある「邵局」の下限年代である紹興三十二年（1162年）（註19）の間と考えておくのが最も適切であろう。

　第2段階は、胴部が直線化した盤口長頸瓶II類の特徴と前述した13世紀中頃の龍泉窯青瓷の盤口長頸瓶（四川・簡陽県東渓園芸場出土品）の器形（図68）の共通性からみて13世紀前半を中心とした年代が想定される。上限は12世紀代にさかのぼる可能性もある。

　蛇目釉剥ぎが主流となる第3段階については、南宋官窯の影響を強く受けた龍泉窯で、蛇目釉剥ぎが元代中期の14世紀になってから主流となることから考えると（註20）、それよりもやや前の13世紀代後半頃の年代が推定できる。第3段階の下限は、1323年に沈没した韓国・新安沖沈船の引き揚げ遺物の中に、第4段階の哥窯風の青瓷（図73）と近似した資料があることから（図74）（註21）、それより前の14世紀初頭か13世紀末と推定できる。もし第3段階の下限が13世紀末まで上がるとすれば、その上限は13世紀中頃か、13世紀後半の早い段階になるだろう。

　第4段階の上限は、前述した新安沈船の年代から14世紀初頭頃、下限は出土している馬上杯（図75）の杯下半部が大きく膨れ口縁の外反がゆるやかな器形が、龍泉窯青瓷や景徳鎮窯白磁の14世紀中頃のものと近い（註22）ことから、14世紀中頃か14世紀後半に入った頃と考えられる。

　以上をもう一度まとめると、第1段階は12世紀中頃から後半、第2段階は12世紀末ま

たは 13 世紀初頭から 13 世紀中頃前後、第 3 段階は 13 世紀中頃から 13 世紀末頃、第 4 段階は 14 世紀初頭頃から 14 世紀中頃過ぎといった年代観となる。南宋前期の第 1 段階から南宋中・後期の第 2 段階を経て、第 3 段階は南宋末から元代初期にまたがり、第 4 段階は元代中期・後期にまで到る。つまり南宋代から元代のほぼ全時期にわたる長期間の生産が続けられた可能性もあると推定されるのである。ただし、第 2 期と第 3 期の年代は、龍泉窯の編年を傍証とした不確かなものであり、もう少し時代が遡る可能性も充分に考えられる。

　なお、修内司官窯は、郊壇下官窯が設けられた際に生産を停止したという説 (註23) や、両者がしばらく共存し、修内司官窯は 13 世紀初頭または前半 (註24) に操業を停止したという説が示されている。確かに、第 3 期と第 4 期の青瓷の特徴はかなり異なっており、両期の製品には質的な隔絶が認められる。この隔絶を、青瓷生産の中断と考えることもできるが、南宋朝の滅亡によって官窯としての性格が変化し、製品の質が急激に変化したと解釈することも可能である。修内司官窯は郊壇下官窯よりも先に生産を停止したと考えるのが一般的であるが、老虎洞窯の第 3 段階には、前述したように蛇目釉剥ぎによる支焼方法が主流となっている。しかし、郊壇下官窯の報告で示された出土品には、蛇目釉剥ぎの資料は見られず、老虎洞窯の第 1 段階と第 2 段階の出土品と類似する資料が主となっている。このような状況から見て、修内司官窯は郊壇下官窯よりも後まで生産を続けていた可能性も決して低くないと考えられる。筆者は、元代にこの地で「官窯」銘の青瓷など南宋官窯の雰囲気を引き継いだ青瓷が生産されていたことや、4 期に区分される編年の状況からから見て、南宋前期から元までの継続的な操業の可能性もあると考えている。ただし、秦大樹氏が指摘しているように、この窯は常時操業していたのではなく、朝廷からの下命があった際のみに青瓷生産をおこなった可能性があり (註25)、生産停止を繰り返しながら断続的に生産を続けたとも考えられる。

6. おわりに

　本論考は『簡報』と『精選』で公表された資料、および 2002 年の杭州でのシンポジウムの際に筆者が実見した資料に基づいて老虎洞窯出土遺物を分類・編年したもので、現時点で公表されている断片的な資料によるため不十分なものといわざるを得ない。特に、各廃棄土坑から出土した遺物の全容や器種構成が報告されていないため、各器種の器形や技法の変遷や器種の消長を明確に示すことはできなかった。しかし、支焼技法の変遷や器形変化の大きな流れはつかみ得たと考えている。各段階の年代位置づけについては、現時点では傍証的な材料しかないため、今後さらに検討する必要がある。

　発掘調査以後、老虎洞窯は修内司官窯ではないとの説も出されたことがあるが (註26)、

前述した「修内司窯」銘の資料が報告されたことにより、修内司官窯であることが確認された。南宋皇宮の禁苑という立地、汝窯の遺風を色濃く引き継いだ器種や器形、第1段階から第3段階まで長期にわたる生産が行なわれながら大部分の器種の器形がほとんど変化しないことに窺われる伝統への固執性、失敗品を意識的に破砕して一括して埋める廃棄土坑などからみても、官窯であることは間違いない。ただし、修内司官窯（または内窯）が老虎洞窯に限定されるのか、周辺にも広がっているのかは今後の大きな課題である。

註

1. 陶宗儀（元）『南村輟耕録』巻二十九「窯器」の『垣齋筆衡』の引用に基づく。（『輟耕録』世界書局（台湾）1972年,446～447頁。）
2. 中国社会科学院考古研究所ほか『南宋官窯』中国大百科全書出版社,1996年。
3. 米内山庸夫「南宋官窯の研究1～29」『日本美術工芸』159～196,1952～55年。
   米内山庸夫「南宋官窯の発見」『世界陶磁全集』10,河出書房,1956年,280頁。
4. 国家文物局編『1998中国重要考古発現』文物出版社,1999年,97～101頁、国家文物局編『2001中国重要考古発現』文物出版社,2002年,127～132頁）。
5. 杭州市考古研究所「杭州老虎洞南宋官窯」『文物』2002年第10期,4～31頁。
6. 杜正賢　主編『杭州老虎洞窯址瓷器精選』文物出版社,2002年。
7. 唐俊杰「関于修内司官窯的幾個問題」『文物』2008年第12期,61～68頁。
8. 南宋官窯青瓷や龍泉窯青瓷で、釉の断面に複数の層が見られることがあり、釉を複数回かけて釉層を厚くする技法が用いられたと考えられる。単に釉薬を厚くかけただけでは、窯の中で焼成する際に流れてしまうため、施釉には特殊な技法が用いられていると推定される。具体的な施釉方法は、胎土を1000度以下の低温で素焼きし、その上に一層釉をかけるごとに再度低温焼成して釉薬を固め、その作業を複数行なった後に最後の釉薬をかけて高温で焼成するという説と、素焼きした素地の上に一層ごとに成分の異なる釉を複数回かけて一度に高温で焼き上げるという説があり、どちらが正しいかまだ明らかではない。
9. 唐金裕「陝西省略陽県出土的宋瓷」『文物』1976年第11期,84、85頁、図版陸-1。
   四川省文物管理委員会「四川省簡陽県東渓園芸場元墓」『文物』1987年第2期,70～87頁、71頁：図3-4,72頁：図5。
10. 森達也「アジアの海を渡った龍泉青磁」『九大アジア叢書　モノから見た海域アジア史』四日市康博編,九州大学出版会,2008年。
11. 森達也「宋・元代竜泉窯青磁の編年的研究」『東洋陶磁』VOL.29,東洋陶磁学会2000年,85頁下段6～24行目。
12. 孫新民、郭木森『汝窯瓷　鑑定與鑑賞』江西美術出版社,2005年,彩図34。
13. 河南省文物考古研究所『宝豊清涼寺汝窯』大象出版社,2008年。
14. 『新安海底遺物　総合篇』韓国・文化広報部文化財管理局,1988年,図169,170。
15. 李輝柄「修内司窯的正名及相関問題」『故宮博物院院刊』1996年第1期。
16. 李民挙「宋官窯論稿」『文物』1994年第8期,47～51頁。
17. 汪慶正「老虎洞南宋修内司官窯遺址的重要発現及其相関諸問題」『上海博物館　集刊』第8期,368～380頁。
18. 鄧禾穎、唐俊杰『南宋史研究叢書　南宋官窯』杭州出版社,2008年,60頁。

19. 李民挙の説では『垣齋筆衡』『負喧雑録』にある「中興渡江、有邵成章提挙后苑、号邵局。襲故京遺制、置窯于修内司、造青器、名内窯。」の「邵成章」は「邵諤」の誤記で、邵諤の罷免された紹興三十二年（1162年）が邵局の下限と考えられるとされている。

20. 森達也「宋・元代竜泉窯青磁の編年的研究」『東洋陶磁』VOL. 29, 東洋陶磁学会 2000 年、85 頁下段 6 〜 24 行目。

21. 『新安海底遺物　総合篇』韓国・文化広報部文化財管理局 , 1988 年 , 図 169, 170。

22. 森達也「宋・元代窖蔵出土陶瓷と竜泉窯青瓷の編年観について」『貿易陶磁研究』No. 21, 日本貿易陶磁研究会 , 2001 年 , 36 頁 2・3 行目。

23. 李輝柄「修内司窯的正名及相関問題」」『故宮博物院院刊』1996 年第 1 期 , 45 〜 52 頁。

24. 唐俊杰「南宋郊壇下官窯與老虎洞宋官的比較研究」『南宋官窯文集』文物出版社 , 2004 年 , 195 頁。
    李喜寛「有関南宋后期官窯的幾個問題」『故宮博物院院刊』2009 年第 3 期 , 6 〜 23 頁。
    秦大樹「宋代官窯的主要特点－兼談元汝州青瓷器」『文物』2009 年 12 期 , 67 頁。

25. 秦大樹「宋代官窯的主要特点－兼談元汝州青瓷器」『文物』2009 年 12 期 , 67 頁。

26. 張玉藍「関于老虎洞窯的幾個問題」『東方博物』第 14 輯 , 2005 年 , 93 〜 99 頁　ほか。

第 5 章　南宋官窯（老虎洞窯）出土青瓷の編年　　　133

図版出典

図 1 ～ 22、24 ～ 30、34 ～ 42、44 ～ 48、50 ～ 65、70 ～ 73、75：杜正賢　主編『杭州老虎洞窯址瓷器精選』
文物出版社 2002 年。

図 43、44 下段、49、66、67：筆者撮影。

図 23、31 ～ 33、40、49：杭州市文物考古所「杭州老虎洞南宋官窯址」,『文物』2002 年第 10 期。

図 68：唐金裕「陝西省略陽県出土的宋瓷」『文物』1976-11　84・85 頁、図版陸 -1。

図 69 河南省文物考古研究所『宝豊清涼寺汝窯』大象出版社　2008 年。

図 74：『新安海底遺物　総合篇』韓国・文化広報部、文化財管理局　1988 年。

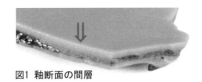

図1 釉断面の間層

H1廃棄土坑

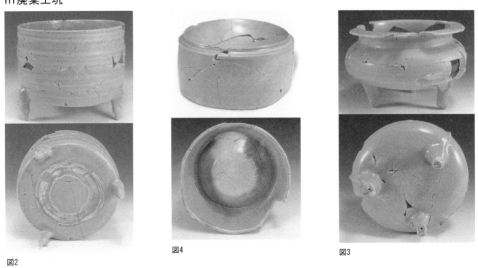

図2 図4 図3

H2廃棄土坑

図5 図6 図7 図8 図9

第 5 章　南宋官窯（老虎洞窯）出土青瓷の編年　　135

H3廃棄土坑①

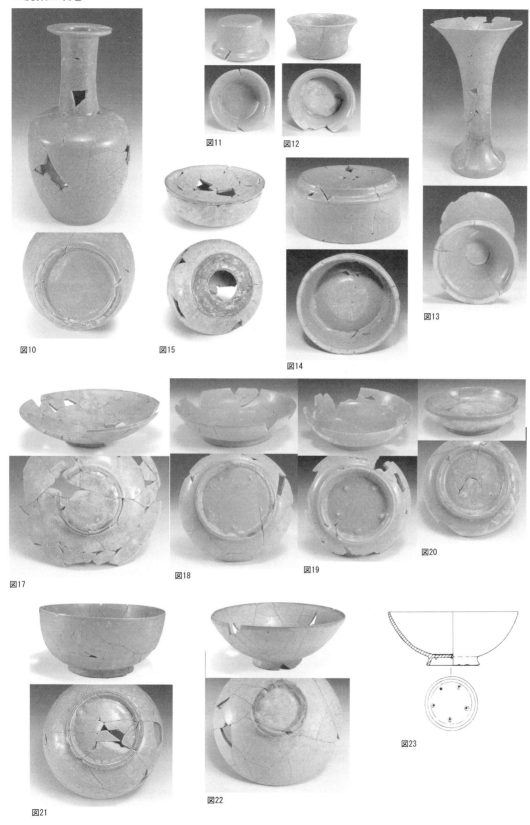

図10　　図11　図12　　図13

図15　図14

図17　図18　図19　図20

図21　図22　図23

H3廃棄土坑②

図24　図25　図26　図27

H4廃棄土坑

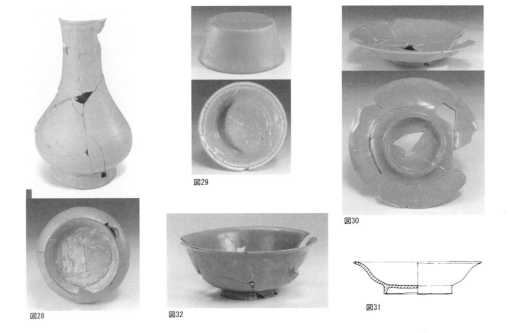

図28　図29　図30　図31　図32

第5章 南宋官窯（老虎洞窯）出土青瓷の編年

H5廃棄土坑

H6廃棄土坑

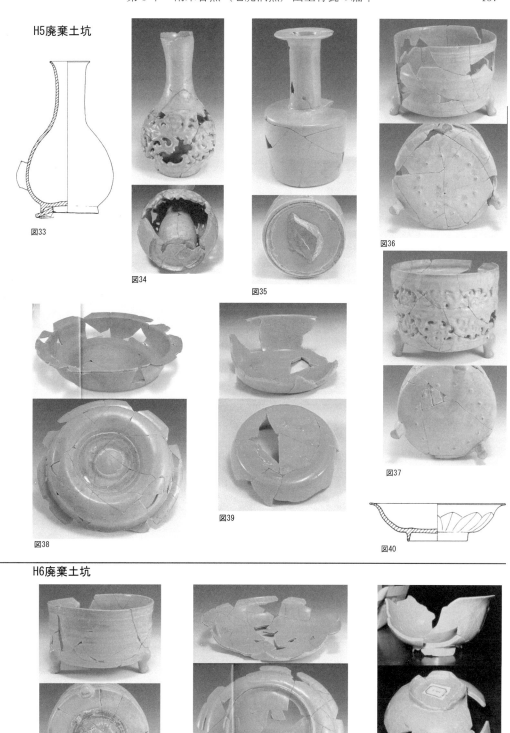

図33
図34
図35
図36
図37
図38
図39
図40
図41
図42
図43

H7廃棄土坑

図44

図45

図46

H8廃棄土坑

図47

図48

図49

図50

H10廃棄土坑

H18廃棄土坑

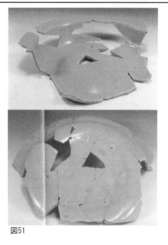
図51

第5章 南宋官窯（老虎洞窯）出土青瓷の編年

H20廃棄土坑

図52

図54

図55

図53

図56

H22廃棄土坑

図57

H24廃棄土坑

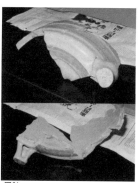
図61

図58

図59　　図60

図62

図63 汝窯の套盒

図64 老虎洞窯址・元代青瓷

図66「官窯」の文字を書いた碗底部（元代）

図65 パスパ文字が印された支釘トチン

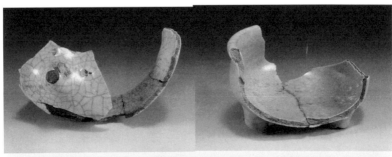

図67 老虎洞窯址出土哥窯風青瓷（元代）

図68 韓国新安沈船の官窯風青瓷

図69 老虎洞窯址出土青瓷馬上杯（元代）

表1　老虎洞窯址出土青瓷分類

器種	第1段階 H2	第1段階 H3	第1段階 H7	第1または第2段階 H20	第1または第2段階 H4	第1または第2段階 H18	第2段階 H22	第2段階 H5	第3段階 H1	第3段階 H6	第3段階 H24	第3段階 H8	第3段階 H10
樽式炉・透かし彫り樽式炉	2	2	7					3					
盤口長頸瓶		4	1				1	1					
鬲式炉						2	1					2	
折縁盆（平底）			1					1				1	
折縁盆（高台付）					1		1				1		
洗						2		1				1	
鉢			2									1	2
盤（径18-20）			6		1(図)								
大碗			1(図)		2								
盞托		1	3		2								
梅瓶盞			3		2								
奩盒			2		3		1		1				
長頸瓶 大		3	5										
長頸瓶 小			1			1(図)							
透かし形り長頸小瓶						1		1					
弦文瓶					1								
蕉葉文下形瓶						1							
梅瓶		4	4										
觚			3										
尊					2								
鼎式炉					4								
花盆						4					1		
大盤			2										
盤（径15以下）			1		1								
蓮弁文盤					2			1					
小皿			1					1					
挟層碗			3										
有蓋碗 大			1										
有蓋碗 小			7										
丸硯					1							1	
小硯			1		1								
蓮弁文硯					1					1			
筆架		1											

第5章　南宋官窯（老虎洞窯）出土青瓷の編年

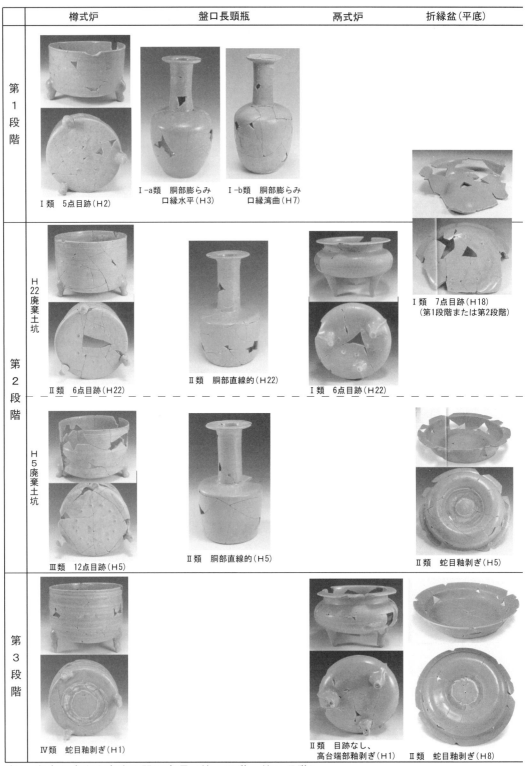

表2 老虎洞窯出土青磁の器形変遷（第1段階〜第3段階）

折縁盆（高台付）	洗	鉢	盒套	長頸瓶（小）

Ⅰ類　高台端部無釉（H3）

Ⅰ類　受部大（H2）

（H22）

Ⅰ類　7点目跡（H22）

Ⅰ類　7点目跡（H22）

透かし彫り長頸瓶（H22）

Ⅱ類　8点目跡（H5）

（H5）

Ⅱ類　目跡なし、高台端部釉剥ぎ（H6）

Ⅱ類　蛇目釉剥ぎ（H8）

Ⅱ類　蛇目釉剥ぎ（H10）

Ⅱ類　受部小（H1）

（H8）

第6章　宋・元代龍泉窯青瓷の編年

1. はじめに

　中国・浙江省南部に位置する龍泉窯は、北宋代後期頃から青瓷生産を活発化し、南宋代前期には国内向け製品ともに輸出製品の大量生産をおこなって大きく発展した。南宋代後期には、華南最大の青瓷窯に成長し、日本で「砧青瓷」(註1)、中国で「薄胎厚釉」(註2)と呼ぶ上質の製品を産み出して、以後、元から明、清代前期まで中国を代表する青瓷窯として活発な生産活動を続けたのである。

　南宋代後期に生み出された「砧」と呼ばれる上質な青瓷は、日本では古くから龍泉窯青瓷の最高級のものとして高い評価を与えられてきた。「砧」の名前の由来は、布を打つ砧に似た形の青瓷花生にちなむとも、千利休が所持した青瓷鯱耳花生（現、静嘉堂文庫美術館所蔵）の胴にある大きなひび割れと、砧を打つ音のひびきをかけて名付けたともいわれている。

　日本では、「砧青瓷」は南宋代のものとされ、次の元代には釉色が緑がかった「天龍寺青瓷」に変化するとされてきた。しかし、1975年に韓国・新安沖で日本向けと推定される元代中期の貿易船（1323年頃沈没）が発見され(註3)、その認識は大きく変化することとなった。沈船の積み荷として約1万点にのぼる龍泉窯青瓷が引き揚げられ、所謂「天龍寺青瓷」に混じって、僅かではあるが「砧青瓷」が発見されたのである。

　この新安沈船の「砧青瓷」に対しては、元代中期に生産されたものとする説と、宋代のものがアンティックとして積み込まれたという2つの説が示されたが(註4)、はっきりとした結論は出ぬまま、漠然と「砧青瓷」は南宋代後期から元代中頃まで生産が続いたと考えられることが多くなり、今日に至っている(註5)。

　新安沈船の発見を契機に宋・元代龍泉窯青瓷に関する研究や議論が活発化したが、実際のところ元代中期の典型である「天龍寺青瓷」の器種と組成については非常に明確化されたが、「砧青瓷」については生産年代が宋代後期から元代中期までと非常に幅広く認識される一方、その生産の盛期であった宋代後期の様相については明確化が充分に進んでいるとは言い難い状況である。

　また、新安沈船の発見とほぼ同じ頃から、日本国内では中世遺跡から大量に出土する龍泉窯青瓷の研究がさかんにおこなわれるようになり、碗・皿の分類・編年研究が急速に進歩した(註6)。しかし、国内出土品を中心とした研究は、碗・皿以外の器種に及ぶことがほとんどなく、残念ながら龍泉窯青瓷の器種全体の編年研究には至っていない。

　このような研究状況を端的に表したのが、1991年に中国・四川省遂寧市の窖蔵から発見

された「砧青瓷」を含む大量の陶瓷器の年代検討であった。発掘調査報告では南宋後期の1240年前後の埋納とされたが、これに対して元代初頭まで下がるとの意見も示されている(註7)。

1998年秋から1999年春にかけて、遂寧出土品の主要なものが日本国内4箇所の美術館・博物館で巡回展示され(註8)、これにあわせて1999年5月には愛知県陶磁資料館で、シンポジウム「宋・元時代の龍泉窯青磁を考える」が開催された(註9)。ここでは遂寧出土品の年代問題を中心に研究発表・討論をおこなったが、さまざまな年代観が示され、残念ながら結論が出ることはなった。

非常に良好な状態で出土した一括資料であるにもかかわらずその時期考察にかなり意見のばらつきが見られることは、龍泉窯青瓷の編年的研究がまだまだ不充分であることをよく示している。

とはいえ、遂寧の龍泉窯青瓷は、数量的にも器種的にも新安沈船遺物発見以来最大級の発見であり、両者を中心とした比較研究は宋・元代の龍泉窯青瓷の変遷を明らかにする上で非常に有効であることは間違いない。そこで本節では、遂寧出土資料を中心に新安沖沈船遺物や中国各地の出土品、日本の出土品・伝世品などを比較して、南宋代後期から元代中期に至る龍泉窯青瓷の編年的素描を試みることとする。

2. 遂寧出土遺物の概要と年代について

遂寧窖蔵は1991年に四川省の省都・成都市の東約200kmにある遂寧市金魚村の畑で、農民によって偶然発見された。緊急発掘調査の結果、地表下約1mに掘られた、約2m×1m、深さ0.8mの楕円形の穴の中に、瓷器985点、金属器18点、石製品2点が整然と並べられて埋納されていたことが明らかにされ、翌年には「文物報」で報道されて(註10)、陶瓷器の一括出土としては中国では最大規模のものとして大きな話題となり、1994年には「文物」誌上で正式な報告が発表された(註11)。埋納時期や理由を示す資料はまったく発見されていないが、報告では蒙古軍がこの地域に侵入した記録の残る1236年または1243年に、略奪を恐れて隠されたものと推定されている。しかし、年代観に関しては上海博物館の汪慶正氏や陸明華氏などから13世紀後半の南宋末・元初期であるとの意見も示されており(註12)、慎重な検討が必要となっている。紀年資料がない以上、文献の記載によって埋納年代を推定するのは大変危険であり、出土遺物の詳細な比較研究をもとに検討することが必要である。

出土した985点の陶瓷器のうち、約3分の1の355点が龍泉窯青瓷で、他に景徳鎮窯の青白瓷が604点、耀州窯青瓷が2点、定窯白瓷が8点、地元四川の広元窯の天目碗が2点、磁峰窯白瓷が14点ある。

龍泉窯青瓷は、酒会壺1（図28）、耳付篡形香炉1（図1）、琮形瓶（算木手）2（図2）、筒形瓶5（表3－5）、管耳瓶12（図34・35）、下蕪形瓶9（図3）、盤口瓶1（表3－10）、瓜形瓶3（図4）、五管瓶3（図26）、瓢形水注1（図39）、袴腰香炉5（表3－38）、香炉3（図5・6、表3－30）、鎬蓮弁文碗19（図17,18,19）、鉄鉢形鎬蓮弁文碗1（図7）、笠形碗6（図8）、有蓋鎬蓮弁文碗68（蓋79）（図9）、鎬蓮弁文盤34（図10,11）、腰折盤（洗）67（図12）、小杯9（図13）と器形はかなりバラエティーに富むが、数量的には壺や瓶、香炉などの大形品・特殊品は少量で、碗・盤・杯などの一般的な食器が中心である。

遂寧の龍泉窯青瓷の大部分は、日本で「砧青瓷」、中国で「薄胎厚釉」と呼ばれる、上質な粉青色釉を高台端部以外の全面に厚く施したタイプである。この手の青瓷の出現時期は、あまりはっきりしていないが、現時点で年代の明らかな最も古い資料として1212年の紀年をもつ湖北省武漢市の任晞靖墓出土の盤口瓶（図14）[註13]がある。また、1200年紀年の四川省彭山県の留氏墓出土の小形酒会壺（図16）[註14]は高台内まで総釉であるかは写真では明らかでないが、かなり釉は厚掛けとなっており、1205年紀年の江西省清江県花果山宋墓（図15）[註15]や1195年紀年の浙江省松陽県程大雅墓出土の梅瓶（表3－16）[註16]は、高台内な無釉であるがかなり厚く釉を施しており、「砧青瓷（薄胎厚釉瓷）」への過渡的な性格のものとして位置付けられる。これらの資料から、「砧青瓷（薄胎厚釉瓷）」は遅くとも13世紀初頭には出現していたことがわかる。なお、近年龍泉渓口窯や小梅鎮窯などで、南宋初期または前期に位置づけられる薄胎厚釉の青瓷が発見されているが、それらは日本や中国各地の遺跡で見る典型的な砧青瓷ではなく、そのプロトタイプ的な位置づけが与えられよう。「砧青瓷（薄胎厚釉瓷）」への過渡的な性格のものとして位置付けられる。これらの資料から、「砧青瓷（薄胎厚釉瓷）」の終焉は、1323年頃沈没の韓国・新安沖沈船出土資料にわずかに含まれるものが最も時代が下がる例であることから、14世紀前半頃とされている。なお、日本の中世遺跡での出土は、中国より年代がやや下がり、13世紀中頃前後からとされている[註17]。

さて、遂寧出土品は、13世紀初頭から14世紀初頭にわたる砧青瓷の生産期間の、どの時期に位置付けられるのであろうか。

ここでは、この問題を解決する鍵として、遂寧出土品に比較的多く含まれ、かつ中国各地や日本での出土例が多い、鎬蓮弁文碗を取り上げることとしよう。

遂寧出土の鎬蓮弁文碗は、3種類に分類可能である。
①「砧青瓷（薄胎厚釉瓷）」形：高台が全体的に三角形で、畳付を除く全面に釉が厚く施される。高台や蓮弁文の削りが丁寧に作られる（図17）。大宰府分類のⅢ類[註18]。
②「角高台」形：高台は角形で幅が広く、高台端と高台内は粗く削られたまま釉が施され

ない。釉が薄くて灰色がかっており、全体的に作りが粗い（図18）。大宰府分類のⅠ－5b類 [註19]。

③折衷形：高台は三角形で、高台端部以外の全面に施釉されるが、高台や蓮弁の削りは粗く、釉は「角高台」形に近似して薄い（図19）。

　森田勉氏・横田賢次郎氏とそれを引き継いだ山本信夫氏の大宰府を中心とした研究では、角高台形（Ⅰ－5b類）は13世紀始め頃に現われ13世紀末頃まで盛行し、砧青瓷形（Ⅲ類）は半世紀ほど遅れて13世紀中頃前後に出現し、14世紀初頭頃まで続くとし、重複はあるものの時間的に前後関係に位置づけられるものとしている [註20]。

　しかし、遂寧の砧青瓷形（Ⅲ類）と角高台形（Ⅰ－5b類）を比較すると、釉の厚さ、釉色、高台の形態、製形の丁寧さなどは異なっているが、鎬蓮弁文の幅・描き方、器形などが大きさなどは共通性が高いことがわかる。器形は、砧青瓷の方が高台径がわずかに小さいが、両者のシルエットを重ねた図20を見ると、全体的な器形はほとんど同じであり、角高台形（Ⅰ－5b類）の高台を丁寧に細く削ると砧青瓷形（Ⅲ類）とまったく変わらない器形になることがわかる。また、両者の技術が混在する折衷形もあることから、遂寧の砧青瓷形（Ⅲ類）と角高台形（Ⅰ－5b類）は、おそらく同時期に生産されたもので、砧青瓷形は上手、角高台形は下手、折衷形はその中間という質的な階層化のなかに位置づけられていたと考えられる。

　鎬蓮弁文碗は龍泉窯青瓷でも非常にポピュラーな器種であるが、年代の明らかな資料は決して多くない。砧青瓷形（Ⅲ類）では1254年の紀年をもつ江西省鷹潭宋墓（図21）[註21]、1271年紀年の浙江省海寧氏朱伯康墓 [註22]、1274年紀年の浙江省衢州市の史縄祖墓（図22）[註23]、1275年紀年の浙江省麗水県潘益光墓（図23）[註24]、新安沖沈船遺物（1323年頃）（図24）などが知られている。遂寧の砧青瓷鎬蓮弁文碗と最も近いのは1254年の鷹潭宋墓であり、体部の膨らみや蓮弁の幅などに共通性が高い。1方、1270年代の3例と新安例はどれも遂寧例に比べると、蓮弁の幅が狭く、碗の側面にかなり膨らみがあることがわかる。なお、新安例は高台端部の幅が、他の3例より広く、より後出的な特徴をもっている。また、写真ではわからないが、遂寧の砧青瓷形鎬蓮弁文碗（Ⅲ類）の内底部には平坦面（鏡）があり、外底部（高台内）も中心部がわずかに突出するもののほぼ平坦であるが、1方、細蓮弁のものは底部が平坦面をもたず下方に突出している。日本で13世紀後半から14世紀の遺構から出土する砧青瓷形鎬蓮弁文碗（Ⅲ類）も、細蓮弁のものがほとんどであり、遂寧出土品のような側面がやや直線的にひらく器形と幅広の蓮弁、平坦な底部をもつものはほとんど見られない [註25]。これらの点から、遂寧の砧青瓷鎬蓮弁文碗は、これら細蓮弁のものよりも古式とすることができる。

　なお、龍泉大窯31号Y2窯址では、遂寧のものとほぼ同形の砧青瓷形鎬蓮弁文碗が出土

第6章　宋・元代龍泉窯青瓷の編年　　　149

しているが（註26）、これと共伴して幅広蓮弁ではあるが体部の丸みが強く、底部が突出する碗が見られる。後者の形態は、細蓮弁形への形態変化の過渡的な様相を示すものと考えられよう。

　角高台形（Ｉ－５ｂ類）の紀年資料は、福岡・博多遺跡出土の文永二年（1265年）墨書銘の１例のみしか（図25，77上）（註27）管見に触れていない。一見すると遂寧例と大差ないようであるが、蓮弁の幅がやや狭くなり、口縁部がわずかに外反ぎみとなる点が相違している。前述した砧青瓷形（Ⅲ類）ほど大きな変化はないが、やはり蓮弁の細化が見られ、遂寧の角高台形の方が古く位置づけられる可能性が高い（註28）。

　以上紀年墓出土資料や紀年資料との比較から、遂寧の蓮弁文碗の年代的な位置付けは、1260年以前と考えるのが適当であろう。なお、この蓮弁文碗の問題については、後段で日本出土資料を中心にさらに細かく検討することとする。

　遂寧の出土品には五管瓶（図26）や共蓋碗（図9）、鉄鉢形碗（図7）、盤（図10，11）など他にも鎬蓮弁文をもつ器種があるが、これらに見られる鎬蓮弁文は、すべて碗と同じ幅の広いタイプである。特に、五管瓶は1323年の新安沈船のもの（図27）と比較すると蓮弁の幅の広さがよくわかる。遂寧出土の龍泉窯青瓷355点のうち、半分以上の205点が鎬蓮弁をもつ器種であり、これらがすべてこの手の幅広の蓮弁を持つわけであるから、この特徴が、遂寧出土龍泉窯青瓷の年代を端的に表しているといっても過言ではない。

　次に他の器種について見てみよう。

　酒会壺は、元時代に流行した器種で、南宋時代の類例はほとんど知られていないため、遂寧出土の酒会壺も元時代に近い時期のものと考えられがちである。しかし、前述した1200年の紀年をもつ留氏墓出土壺（図16）（註29）は、小形品ではあるが形態的には酒会壺に近く、これを龍泉窯青瓷酒会壺の初現的な例と考えれば、かなり早い段階に酒会壺の形態が成立していたことになる。また、遂寧出土品とほぼ同形のものが、四川省簡陽県東渓園芸場の墳墓から出土している（図29）（註30）。報告では元時代のものとされているが、この墳墓からは、遂寧と近似した組成をもった陶瓷器群が出土していて、ほぼ同時代に位置付けられる。

　遂寧および東渓園芸場の酒会壺と、1323年の新安沖沈船遺物の酒会壺（図33）及び14世紀初頭とされる神奈川県・伝金沢貞顕墓（1333年没・または金沢顕時－1301年没－墓とも言われている）出土酒会壺（図32）を比較すると、前者は蓋の縁が全体的に大きく波うち、胴部はバランスのよい丸みをもって、底部が胴部から強く屈曲して突出することがわかる。また、大形の酒会壺は、成形時に底部に大きな穴をあけておいて、内側から皿状の底部を貼り付けて底部を造形する技法を用いるのが一般的であるが、遂寧と東渓園芸場

資料の底部の穴は、新安のものよりかなり径が小さいことも特徴的である。13世紀後半と推定されている鎌倉・今小路西遺跡北谷3面の火災面出土鎬文酒会壺（図65-7）（註31）は、蓋の形態や底部の穴の径は新安沈船や伝金沢貞顕墓出土品に近いが、突出する底部の器形はむしろ遂寧および東渓園芸場出土品に近く、両者の中間に位置づけられるものと思われる。

袴腰香炉（表3－38）は、1268年の紀年をもつ浙江省徳清市呉奥墓出土品（表3－39）（註32）、1323年の新安沈船遺物（表3－40）と比較すると脚が長く、口縁や体部の造形がシャープで、これらよりも古く遡ると思われる。

遂寧の筒形香炉（表3－30）は、側面がほぼ垂直に立ち上がることが特徴であり、原形である青銅器の奩の形態をよく残している。1265年の紀年をもつ浙江省紹興県銭清環翠塔出土品（表3－34）（註33）では側面がわずかに外傾し、口縁の上面が屈曲することが特徴で、1286年紀年の福建省泉州出土資料（表3－35）（註34）では外傾がわずかではあるが強まっている。1323年の新安（表3－36）では外傾や口縁の屈曲が極端となり、時代が下がるに従って外傾が強くなる傾向がみられる（註35）。

これらの埋納年代が明らかな資料は、貼花文をもつなど遂寧の香炉とはやや器形が異なるため単純には比較できないが、やはり貼花文をもつ愛知県陶磁資料館所蔵品（表3－33）は、体部がほぼ垂直に立ち上がり、全体的な造形が非常にシャープで、おそらく遂寧の香炉とほぼ同時期に位置づけられるものであろう。この、体部が垂直に立ち上がり、口縁の上部が屈曲しないという形態が遂寧窖蔵の時期の筒形香炉の特徴として挙げられる。なお、遂寧の筒形香炉と同じく弦文と三角の足をもつ香炉として著名な徳川美術館所蔵・銘千鳥・香炉（表3－31）は、側面の外傾が大きく、遂寧より時期が下がるものであろう。

管耳瓶は、1302年紀年の浙江省杭州市鮮于枢墓出土品（図38）（註36）に比べて全体的にシャープであり、これとかなり時期差があることが窺われる。鮮于枢墓出土品は器壁が厚く胴部が球形で胴部から頸部への移行が緩やかであることが特徴であるが、遂寧出土品は器壁が比較的薄く、胴部が肩の部分で角張り気味で胴部から頸部への屈曲が強い。角張り気味の胴部をもつ例は、前に触れた1205年紀年の花果山宋墓出土長頸瓶（図15）にも見られことから古式の様相を示すものと思われる。なお、図37は出光美術館蔵の伝世品の例、図36は中国陶瓷美術館蔵品である。どちらも胴部はかなり丸みをもっているが、胴部から頸部の屈曲はかなり強く、遂寧例と鮮于枢墓出土品との中間的な様相を示すものであろう。

筍形瓶は、新安沈船遺物のもの（表3－6）に比べて口径が小さめである。伝世品として著名な根津美術館所蔵の重要文化財・筍花入（表3－4）や五島美術館蔵品は、遂寧のものよりさらに口径が小さく、もし口径の変化が年代差を表わすとすれば、根津→遂寧→

第6章　宋・元代龍泉窯青瓷の編年　　151

新安の順に時代が下るとも考えられるが、明確な紀年墓出土資料や紀年資料がないため推測の域に留まる。

　盤口瓶（表3－10）は、前述した砧青瓷の初現例である1213年紀年の任晞靖墓出土の瓶（表3－9）と近似しているが、胴部の丸みが遂寧例の方がやや強く、全体的なバランスは1268年紀年の浙江省徳清市城関鎮宋墓出土例（表3－11）（註37）にかなり近い。また、1323年沈没の新安沖沈船にも盤口瓶があるが、頸が大きくくびれ、13世紀代のものからの形態の変化がはっきり認められる（表3－12）。

　瓢形水注（図39）は元時代に一般的であるため、遂寧の年代を新しく考える根拠の一つとされることが多い（註38）。しかし、新安の龍泉窯青瓷や景徳鎮窯白瓷の瓢形水注（図40・41）は、注口部分が体部の上部の膨らみと接合されており、遂寧のものとは形態が微妙に異なっている。また、体部上下の膨らみ方などもかなり相違する。龍泉窯青瓷では南宋後期に明確に位置付けられる例は管見に触れていないが、景徳鎮窯の青白瓷では1165年や1201年の紀年墓出土資料が知られており（註39）、それらはいずれも注口が体部の上部の膨らみと接合していない。新安例に見られるように、この瓢形水注の器形は龍泉窯青瓷と景徳鎮青白瓷で共通性が高く、注口が体部の上部の膨らみと接合しない遂寧の水注が南宋後期にすでに出現していた可能性は十分に考えられよう。

　このように大部分の器種が、比較的古い様相を持ち、前述した鎬蓮弁文碗の年代観と大きな矛盾は見られないことから、龍泉窯青瓷については全体的に1260年以前という位置付けで問題ないであろう。

　なお、ここでは細かく触れないが景徳鎮窯青白瓷についても、青瓷の年代観と大きな齟齬は見られない（註40）。青白瓷の詳細については「封印された南宋陶磁」展図録の拙稿を参照されたい（註41）。

3. 遂寧出土資料との類似資料

　次に、遂寧窖蔵出土資料とよく似た組成をもつ一括出土資料を検討して見よう。

①四川省簡陽県東渓園芸場墳墓

　酒会壺の説明の際に触れた四川省簡陽県東渓園芸場の墳墓（図42）（註42）からは、陶瓷器525件が出土しており、内訳は約4割の231件が龍泉窯青瓷、198件が景徳鎮窯の青白瓷、82件が定窯白瓷、および少量の褐釉瓷、黒釉瓷である。遺構の性格は墳墓を利用した窖蔵と考えられている。

　龍泉窯青瓷は、遂寧出土品と形態的に近似する砧青瓷形で蓮弁幅の広い鎬蓮弁文碗（図42－18）、皿（図43）、斗笠形碗（図42－23）、篦形香炉（図42－6）、盤口瓶（図42－

5)、酒会壺（図29）などのほか、遂寧では見られない、双鳳耳瓶、双鯱耳瓶（図42－2）、長頚瓶（図42－1）、角形瓶（図42－3）、砧形瓶（図42－4）、無文五管瓶（図42－8）、灯（図42－13）、無文の碗・皿（図42－16・17・22，図44）、鎬蓮弁双魚文盤（図42－14）、劃花文碗（図42－12）、鎬蓮弁文端反碗（図42－19）、査斗（図45）など器種が非常に豊富である。報告では、酒会壺や長頚瓶などの特徴から元代に位置づけているが、酒会壺は前述したように元代のものよりは古いタイプである。長頚瓶は、胴下半部に型押しで線状の陽刻蓮弁文を施したもので、報告者は新安沈船遺物などの長頚瓶を意識して元代としていると思われるが、本資料は大きく広がる高台部や胴上半部が無文である点など、新安遺物とは相違点が見られる。また、同様の型押し蓮弁文をもつ水注が1263年の紀年墓である江西省清江県寒山楊村宋墓（図46）（註43）からの出土しており、この手の施文の瓶が宋代にまで遡る可能性は高い。鎬蓮弁文碗をはじめ遂寧出土品と共通する器種は、器形の類似性が高く、また共伴する青白瓷も遂寧と非常に近似した組成を示すことから、遂寧と同じく1260年代以前に位置づけられる可能性が高い。

②陝西省略陽県八渡河一括出土品（註44）

　33点の陶瓷器が出土しており、15点が龍泉窯青瓷、18点が景徳鎮窯青白瓷・白瓷である。遂寧のものとよく似た筒形瓶4点（図47）、有蓋鎬蓮弁文碗1点（図49）、斗笠形碗7点、蓮弁幅の広い砧青瓷形の鎬蓮弁文碗2点（図50）および、四川・東渓園芸場のもの（図45）と近似した査斗1点（図51）が出土している。青白瓷の梅瓶、小皿、盤なども遂寧出土品と非常に近く、ほぼ同じ時期のものと考えられる。

③四川省什邡県窖蔵一括出土品（註45）

　280点の青瓷や青白瓷が一括出土しているが、内訳は明らかにされていない。遂寧出土品と類似する蓮弁幅の広い砧青瓷形の鎬蓮弁文碗（図52）・盤、洗、盤口瓶、筒形瓶（図53）、四川・東渓園芸場のものと近似する査斗（図54）、鐔口の盤および他に例のない瓢瓶（図55）が出土している。共伴する青白瓷も遂寧、四川・東渓園芸場とよく似ており、ほぼ同時期と考えられる。

④四川省青神県窖蔵一括出土品（註46）

　出土点数などは不明であるが、遂寧出土品と近似した筒瓶、盤口瓶、四川・東渓園芸場の出土品と近似した砧形瓶などが出土しており、やはりほぼ同時代と考えられる。

⑤四川省峨眉山市夢目鎮窖蔵出土品（註47）

第6章　宋・元代龍泉窯青瓷の編年　　　153

40点以上の陶瓷器や四川・東渓園芸場の出土品と近似した双鳳（鯱？）耳瓶、角形瓶および円柱状の脚をもつ鼎形香炉が出土している。

⑥四川省閬中県窖蔵一括出土品 (註48)

500点以上の陶瓷器、銅器が出土しているが、詳細は不明である。青白瓷の香炉や碗・皿など遂寧出土品と非常に近似しているが、青瓷の出土は少なく、はっきりしているのは斗笠形の碗のみである。

⑦浙江省紹興繆家橋井戸跡一括出土品 (註49)

龍泉窯青瓷、景徳鎮窯青白瓷、天目茶碗などが出土しており、遂寧出土品と近似した蓮弁幅の広い砧青瓷形の鎬蓮弁文碗（図56－2）・盤（図56－5）、洗（図56－1）のほか、四川・東渓園芸場出土品と近似した蓮弁文端反碗（図56－3）も出土している。青白瓷の碗・皿なども遂寧と近似しており、ほぼ同時期と考えられる。

⑧四川省重慶市栄昌県窖蔵一括出土品 (註50)

耀州窯青瓷、定窯白瓷、龍泉窯青瓷、吉州窯製品など145点の陶瓷器が出土している。龍泉窯青瓷は9点出土しており、無文碗2種、鎬蓮弁文碗（図57）、八卦文香炉が出土している。香炉は写真では耀州窯青瓷のようにも見えるが明らかではない。鎬蓮弁文碗は遂寧出土品と近似した砧青瓷形で蓮弁幅の広いタイプである。

以上のように、遂寧窖蔵と近似した様相をもつ一括出土例はかなり多く、その組成はひとつの時代性を表わしていると考えてよいであろう。

全体的な特徴としては、①蓮弁文は大部分が幅広である、②上質の砧青瓷形とともに角型高台形の粗製品が見られる、③瓶や酒会壺などには大形品があるが、35cmを越えるようなものは見られず、また大形の盤や鉢はない、④装飾は蓮弁文や弦文が主体で、劃花、貼花、印花は少なく、全体的に無文のものが多い、⑤造形的にバランスの取れたシャープな器形が多く、砧青瓷形については高台などの削りが丁寧なものが多い、⑥釉調は、遂寧例については、砧青瓷形はわずかに緑がかった粉青色で、角高台形は灰緑色である、などが挙げられる。

4.13世紀後半の様相

遂寧窖蔵出土品が1260年以前に位置付けられるとすると、14世紀前半の新安海底遺物との間に半世紀以上の時間差があることになる。この間を埋める資料の特徴は、前述した

1270 年代紀年の三例の細蓮弁形鎬蓮弁文碗に顕著に見られるほか、新安沈船の龍泉窯青瓷の大部分を占める所謂「天竜寺青瓷」の碗や皿（大宰府IV類、詳細は後述）を伴わないことにある。以下、紀年墓や紀年塔出土資料とともにこのような特徴をもつ一括出土例を挙げる。

①湖南省桃江窖蔵一括出土品 (註51)

龍泉窯青瓷や青白瓷、黒釉瓷など 90 数点の陶瓷器が出土しているが破損しているものも多く、詳細な内訳は不明である。龍泉窯青瓷は、碗、盤、瓶、杯、水注などが出土している。

碗は、砧青瓷形の鎬蓮弁文碗と無文ものがある。鎬蓮弁文碗は、直口縁（図59）、端反（図58 － 1）、鉄鉢形（図58 － 3，図60）の3種類に分かれるが、どのタイプも蓮弁は30弁前後の細形で、底部は平坦面をもたずに下に突出する。無文碗は、斗笠形（図58 － 2）と束口形（図58 － 5）の2種類である。盤は、細蓮弁の鎬蓮弁文盤（図58 － 6・7）と、内底に印花の双魚文を持つタイプ（図58 － 10）がある。後者は口縁が鐔状の平坦面をもち、外面には蓮弁文が施される。杯は、高台が高めで見込み中央に貼花の花文が施される（図61）。水注は、型作りで、瓜形のものと、線状の陽刻蓮弁を施されたもの（図63）がある。そのほか、瓢形瓶の上半部（図58 － 9）が出土している。

② 1260 年紀年・江西省清江県樟樹鎮韓氏墓 (註52)

小形の洗、水注が出土している。

③ 1265 年紀年・陝西省紹興銭清環翠塔出土 (註53)

側面に貼花文を施した3足香炉が出土している。遂寧出土品の説明でもふれたが、側面がわずかに外傾し、口縁の上部が屈曲する器形が遂寧出土香炉と相違している（表3 － 34）。

④ 1268 年紀年・浙江省徳清市呉奥墓 (註54)

遂寧出土品の説明でもふれた、頸部と胴部に弦文をもつ盤口瓶と遂寧出土品よりは脚の短い袴腰香炉が出土（表3 － 11・表3 － 39）。

⑤ 1271 年紀年・江西省海寧市朱伯康墓 (註55)

遂寧出土品の説明で触れた細蓮弁の鎬蓮弁文碗が出土。

⑥ 1274 年紀年・浙江衢州市史縄祖夫婦墓 （註56）

　遂寧出土品の説明でふれた、細蓮弁の鎬蓮弁文碗（図22）と無文の束口碗、端反輪花盤が出土。

⑦ 1275 年紀年・浙江省麗水県潘氏墓 （註57）

　遂寧出土品の説明でふれた、細蓮弁の鎬蓮弁文碗（図23）と型作りによる六角瓶（図64）が出土。

⑧ 1294 年紀年・遼寧省建昌県李伯宥墓 （註58）

　見込み中央に貼花の亀文を施し、内側面に劃花蓮華文を施す碗が出土。

⑨ 1302 年紀年・浙江省杭州市鮮于枢墓 （註59）

　遂寧出土品の説明でもふれたやや形の崩れた環耳瓶（図38）と短い三足の鼎型香炉が出土。

　この時期は中国では大量一括出土の例が少なく、器種組成や形態の全体的な様相がつかみにくいため、日本の鎌倉市・今小路西遺跡北谷3面出土資料（註60）で補足を行いたい。この資料は、高級武士が所有したと思われる什器が火災によって一括廃棄されたもので、以前は1333年の鎌倉幕府滅亡時のものとされてきたが、近年馬淵和雄氏によって新安沈船遺物に典型的な大宰府IV類（註61）とされる碗・皿類がまったく出土していないことから、もっと時代が遡る1285年の霜月騒動またはそれ以前に位置づけられるという説が出されている（註62）。筆者もこの意見に賛同するもので、この資料が13世紀後半の様相を示すものと考えている。

　ここで出土した龍泉窯青瓷（図65）は、酒会壺、大盤、有蓋樽形鉢、水注、碗、盤、杯などで、瓶類は欠けているもののかなりバラエティーに富んでいる。

　酒会壺は、大小あるが、どれも胴下部から底部への屈曲が大きく、遂寧の酒会壺の説明で述べたように、新安沈船のものとは形態が異なる。また底部の貼付技法は遂寧より新しい様相を示している。

　大盤は、口径35cm近いもので、口縁は鐔状の平坦面をもち、見込みには貼花の竜文、外側面には蓮弁文を配している。新安にもほぼ同じ大きさの竜文大盤（図66）、双魚文大盤があるが、今小路西遺跡のものは高台径が20cm近くあるのに対し、新安のものは約13cmと器形は大きく異なる。高台の作りも今小路のものはかなり丁寧なつくりであるが、新安のものは分厚く、端部の削りも幅広く粗い。また、外面の蓮弁は新安のものは蓮弁のま

わりにもう1重沈線が施されるのが特徴であるが今小路遺跡のものにはない。

　有蓋樽形鉢（図65－12）は貼花による多彩な装飾が施されている、高台の作りは高台端以外は総釉になっており、比較的丁寧である。水注は、型作りで湖南省桃江窖蔵出土品に近い。

　碗は、砧青瓷形（図65－12）と角高台形（図65－2）が出土しており、共に細めの鎬蓮弁文碗が中心で、砧青瓷形は口径13cm前後のやや小形品が多い。また無文碗もわずかに見られる。盤は、外面に鎬蓮弁文、見込みに貼花双魚文をもつ鐔状口縁盤（図65－4・8）、外面無文で見込みに貼花双魚文の鐔状口縁盤（図65－3・14）、鎬蓮弁文盤、無文盤などがある。

　この時期の特徴としては、碗・盤の鎬蓮弁文は細いものが主流で、印花文や貼花文装飾や、型作りによる製品が増加するとともに、大盤や瓶などの大型製品の出現も認められること、高台の削りなどで全体的な造形が前段階に比べてシャープさを失うこと、などが挙げられる。特に、今小路西遺跡出土の有蓋樽形鉢や龍文大盤のような精緻な貼花文が見られることが特質すべき点である。また、釉色については、明るい粉青色は少なく、中国でいう「梅子青」つまり少し緑がかったものがほとんどである。

5. 新安沖沈船資料の検討

　新安沈船遺物について大きな問題となるのが、この中に含まれるいわゆる「砧青瓷」と呼ばれるタイプのものが、他のものと同時代のものであるか、中国国内である程度伝世された古いタイプのものが混じっているのかという点である。

　『新安海底遺物（総合篇）』によると、全陶瓷器18831点のうち約56％の10623点が龍泉窯青瓷である。このうち南宋様式（Ⅰ－2－①類）とされるものが37点（0.35％）、元様式の優良質及び良質（Ⅰ－3－①類）とされるものが117点（1.1％）、大部分を占めるのは元様式の一般質（Ⅰ－3－②類）とされるもので10469点（98.5％）を数える。

　この南宋様式の37点が伝世品であるか同時代のものかが発見当初から問題にされていたわけであるが、最近では1998年に亀井明徳氏はこれをアンティックと考える必要はなく、新しい様式が作られはじめてもしばらくの間は古い様式のものが一定量残る減少の現われであるとしている（註63）。また、同じ1998年に出川哲朗氏は「砧青瓷」タイプは新安積み荷の中のわずか0、2％であり、「日本で人気のあった13世紀の砧青瓷が「古美術」として運ばれた」とまったく逆の意見を述べており（註64）、意見の一致は見ていない。

　なお、新安の報告書の中には明らかに使用痕があるとされている鎬蓮弁文盤がある（図69）（註65）。蓮弁の幅が広く高台の作りも非常に丁寧で、遂寧とほぼ同時代のものと考え

てよいだろう。また、2点ある大形の双鯱耳瓶のうち1点（表3－3）の鯱の尾の部分に
傷があるが、実見したところでは伝世期間をおいた古い傷のように思える。非常に感覚的
で明確な根拠はないがこれも伝世品の可能性がある。

　新安海底文物の中には、周知のように高麗青瓷や建盞のように明らかにアンティックの
一群があり、また龍泉窯青瓷の「南宋様式」とされる一群の中にも少なくとも1・2点は
アンティックが含まれていることから、亀井氏のいうように龍泉窯青瓷すべてが同時代の
ものとすることはできないが、また一方これらすべてをアンティックとする根拠も無い。

　報告で「南宋様式」とされ写真が発表されているものには、双鯱耳瓶（大）2点、双鯱
耳瓶（小）1点、双鳳耳瓶（小）2点、箚瓶1点（表3－6）、下膨瓶1点、五管瓶2点、
袴腰香炉11点（表3－40）、双耳三足香炉1点、査斗1点、鎬蓮弁文盤1点（図69）、鎬
蓮弁文端反り碗1点（図70）、束口碗3点（図71）、斗笠碗1点（図72）、碗蓋1点などが
ある。元様式とされるものの多くが同形のものが複数あるのと比べると、南宋様式とされ
るものは袴腰香炉を除くと各器種の点数は1点か2点で、数量的には大きな差がある。

　このうち双鯱耳瓶（大）、鎬蓮弁文盤、鎬蓮弁文端反り碗、査斗、斗笠碗は形態的には
遂寧や四川・東渓園芸場墓のものと共通性があり、13世紀前半段階まで遡り得るが、他の
ものについては、遡っても13世紀後半段階までであろう。しかし、使用痕のある鎬蓮弁
文盤以外については、新安と同時期である可能性を完全に否定することはできない。

　そのほか、貼花牡丹唐草文不遊環瓶や貼花牡丹唐草文瓶の1部など、精緻な貼花文を施
したものは、今小路西遺跡の有蓋樽形鉢（図65－12）との比較から、13世紀後半段階に
遡り得るものが含まれている可能性がある。

　また、元様式の優良質に分類されている鎬蓮弁文碗9点（図24・新安報告Ⅰ－30、33、
34、）は、前述した3点の1270年代紀年墓出土品と共通性が高いが、高台端部の削りの幅が、
やや広くなる新安時期の特徴（図62）（大宰府Ⅲ'類・詳細は後段で述べる）をもっている。

　元様式に分類されている約10600点の青瓷の中には、瓶、酒会壺、壺、水注、香炉、大盤、
碗、盤などさまざまな器種が見られるが、このうち大部分は碗・皿などの食器類である。

　碗・皿類は上手と下手の差が明瞭で、上手の一群は13世紀後半段階の砧青瓷形の碗・
皿と同じような、小径の三角高台をもち、高台端部以外を総釉にするが、端部の削り幅は
やや広い。胴部には細目の鎬蓮弁文や精緻な劃花文が施される（図73）。

　下手の一群（図74・75）の多くは、径の大きい角高台をもち、高台内無釉か高台内の釉
をリング状に剥ぎ取っている。粗い鎬蓮弁文、線描蓮弁文、劃花文のほか内面全体への印
花文が多用される。また、外側面の口縁直下に4～6条前後の平行沈線文（櫛目文）を施
すものが多いことも特徴的である。

　この上手と下手の差は、明らかに遂寧で見られた砧青瓷形と角高台形の質的差の系譜上

にあるといえよう。なお、この問題については後段で詳述する。

　瓶や酒会壺、大盤などの大形品はあまりにも種類が多すぎて個別に特徴を述べることはできないが、劃花文、印花文、貼花文、型作りなどの多用によってうるさいほどの装飾を施すことが最も大きな特徴である。器形は大型化し、器壁は厚く、全体の造形は粗くなる傾向が強い。釉は厚くかけられはするが砧青瓷形のように色の深みはなく、13世紀後半段階よりさらに緑が濃くなる傾向にある。大盤には、碗に見られる高台内リング状釉剥ぎの技法を用いるものが多くなることや口縁が稜花形となるものが現われることも特質すべき点である。また、量的には少ないが鉄斑文（飛青瓷）や露胎貼花文が見られることも特徴的である。

　同様の龍泉窯青瓷を含む中国国内一括出土資料は、①江西省楽安窖蔵（註66）、②江西省永新窖蔵（註67）、③遼寧省朝陽市窖蔵（註68）、④浙江省泰順窖蔵（註69）、⑤浙江省杭州市朝暉路窖蔵（註70）、⑥内蒙古・元集寧路故城窖蔵（註71）、⑦江西省高安県窖蔵（註72）、⑧呼和浩特市東郊窖蔵（註73）、⑨江蘇省丹徒窖蔵（註74）、⑩内蒙古・赤峰大営子窖蔵（註75）、⑪河北省定興窖蔵（註76）など多数あり、どれも近似した様相を示している。ただし注意すべき点は、⑦から⑪は青花瓷器や釉裏紅を伴っているが、新安および①から⑥は伴っていない。これを青花瓷器の出現時期との関係と捉えるか、流通経路や嗜好の問題と捉えるか、さまざまな問題を含んでいる。しかし、青花瓷器伴出の有無にかかわらず出土龍泉窯青瓷の様相には一見大きな差は認められないように思えるが、これらの出土資料を詳細に観察すると新安沈船の段階の龍泉青瓷と景徳鎮窯の元青花瓷器を共伴する龍泉青瓷との間にはわずかではあるが相違点が見いだせる。この問題については次節で触れることとする。

　なお、これらの一括資料からは、新安に見られるような砧青瓷の瓶や香炉などがまったく出土していないことも特筆すべき点である。このことは、この時期には中国国内では砧青瓷はほとんど受容されていなかったことを示しており、新安沈船遺物での砧青瓷の出土数の僅少さとを併せて考えると、元代中期には砧青瓷は明らかに盛期を過ぎており、その生産は終了していたかあるいはごく少量に留まっていたと考えることができよう。

　紀年墓出土資料や紀年資料は、良好な比較検討可能な資料がきわめて少ない。

① 1313年紀年の北京市鉄可墓（註77）

　新安でも見られる見込み中央に印花折花文をもつ端反碗と玉壺春形瓶のほか、長胴壺、洗などが出土している。

② 1320年紀年の江蘇省徐州大山頭画像石墓（註78）

①と同様の印花折花文端反碗が出土している。高台は内面無釉の角高台形である。

③ 1327 年紀年デヴィット・ファウンデーション所蔵牡丹唐草文瓶（表 3 - 20）（註 79）

　遂寧出土瓶と近似するものとしてよく知られている。

④ 1343 年江西省樟樹鎮墓（註 80）

　側面に弦文をもつ 3 足の筒形香炉が出土。新安例と同様側面はかなり外反している。

前述した江西省楽安窖蔵は、上を覆う城壁の築造年代から 1353 年以前に位置付けられ、呼和浩特市東郊窖蔵からは 1309 年と推定される紀年をもつ鈞窯香炉が出土しており、埋納はこれ以降と推定される。

　14 世紀後半の紀年墓出土品や紀年資料はほとんど知られていないため、新安の様式（元中期様式）の上限については 1304 年銘の卒塔婆が出土し、14 世紀初頭の年代が与えられている大宰府遺跡ＳＤ 3200 遺構出土の遺物（註 81）との共通性から 14 世紀初頭にまで遡ると考えられる。

6. 新安沈船の次段階（元後期様式）

　「元中期様式」の下限と次段階の様相は、良好な資料がないためこれまであまりはっきりしなかったが、最近報告された浙江省青田県前路街窖蔵や浙江省泰順窖蔵などがこの段階に位置づけられる可能性が高いと考えている。

・浙江省青田県前路街窖蔵（図 91、図 92）（註 82）

　建設工事中に瓷器・青銅器が入れられ陶製大甕が発見されたが、破損が大きく、全体の出土数量は明らかでない。完形もしくは復元可能な遺物は 48 点で、内訳は龍泉窯青瓷 43 点、景徳鎮窯口禿げ白瓷碗 2 点、青銅器 3 点である。龍泉窯青瓷は、玉壺春瓶 1、瓢形瓶 1、台付鐔付瓶 2、酒会壺 1、三足香炉 2、大盤 15、皿 2、鉢 1、碗 11、馬上杯 3 など多彩な器種が見られる。瓢形瓶と無文碗（9 点）の高台内には円形の彫り込みがあり、この 2 器種と玉壺春瓶の釉色は、やや透明感の少ない明るい緑色である。

・浙江省泰順窖蔵（図 93）（註 83）

　地表下 50cm で発見された窖蔵で、銅製のシンバル（2 枚）に覆われた下から 6 点の龍泉窯青瓷が出土した。内訳は、玉壺春瓶 1、片口 1、把手付杯 1、皿 1、馬上杯 1、牧牛水滴 1 である。いずれもやや透明感の少ない明るい緑色の美しい釉色で、玉壺春瓶の高台内に

は円形の彫り込みがある。

　この2つの窖蔵から出土した玉壺春瓶と馬上杯は器形が非常に似ており、両窖蔵はほぼ同時代と考えられる。この両窖蔵出土の龍泉窯青瓷は、一見すると新安のものと同じように思えるが、よく観察すると微妙な差異が認められる。

　前路街窖蔵と泰順窖蔵の玉壺春瓶は、釉が明るく美しい緑色で、器形は喇叭状の口縁から胴部まで非常にバランスがとれた曲線を示している。泰順窖蔵のものは高台端部の釉剥ぎが幅広く、露胎部には強い火色が出ている。また、高台内（底部下面）の平坦面が円形に一段窪んでいる（図93左端）。この器形や釉調、高台端部の濃い火色の様子は、大阪市立東洋陶磁美術館やヴィクトリア＆アルバート美術館（英国）、バウアー・コレクション（スイス）所蔵の玉壺春瓶の特徴と共通している。中でも大阪市立東洋陶磁美術館所蔵の飛青瓷（鉄斑文）玉壺春瓶（国宝）は、高台内がほんのわずかではあるが窪んでおり（図94）（註84）、泰順窖蔵出品と器形や造形の共通性が高い。高台端部の濃い火色と高台内の円形のほり込みは、前路街窖蔵の瓢形瓶にも見られるほか、デイヴィッド・コレクション（英国）の鉄斑文青瓷瓶や青瓷水注（註85）など最上質の元代龍泉窯青瓷に共通する特徴の一つである。また、やや粗い高台内のほり込みは、前路街窖蔵出土の無文鉢でも見られるほか、元代とされる不遊環花瓶などにも見られる（註86）。

　新安でも玉壺春瓶が発見されており、印花文（図95）と無文（図96）の二つのタイプが見られるが、無文のものは前路街窖蔵、泰順窖蔵の玉壺春瓶より頸部が長く、高台内の彫り込みも見られないなど、器形の相違が認められる。なお、新安では他の器種でも高台内に彫り込みをもった資料は報告されていないほか、両窖蔵出土品に見られるような透明感の少ない明るい緑色の釉調も見られない。1313年紀年の北京・鉄可墓からも無文の玉壺春瓶が出土しているが、器形は新安の印花文のものに近く（註87）、元代後期のものとは器形の相違が認められる。

　また、前路街窖蔵と泰順窖蔵の馬上杯は、新安の馬上杯（図97）と比べると杯部の下半の膨らみが強く、かなり厚手である。これとまったく同じ器形の馬上杯が、1351年紀年の江西省九江舒氏墓（註88）で景徳鎮窯の青花瓷器と共伴して出土している（図98）。

　また、前述した高安窖蔵で元青花瓷器と共に出土した龍泉青瓷馬上杯（図99）も前路街窖蔵、泰順窖蔵、九江墓とほぼ同形であり、さらに2010年に発見された元青花瓷器と龍泉青瓷が共伴する山東省荷沢沈船（註89）からも同形の馬上杯と前路街窖蔵、泰順窖蔵ほぼ同形の玉壺春瓶が出土している（図100）。

　以上のような点から、前路街窖蔵、泰順窖蔵、高安窖蔵、荷沢沈船などは1323年の新

第6章　宋・元代龍泉窯青瓷の編年　　161

安海底遺物より一段階新しく位置づけられる可能性が高いと考えられるわけである。しか
し、これらの出土品は、前述した幾つかの点では新安との相違が見られるものの、盤や鉢、
香炉などの他器種では器形的な差はあまり見られず、わずかに、「元中期様式」でよく見
られた貼花文が減少し、全体的に器壁が厚くなる、また高台端部の畳付の幅がわずかに広
くなるという傾向が窺われるに過ぎない。高安窖蔵と新安沈船の碗の底部を比較すると圏
足の下端部の幅が高安窖蔵の碗の方がやや広い傾向が認められる（図101）。こうした圏足
幅が広くなるという傾向は鉢や盤などでも確認できる。

　このように元後期と元中期の龍泉窯青瓷の様相の相違はごくわずかであり、元中期から
後期にかけての時期には器形や施文の変化がかなり少なかったと考えられる。同時に、前
路街窖蔵、泰順窖蔵、高安窖蔵の出土品の中に一段階前の元中期の製品が含まれている可
能性も考えられるのである。

　こうした状況から、この時期の龍泉窯青瓷を、一点だけで中期であるか後期であるかを
決定することはかなり困難であり、ある程度の数量がまとまって出土している場合にのみ、
中期または後期の位置づけが可能であると考えている。

　元中期・後期の龍泉窯青瓷がまとまって出土した代表的な窖蔵や沈船には、前述した①
江西省楽安窖蔵、②江西省永新窖蔵、③遼寧省朝陽市窖蔵、④浙江省泰順窖蔵、⑤浙江省
杭州市朝暉路窖蔵、⑥内蒙古・元集寧路故城窖蔵、⑦江西省高安県窖蔵、⑧呼和浩特市東
郊窖蔵、⑨江蘇省丹徒窖蔵、⑩内蒙古・赤峰大営子窖蔵、⑪河北省定興窖蔵のほかに、浙
江省義烏市工人路窖蔵（註90）、新疆伊犁地区霍県阿力麻里古城窖蔵（1975年発現）、新疆
伊犁地区霍県阿力麻里古城窖蔵（1976年発現）（註91）などのほか、福建省・小練島沈船（註
92）、福建省・大練島1号沈船（註93）、広東省・蚊洲島海底遺跡（註94）などの沈船資料がある。
前述した龍泉青瓷の元中期と後期の様相からみると、この内、江西省永新窖蔵、新疆阿力
麻里古城窖蔵（1975年発現）、福建・小練島沈船は元中期、浙江省杭州市朝暉路窖蔵は中
期と後期の過渡期、他は元後期に位置づけられる。

　なお、元後期様式の下限については、1395年紀年の南京市張雲墓から両窖蔵出土品と近
似した高台内に彫り込みをもつ玉壺春瓶と肉厚の皿、杯、碗などが出土している（図102、
103）ことから（註95）、元代末期から明代初期にまで下がる可能性が考えられる。

7. 鎬蓮弁文碗についての検討

　「2. 遂寧出土遺物の概要と年代について」では、遂寧出土鎬蓮弁文碗に見られる砧青瓷
形（大宰府Ⅲ類）と角高台形（大宰府Ⅰ－5ｂ類）が同時併存の高級品と粗製品とした。
しかし、日本では一般的に、森田勉氏・横田賢次郎氏および山本信夫氏の編年によって、

両者には時期差があり、角高台形（大宰府Ⅰ－5b類）が13世紀初頭に、砧青瓷形（大宰府Ⅲ類）は13世紀中頃に出現するとされている（表1）(註96)。

日本では遂寧で見られる角高台形の鎬蓮弁文碗（大宰府Ⅰ－5b類）で幅の広い蓮弁のものは比較的多く見られるが、砧青瓷形の鎬蓮弁文碗（大宰府Ⅲ類）で蓮弁の幅の広いもの遺跡などの出土品ではほとんど見られない。遂寧の年代の下限は1260年以前と推定したが、これは日本での砧青瓷形（大宰府Ⅲ類）の出現時期とほぼ一致する。このことから、龍泉窯では13世紀前半段階には砧青瓷形鎬蓮弁文碗（大宰府Ⅲ類）を既に生産していたが、何らかの理由で日本へはほとんど輸入されなかったと考えることができる。

砧青瓷形の製品は、南宋官窯から技術的影響を受けて成立したもので、13世紀初頭には生産が開始されているが、それ以前から存在した角高台形とは生産の手間や質に大きな差がある高級品であったと考えられる。このような高級品が生産開始直後は国内需要を満たすためにあまり輸出にはまわされなかったと考えるのはさほど無理のないことである。また、13世紀前半は日本では鎌倉幕府の成立直後の混乱期であり、国内が落ち着き、政治的にも経済的にも安定するのは13世紀半ば過ぎからと言われているが、このような日本側の国内状況も高級品の輸入を控えさせた理由の一つと考えられよう。

さて、「3. 遂寧出土資料との類似資料」で、13世紀中頃を境に蓮弁の幅が細くなるとしたが、この点については、日本国内では砧青瓷形幅広鎬蓮弁文碗（大宰府Ⅲ類）はほとんど出土しないので検証できないが、角高台形はさまざまな蓮弁幅のものが出土していることからこちらの出土傾向によって検証することとしよう。

角高台形鎬蓮弁文碗（大宰府Ⅰ－5b類）は蓮弁の幅や形態によって大きく二つに細分可能である。

①類：側面が大きく張り出す幅広の蓮弁をもち、体部はやや内弯気味に斜めに立ち上がるもの。蓮弁の幅は口径16cm前後の碗で約2.5～3cm程度。

②類：蓮弁の幅が①より狭く、口縁がわずかに外反気味に立ち上がるものが多い。見込みには印花で草花文や文字文を施すものが少なくない（大宰府分類Ⅰ－5cに相当）。かなり蓮弁幅の細いものもありさらに二分しうる可能性がある。

さて、①類が13世紀前半、②類が13世紀後半と仮説を立てているわけであるが、13世紀前半の遺構から出土する角高台形鎬蓮弁文碗が①類に限定されるか否か、各地の出傾向を見て見よう。

（大宰府遺跡）

・19次ＳＫ004(註97)

13世紀第2四半期に位置づけられる大宰府土器型式ⅩⅦ類を出土する溝で、この時期の

基準遺構とされている。龍泉窯青瓷は劃花文碗・皿が主体であるが、①類の碗（図 78）が出土しており、②類の出土は見られない。Ⅲ類（砧青瓷形）の皿が 1 点出土しているが、蓮弁の幅がかなり広く遂寧出土品に類似している。この皿は日本で出土するⅢ類の中ではかなり古い例である。

・19 次 SD 001 (註 100)

前述した SK 004 を切る遺構であるが、同じく大宰府土器型式ⅩⅦ類の土器を出土し、13 世紀第 2 四半期の範囲内におさまるとされている (註 94)。やはり龍泉窯青瓷は劃花文碗・皿が主体であるが、①類の碗（図 79）が出土しているが、②類の出土は見られない。

・33 次 SD 605 (註 101)

1224 年銘紀年資料を出土した溝で、大宰府土器型式ⅩⅥ類からⅩⅦ類（13 世紀前半）の土器を出土し、この時期の基準遺構とされている。中層のⅡ層から①類を出土しているが（図 76）、出土土器はⅩⅦ類の範囲に収まると思われる。②類の出土は見られない。

（博多遺跡群）
・第 45 次 SE2004 (註 102)

大宰府土器型式ⅩⅥ類からⅩⅦ類（13 世紀前半）の土器を出土する井戸で、龍泉窯青瓷は劃花文碗が主体であるが、①類の碗（図 80）が出土している。同安窯系青瓷も伴う。②類の出土は見られない。

・第 45 次 SE3078 (註 103)

大宰府土器型式ⅩⅥ類からⅩⅦ類（13 世紀前半）の土器を出土する井戸で、①類の碗（図 81）が出土している。②類の出土は見られない。

・第 62 次 3749 遺構 (註 104)

大宰府土器型式ⅩⅥ類からⅩⅦ類（13 世紀前半）の土器を出土する土坑で、同安窯系青瓷や龍泉窯劃花文碗とともに、①類の碗（図 82）が出土している。②類の出土は見られない。
そのほか、第 44 次 SE47 より、小形の①類が出土している (註 99)。

（鎌　倉）
・小町 2 丁目 345 番－ 2 地点遺跡　井戸 1 (註 105)

手捏かわらけを主に出土する井戸で馬渕氏の編年 (註 106) では中世Ⅱ期（13 世紀前半）

に相当しよう。劃花文碗とともに小片ではあるが①類が出土している（図83）。

今小路西遺跡北谷5面（註107）

　馬渕氏の編年で中世Ⅱ期（13世紀前半）に位置づけられている。同安窯系青瓷、龍泉窯劃花文碗とともに小片ではあるが①類が出土している（図84）。Ⅲ類の底部も出土している。今小路西遺跡ではこれより上の面では②類とⅢ類（砧青瓷形）が主体である。

・向荘柄遺跡2面（註108）

　馬渕氏の編年で中世Ⅱ期（13世紀前半）に位置づけられている。①類と①類の小碗が出土している。この層より上層で出土しているのは②類とⅢ類（砧青瓷形）が主体である。

　管見に触れた例はごく僅かであり、また、報告書の記載を参照したのみで実際に各資料を実見していないため、さらに幅広い資料を精査する必要があるが、これらの資料から13世紀前半に限定しうる遺構からは、①類が出土することはあっても、②類はほとんど見られないという傾向を窺うことができる。なお、データは提示しなかったが、13世紀後半以降の遺構では①類と②類が混在し、②類が主体となる傾向が強いようである。また、見込みの印花文が、13世紀後半に現われる②類で多用されることは、「4.　13世紀後半の様相」で述べた13世紀後半に印花文や貼付文が増加する全体的な傾向とも合致している。見込みの印花文は、既に12世紀代から「金玉満堂」「河濱遺範」銘など角文字印が知られているが、草花文や大きな文字文などの印花が一般化するのは13世紀後半からと考えてよいであろう。

　次に、新安段階の碗についてもう少し詳しく見ることとしよう。横田賢次郎氏、森本朝子氏、山本信夫氏は、新安沈船遺物と日本国内出土品を比較検討する中で（註109）、新安の碗・皿で見られる角高台の底部の形状は、それ以前に見られた青瓷碗Ⅰ類（角高台形）とは異なった特徴をもつとされ、新たにⅣ類と分類した。また、砧青瓷形（大宰府Ⅲ類）の系譜上にある、三角高台に全面施釉し高台端部の釉を剥ぐタイプも、高台端部の幅が広くなるものが多く、Ⅲ類が崩れたⅢ'類と分類されている。このⅢ'類を「Ⅲ類の減少段階における過渡的、末期的」なものと位置づけ、新安段階では「Ⅳ類を含む新しい一群の青瓷が既に台頭した」とされ、この時期にⅣ類が主流となっていることを示している。

　このⅢ'類とⅣ類の高台をもつ碗・鉢の器形を見ると、Ⅲ'類は底径が小さく、口縁が内傾し胴部に丸みを帯びる丸碗形（図86）や体部が直線的に開く斗笠形（図89）、口縁が内側に屈曲する束口形（図88）などの器形に伴うことが多い。1方、Ⅳ類は、底径が大きく、口縁が外反する器形のもの（図74・75）が大部分であり、Ⅲ'類とⅣ類は高台の形状が相異するだけでなく、全体的な器形も異なるのである。

Ⅲ'類の器形は、どれも前段階の13世紀後半のⅢ類（砧青瓷形）の系譜上に位置づけられる器形であり、これらの器形にはⅣ類の高台がつけられることはほとんどなく、明らかにⅣ類の器形とは区別がされていたようである。ただし、丸碗形や斗笠形、束口形の器形にも、高台内が無釉で粗く削られた高台が付くものもあるが、これらは高台径が小さく、高台内側面が斜めに削られ、高台内の中央が下方に突出するというⅢ類およびⅢ'類と共通する特徴を具えている。これらはⅢ'類がさらに退化したものと考えられ、明らかにⅣ類とは区別されるものであり、Ⅲ"とでもすべきものである。

新安のⅢ類・Ⅲ'類は報告書で良質系と分類された比較的上質の碗や鉢に多く、明らかにⅣ類とは質的な差違が認められる。この差は、遂寧の砧青瓷形（大宰府Ⅲ類）と角高台形（大宰府Ⅰ－５ｂ類）の階層化とよく似ており、その延長上に位置づけられるものであろう。

Ⅳ類の高台は形態的には、大宰府Ⅰ類の角高台の系譜上に位置づけられるものである。しかし、新安の前の13世紀前半段階にはⅠ類の高台を持つのは角高台形の鎬蓮弁文碗（Ⅰ－５ｂ）が主流であるが、新安段階には逆にⅣ類で鎬蓮弁文をもつものはほとんど見られず、その間の隔絶が大きい。Ⅳ類は器形や施文からは、むしろⅠ－５ｂ類以前の12世紀代に盛行した角高台形の劃花文碗（Ⅰ－２～Ⅰ－４類）や無文碗（Ⅰ－１類）の系譜を引くように思える。13世紀前半に位置付けた四川・東渓園芸場墓出土資料の中に口縁が端反気味になり12世紀代のものとはやや形態の異なった劃花文碗が１点見られ、また、13世紀後半代にも砧青瓷形蓮弁文碗（大宰府Ⅲ類）の内面に劃花文が施されるものも散見されることなどから、13世紀代にも劃花文の系譜は細々とではあるが続いており、これが14世紀の新安段階に入って再び花開いたと考えることができよう。龍泉安仁口・碗圏山窯址の発掘（註110）では、２号窯で新安遺物とほぼ同じ様相の劃花文や印花文の碗・皿が出土し、それに切られた（古い）３号窯では、新安タイプの碗・皿は見られず、砧青瓷形と角高台形の鎬蓮弁文碗にともなって端反で見込みに印花草花文をもつ劃花文碗が出土している。この資料などが13世紀後半の劃花文の特徴を示していると考えられる。

以上のことまとめて碗の変遷を示したのが表２である。12世紀代に主流を占めた劃花文碗は13世紀に入って消滅するのではなく、わずかではあるが存続する。13世紀初頭頃に角高台形鎬蓮弁文碗（大宰府Ⅰ－５ｂ類）が出現し（註111）、13世紀後半には蓮弁の幅が狭まって印花文が多用されるようになる。鎬蓮弁文碗の出現時期については大宰府での研究や、亀井明徳氏の指摘する竜東ＢＹ24窯の紀年資料などから12世紀末から13世紀初頭と推定される（註112）。砧青瓷形鎬蓮弁文碗（大宰府Ⅲ類）の初現は明らかでないが、可能性としては13世紀初頭にまで遡ることもあり得る。

砧青瓷は南宋官窯の強い影響のもと産み出されたが、その際にそれまで龍泉窯青瓷に見

られなかった官窯のさまざまな器種・器形が龍泉窯で模倣されるようになった。鎬蓮弁文碗は南宋官窯に見られる器形であり、砧青瓷創製時に南宋官窯のものを模倣して産み出された可能性も十分に考えられる。

砧青瓷形鎬蓮弁文碗（大宰府III類）は、13世紀後半に蓮弁幅を狭め、器形も丸みを帯びたものに変化する。砧青瓷形と角高台形の鎬蓮弁文碗は、13世紀前半には器形的に共通性が高かったが、13世紀中頃に袂を分かち13世紀後半にはそれぞれ独自の器形へと変化するのである。14世紀に入るとIII類はIII'類へと変化し、高台形態がさらに退化したものも出現する。角高台形鎬蓮弁文碗（I－5b類）は、13世紀末には消滅するが、その系譜は13世紀代に下火であった劃花文碗の系譜と交じりあい、新たなIV類の系譜へとつながっていくのである。

8. まとめ

最後に、日本伝世品との関係についてふれておきたい。これまで取り上げてきた資料の中には、日本伝世の砧青瓷の最高峰を占める和泉市久保惣記念美術館所蔵の国宝「万声」（表3－1）などに代表される明るい粉青色のものはほとんど見られず、このタイプの一群をどこに位置付けるかが大きな問題となる。遂寧出土品を展覧会などで見た方々から、日本伝世品とはどこか違うという多くの声を聞いたが、筆者も同意見である。まず、遂寧出土品は釉調がわずかに緑がかっているものが多く、器形も、南宋末・元初期のタイプよりはシャープであるが、伝世の名品よりは明らかに劣っている。

日本伝世品は長い時間をかけて選びに選びぬかれた飛びぬけた逸品であるので当然差はあってよい。しかし、遂寧の出土品も決して手を抜いた製品ではなく、当時の龍泉窯のかなり高いレベルのものであることは間違いないわけであるから、これ以上のレベルの製品が同時に作られていたのか、あるいは時間的な差を示すものなのかを考える必要があろう。

「2. 遂寧出土遺物の概要と年代について」の筒瓶の説明の中で、根津美術館の筒瓶が、遂寧のものより遡る可能性を指摘したが、この筒瓶は「万声」に匹敵するような釉調の美しさを示すものである。また、MOA美術館や出光美術館所蔵の明るい粉青色の洗は、造形的にきわめてシャープであり、釉調・造形ともに遂寧出土の類品を凌駕している。龍泉窯青瓷が南宋後期から元代にかけて次第に造形力が衰えていく傾向を示すことを考えるとこれらの洗は遂寧以前に遡る可能性があるのではないか。また、双耳瓶は、「万声」や五島美術館所蔵品、大阪市立東洋陶瓷美術館所蔵品、出光美術館所蔵品など明るい粉青色ものは、胴部にわずかに膨らみがありたっぷりとした印象をうける。一方、四川・東渓園芸場や新安沈船のものは胴部がやや直線的であり、釉調もやや緑がかっている。この差が時期差を示しているとすれば、伝世の名品群は遂寧・東渓園芸場段階以前に位置づけられるで

第6章　宋・元代龍泉窯青瓷の編年　　　167

あろう。なお、同じ目で見れば、「万声」より釉調がやや緑がかり胴部が直線的な陽明文庫の重文「千声」は、遂寧とほぼ同時期の可能性がある。

　以上のような点から、南宋後期を前後に二分して遂寧段階以前に伝世の名品の一部を置くことができる可能性が考えられるが、現時点では明確な根拠はなくさらに検討を重ねる必要があるのであくまでも根拠の弱い仮説としておきたい（註113）。

　以上、遂寧窖蔵と新安沖沈船の資料を中心に、鎬蓮弁文碗の形態変化を一つのメルクマールとし、多数の一括出土品群を比較検討した。その結果、近似した組成をもつ出土品群をグループ化することにより、大きく4グループ－つまり四時期に区分されることが明らかとなった。

　①南宋後期（13世紀初頭から1260年頃）、②南宋末・元初期（1260年頃から13世紀末）、③元中期（14世紀前半）④元後期（14世紀中葉）の四時期に区分されたわけであるが、このうち①から③を編年表に簡単にまとめたのが表3である。ここで各時期の概要をもう一度見ることとする。

①南宋後期（13世紀初頭から1260年頃）

　シャープな造形の砧青瓷が盛行し、双耳瓶や筍瓶、琮形瓶、下膨瓶、筒形香炉、袴腰香炉、斗笠碗、鎬蓮弁文碗、洗など砧青瓷の代表的な器種がほぼ出揃い、これまで元代のものとされてきた酒会壺もすでに出現している。施文は、蓮弁文のほかにはわずかに貼付文や劃花文が見られる以外は無文のものが多く、釉調と造形の美しさが際立っている。また、砧青瓷だけでなく角高台形鎬蓮弁文碗などの粗製品の生産も平行して行われている。伝世の名品との比較からから2段階に細分可能という仮説を前述したが、もしこの仮説が正しければ、砧青瓷出現とほぼ同時に造形や釉調が最も優れたものが産み出され、時期が下がるにしたがって次第にこれが崩れていくということとなる。

②南宋末・元初期（1260年頃から13世紀末）

　砧青瓷は造形的にやや粗くなりはじめ、釉調もやや緑が強くなる。貼花や印花の利用が増し、製品の大型化が始まり、前段階には見られなかった大盤なども出現する。鎬蓮弁文碗は蓮弁の幅が狭くなり器形が変化する。また、粗製品の生産も引き続き行われている。

　この時期は、前段階の様式の退化と新安沈船段階への萌芽が混在する過渡的な段階といえよう。

③元中期（14世紀前半）

　砧青瓷は数量的にはごく僅かとなり、ほとんど姿を消すに近い状況となる。製品の大型

化はさらにすすみ 50 ㎝を超えるような大型瓶も作られるようになる。装飾は貼花、印花、劃花などが多用され、鉄斑文（飛青瓷）、粗胎貼花など新しい技法も出現する。造形的には粗雑化が進み、胎土は厚く、釉調も緑の強い深みのないものとなる。碗や皿は、前段階まで主流であった鎬蓮弁文碗は次第に姿を消し、印花や劃花文をもつものが主体を占める。

④元後期（14 世紀中葉）

　各器種の器形や造形は基本的に元中期と大きな変化がないが、貼花文が減少し、全体的に器壁が厚くなり、碗や盤などの高台の幅が前段階よりやや広くなる傾向が認めらる。釉調は前段階よりも明るい緑色発色が増す傾向が認められる。また、馬上杯（高足杯）では杯部の膨らみが強くなって、口縁端部の外反が弱まり、瓶や壺類の外底部を一段掘り窪めるものも出現する。

　新安沖沈船での砧青瓷発見以来、砧青瓷の生産期間を長くとる考え方が主流となり、矢部良明氏（註 114）や亀井明徳氏（註 115）のように砧青瓷の盛期を南宋後期よりもむしろ元代とする説も唱えられてきた。しかし、以上のように宋代後期から元代中期への変遷を整理すると、砧青瓷は宋代後期を盛期とし、南宋末・元初にはシャープな造形が崩れ、釉調も緑色を増して衰退に向かい、かわって加飾を多用したいわゆる浮牡丹手青瓷や盤などの大形製品が現われ、元中期には加飾や大型化、釉の緑化がさらに増した天竜寺青瓷へと生産の主体が移行していることが明らかである。

　この間の全体的な流れを見ると、砧青瓷が創製された当初の南宋官窯の影響によるシャープな造形、美しい粉青色の釉調は、時代が下がるにしたがって緩やかに下降し、造形は崩れ、釉調は緑色を増してくる。この変化は、南宋後期後半の遂寧窖蔵の段階にはすでにその萌芽が見られ、緩やかに元代中期の緑色釉の青瓷へと移行していくのである。もちろんすべて均一にこのように変化するのではなく、個体ごとに釉調の差が見られるのは当然であるが、全体的にはこのように推移すると考えられる。

　この造形力、釉調の低下と反比例して南宋末・元初には加飾の多用と盤や瓶などの大型化が始まり、元中期にはそれがさらに強まって元様式の力強い新たな青瓷、いわゆる「天龍寺青瓷」が生み出される。この変化については、新たに中国を支配したモンゴルと交流の増したイスラーム地域の嗜好を反映したものといわれている。しかし、加飾の主流である貼花・型造り・劃花はいずれも南宋後期から系譜がたどれるもので、この時期に新たに創製された技術ではないことから、その多用は単に支配者の嗜好に合わせただけではなく、この時期に顕著となった造形力や釉調の衰えを補う意味もあったのではなかろうか。なお、無文を基調とする砧青瓷の系譜は、この時期に完全に絶えるわけではなく、新安沈船遺物

第6章　宋・元代龍泉窯青瓷の編年　　　169

の中の下膨瓶や筒形香炉などに見られるように質的には大幅に低下しながらも継続し、日本の伝世品にある元または明代とされる双鳳耳瓶や筍瓶などに繋がって行くのである。

　このような上質の製品とは別に、粗製品にも独自の変化が見られる。

　越州窯青瓷の系譜を引いて北宋代以来龍泉窯で生産されてきた緑色釉の厚胎薄釉青瓷（角高台形）は、南宋後期には粗製品として位置付けられながらも、碗皿類を中心に引き続き生産が続けられる。元中期には釉が厚くなり緑色が深まり、上質品と粗製品の差は前代に比べてわずかなものとなる。つまり、砧青瓷から始まった上質の青瓷が次第に釉調や造形が衰えてくるのと反比例して、粗製品の施釉技法が向上し、両者の差が僅少となった一群が新安沈船遺物に代表される元様式の龍泉窯青瓷なのである。

　最後に、中国と日本の出土状況の差と日本への輸出傾向についてふれて稿を終わりたい。ここで取り上げた南宋後期段階の中国出土品は、多くが窖蔵出土品であり、窖蔵というものの性格の反映か、比較的レベルの高い製品が多い。一方、日本ではこの時期の優れた伝世品が数多く遺されているにもかかわらず、遺跡出土品は、大部分が質の低い碗や皿で占められており、この段階の日本向け輸出品は、12世紀後半段階に続き角高台形の粗製品が中心であったことがわかる。ここで問題となるのは、伝世の名品類はどのように日本にもたらされたかということである。この段階にわずかではあるが優品がもたらされたのか、あるいは後の時代にアンティックとして運ばれたのか。恐らく、この両者の場合が混在したと考えるのが最も自然であろう。この時代にもし優品がまったくもたらされず、日本人が龍泉窯青瓷の最高級品を知らなければ、後の時代に新安沈船に見られるようなアンティック的なものを求めることはなかったであろう。

　南宋末・元初期段階（13世紀後半）になり、鎌倉・今小路西遺跡などのように優品の出土が見られるようになるが、やはり大部分の遺跡での出土は碗・皿類が中心である。ただしこの段階には砧青瓷形の鎬蓮弁文碗（大宰府Ⅲ類）がかなり普遍的に見られるようになり、前段階に比べて、日本に輸出された碗・皿類の質は向上しているようである。これは、日本側により良質な製品を求める嗜好と経済力が高まったためと考えられるが、中国の生産側でも砧青瓷形の製品生産を始めて半世紀以上経過し、砧青瓷形の質的ランクの裾野が広くなったことも原因の一つと考えられよう。

　元中期（14世紀前半）には、日本向けと言われる新安沈船資料に見られるように、大型の瓶や壺が多数日本にもたらされたが、新安遺物の大部分はやはり碗・皿類が中心で、かなり質の低い粗製品が大部分を占める。中国では、この時期はやはり窖蔵出土資料が多く、新安資料との共通性が高いが、粗製の碗・皿類は比較的少ない。このように、中国では優品の出土が多く、日本では比較的質の低いものが主体を占めるが、これは中国で粗製品は

使用していなかったためではなく、中国ではこの時代の消費遺跡がほとんど調査されていないということが一つの大きな原因であろう。

このような出土傾向から見ると、龍泉窯青瓷の研究は、中国出土品の検討だけでは不十分であり、中国国外の出土品を併せて検討することによってはじめてその全容がつかみ得るとのである。

註

1. 砧青磁の中に貼花文を多用したいわゆる浮牡丹手を入れる考え方もあるが、ここでは除外して考えている。

2. 中国では龍泉窯で南宋後期に創製された薄い胎土に厚く釉を施した上質の青磁を薄胎厚釉と呼び、その中で白色または灰白色の胎土のものを白胎厚釉、黒色または黒灰色の胎土のものを黒胎厚釉とすることが多い。南宋後期の白胎厚釉は日本でいうところの砧青磁と浮牡丹青磁にほぼ合致し、黒胎厚釉は竜泉大窯や渓口窯で生産された倣南宋官窯製品を指す。

3. 『新安海底遺物』資料編ⅠⅡⅢ、総合編　韓国文化広報部文化財管理局,1981 ～ 1988 年。

4. 1983 年に愛知県で開催された国際シンポジウム「新安引揚げ文物」では、鄭良謨氏と馮先銘氏はアンティックの可能性について示唆している。一方、長谷部楽爾氏は元代中期の生産の可能性を示唆し、李知宴氏は元代中期の製品であると明言している。

   鄭良謨「新安発見陶磁器の種類と諸問題」(15 ～ 20 頁)、馮先銘「新安海底沈船引揚げ陶磁器に関連した問題に対する検討」(27 ～ 32 頁)、長谷部楽爾「新安出土の青磁について」(103 ～ 106 頁)、李知宴「新安海底文物の発見から龍泉窯青磁の発展を見る」(137 ～ 146 頁)、以上『東洋陶磁』10・11,1984 年。

5. 矢部良明「宋代青磁の展開」『世界陶磁全集 12』小学館,1977 年,217・218 頁。

   矢部良明「元代の青磁」『世界陶磁全集 13』小学館,1981 年,191・192 頁。

   今井敦『青磁　中国の陶磁第 4 巻』平凡社,1997 年,132 頁。

   亀井明徳「倭好賞翫の青瓷　試論」『専修大学人文科学年報』第 28 号,1998 年,80 頁。

6. 森田勉・横田賢次郎「大宰府出土の輸入中国陶磁について」『九州歴史資料館研究論集 4』1978 年,1 ～ 26 頁。

   山本信夫「大宰府における 13 世紀中国陶磁の一群」『貿易陶磁研究』No.10,1990 年,83 ～ 112 頁。

7. 1998 年十月に中国・杭州で開催された竜泉青磁国際シンポジウムの際に、上海博物館の汪慶正氏と陸明華氏によって示された。

8. 朝日新聞社編『封印された南宋陶磁展　図録』朝日新聞社,1998 年。

9. 愛知県陶磁資料館ほか『シンポジウム「宋・元時代の龍泉窯青磁を考える」資料集』愛知県陶磁資料館,1999 年。

   なお、シンポジウムの概要は拙稿「シンポジウム「宋・元時代の龍泉窯青磁を考える」について」『陶説』558 号 1999 年で発表済みである。

10. 『中国文物報』1992 年 3 月 1 日号。

11. 庄文彬「四川遂寧金魚村南宋窖蔵」『文物』1994 年第 4 期,4 ～ 31 頁。

    李輝丙「遂寧窖蔵瓷器浅議－兼談成都府附近県市窖蔵瓷器」『文物』1994 年第 4 期,29 ～ 31 頁。

12. 陸明華「四川遂寧出土陶磁器と窖蔵の年代問題の検討」『シンポジウム「宋・元時代の龍泉窯青磁を考える」資料集』愛知県陶磁資料館,1999 年。

13. 湖北省文物管理委員会「武昌卓刀泉両座南宋墓葬的清理」『考古』1964 年第 5 期,237 ～ 241 頁。

第6章　宋・元代龍泉窯青瓷の編年

14. 四川省文物管理委員会「南宋虞公著夫婦合葬墓」『考古学報』1985 年第 3 期，383 ～ 401 頁。

15. 朱伯謙主編『龍泉窯青瓷』藝術家出版社（台湾），1999 年，図 107。

16. 国家文物局主編『中国文物精華大辞典　陶磁巻』上海辞書出版社・商務印書館（香港），1995 年，281 頁・図 371。
　　朱伯謙主編『龍泉窯青瓷』藝術家出版社・台湾，1999 年，図 88。

17. 山本信夫「大宰府における 13 世紀中国陶磁の一群」『貿易陶磁研究』No. 10, 1990 年，109 頁。

18. 森田勉・横田賢次郎「大宰府出土の輸入中国陶磁について」『九州歴史資料館研究論集 4』1978 年，1 ～ 26 頁による。

19. 森田勉・横田賢次郎「大宰府出土の輸入中国陶磁について」『九州歴史資料館研究論集 4』1978 年，1 ～ 26 頁による。

20. 山本信夫「大宰府における 13 世紀中国陶磁の一群」『貿易陶磁研究』No. 10, 1990 年，109 頁。

21. 曲利平「鷹潭宋代紀年墓葬」『南方文物』1996 年第 4 期，10・11 頁。

22. 写真、図は公表されていないが、朱伯謙氏の論文では蓮弁の幅が狭いと記述されている。
　　朱伯謙「龍泉窯」『龍泉窯青瓷』藝術家出版社（台湾），1999 年，21 頁，25 － 30 行。

23. 衢州市文管会「浙江衢州市南宋墓出土器物」『考古』1983 年第 11 期，1004 ～ 1011 頁。
　　朱伯謙主編『龍泉窯青瓷』藝術家出版社（台湾），1999 年，図 135。

24. 朱伯謙「龍泉青磁簡史」『龍泉青磁瓷研究』文物出版社，1989 年，1 ～ 37 頁、図版 5 － 5。
　　朱伯謙主編『龍泉窯青瓷』藝術家出版社（台湾），1999 年，図 136。

25. 鎌倉市衣張山古墓出土の 2 点の鎬蓮弁文碗（東京国立博物館蔵・重文）が数少ない例として挙げられるが、共伴する劃花文鉢は明らかに元代のものであり、埋納年代は十 4 世紀に下るものと思われる。

26. 朱伯謙「龍泉大窯古瓷窯遺址発掘報告」『龍泉青瓷研究』文物出版社，1989 年，38 ～ 67 頁。

27. 『博多 48』福岡市埋蔵文化財調査報告書第 397 集，福岡市教育委員会，1995 年。

28. この太蓮弁から細蓮弁への変化について、筆者は 1998 年 9 月の拙稿「遂寧窖蔵出土陶磁の年代について」（『封印された南宋陶磁展　図録』朝日新聞社 127 ～ 132 頁）の中で述べたが、ほぼ同時期に出版された朱伯謙氏の論文「龍泉窯」（『龍泉窯青瓷』藝術家出版社・台湾　1999 年 9 月出版）でも、1260 年を境に蓮弁の幅が狭くなり、質的な低下が始まるとされている（朱氏論文 21 頁 27 － 30 行）。

29. 四川省文物管理委員会「南宋虞公著夫婦合葬墓」『考古学報』1985 年第 3 期，383 ～ 401 頁。

30. 四川省文物管理委員会「四川省簡陽県東渓園芸場元墓」『文物』1987 年第 2 期，70 ～ 87 頁。

31. 以前は 14 世紀前半とされていたが、最近馬淵和雄によって 13 世紀後半に遡るとの説が示され、筆者もこの意見に賛同するものである。
　　馬淵和雄「中世鎌倉における貿易陶磁の諸問題」『日本貿易陶磁研究会第 20 回研究集会資料集』1999 年。

32. 袁華「浙江徳清出土南宋紀年墓文物」『南方文物』1992 年第 2 期，25・26 頁。

33. 朱伯謙「浙江両処塔基出土宋青花瓷」『文物』1980 年第 4 期，1 ～ 3 頁。

34. 浙江省軽工業庁ほか編『龍泉青瓷』文物出版社，1966 年図版 23 下。

35. 元代とされる例でも側面がかなり垂直に立ち上がる例がまれに見られるが、大部分は外傾するようである。

36. 張玉藍「杭州市発現元代鮮于枢墓」『文物』1990 年第 9 期，22 ～ 25 頁。

37. 袁華「浙江徳清出土南宋紀年墓文物」『南方文物』1992 年第 2 期，25・26 頁。

38. 陸明華「四川遂寧出土陶磁器と窖蔵の年代問題の検討」『シンポジウム「宋・元時代の龍泉窯青磁を考える」資料集』1999 年など。

39. 荘良有『宋元紀年青白瓷』荘万里文化基金会・香港，1998 年，63 頁：図 52、69 頁：図 66。

40. 山本信夫氏は、1999 年 5 月の愛知県陶磁資料館でのシンポジウムで、遂寧窖蔵出土の青白磁の口禿げ口縁の碗、皿の中に、大宰府分類白磁 X 類に合致する、口禿げの幅と高台幅が比較的狭く、薄造りで、釉の発色が淡い一群があり、その出土が日本では 13 世紀後半に見られることから、遂寧埋納年

代を13世紀中頃以前に遡る可能性が低いと指摘した。しかし、山本氏が大宰府X類に合致するとした遂寧出土青白磁（遂寧展図録番号）85、89、111、112、120（120は定窯白磁）のうち、111、112と極めて類似する1221年の紀年墓出土資料があり、このタイプの青白磁が13世紀前半に遡ることはほぼ確実である。

（参考）

　山本信夫「九州地方の消費地遺跡から見た宋・元時代の龍泉窯青磁」『シンポジウム「宋・元時代の龍泉窯青磁を考える」資料集』愛知県陶磁資料館、1999年。

　朝日新聞社編『封印された南宋陶磁展　図録』朝日新聞社，1998年。

41. 森達也「遂寧窖蔵出土陶磁の年代について」『封印された南宋陶磁展　図録』朝日新聞社期，1998年、127～132頁。

42. 四川省文物管理委員会「四川省簡陽県東渓園芸場元墓」『文物』1987年第2期，70～87頁。

43. 朱伯謙主編『龍泉窯青瓷』藝術家出版社・台湾，1999年，図147。

44. 唐金裕「陝西省略陽県出土的宋瓷」『文物』1976年第11期，84・85頁。

45. 丁祖春「四川省什邡県出土的宋代瓷器」『文物』1978年第3期，93～96頁。

46. 魯樹泉「青神発現宋代窖蔵瓷器」『四川文物』1989年第1期。

47. 陳黎清「峨眉山市夢目鎮出土宋代窖蔵」『四川文物』1990年第2期，41、42頁。

48. 張啓明「四川閬中県出土宋代窖蔵」『文物』1984年第7期，85～90頁。

49. 方杰「浙江紹興繆家橋宋井発掘簡報」『考古』1964年第11期，558～560頁。

50. 重慶市博物館・栄昌県文化館「重慶市栄昌県宋代窖蔵瓷器」『四川考古報告集』文物出版社，1998年，406～413頁。

51. 張北超「湖南桃江発現竜泉窯瓷器窖蔵」『文物』1987年第9期，21～24頁。

52. 薛堯「江西南城、清江和永修的宋墓」『考古』1965年第11期，571～576頁。

53. 朱伯謙「浙江両処塔基出土宋青花瓷」『文物』1980年第4期，1～3頁。

54. 袁華「浙江徳清出土南宋紀年墓文物」『南方文物』1992年第2期，25・26頁。

55. 写真、図は公表されていないが、朱伯謙氏の論文では蓮弁の幅が狭いと記述されている。
　朱伯謙「龍泉窯」『龍泉窯青瓷』藝術家出版社（台湾）1999年21頁，25－30行。

56. 衢州市文管会「浙江衢州市南宋墓出土器物」『考古』1983年第11期，1004～1011頁。
　朱伯謙主編『龍泉窯青瓷』藝術家出版社（台湾），1999年，図135。

57. 朱伯謙「龍泉青磁簡史」『龍泉青磁瓷研究』文物出版社，1989年，1～37頁、図版5－5。
　朱伯謙主編『龍泉窯青瓷』藝術家出版社・台湾，1999年，図136。

58. 馮永謙ほか「遂寧建昌普査中発現的重要文物」『文物』1983年第9期，66～72頁。

59. 張玉藍「杭州市発現元代鮮于枢墓」『文物』1990年第9期，22～25頁。

60. 河野真知郎ほか『今小路西遺跡（御成小学校内）発掘調査報告書』鎌倉市教育委員会1990年，315～319頁、図347から図351。

61. 横田賢二郎、森本朝子、山本信夫「新安沈船と大宰府・博多の貿易陶磁器－森田勉氏の研究成果によせて－」『貿易陶磁研究』No.9，1989年，13～45頁。

62. 以前は14世紀前半とされていたが、最近馬淵和雄によって13世紀後半に遡るとの説が示され、筆者もこの意見に賛同するものである。
　馬淵和雄「中世鎌倉における貿易陶磁の諸問題」『日本貿易陶磁研究会第20回研究集会資料集』1999年。

63. 亀井明徳「倭好賞翫の青瓷　試論」『専修大学人文科学年報』第28号，1998年，80頁。

64. 出川哲朗「遂寧窖蔵出土の龍泉窯青磁と新安沖沈船及び日本伝世品との比較」『封印された南宋陶磁展　図録』朝日新聞社1998年，122～126頁。

65. 『新安海底遺物』総合編　韓国・文化広報部文化財管理局，1988年，422頁，図11。

66. 余家棟ほか「江西楽安発現元代瓷器窖蔵」『文物』1989 年第 1 期, 75 ～ 78 頁。

67. 楊后礼「江西永新発現元代瓷器窖蔵」『文物』1983 年第 4 期, 47 ～ 49 頁。

68. 朝陽市博物館「朝陽市発現元代窖蔵瓷器」『文物』1986 年第 1 期, 92・93 頁。

69. 金柏東ほか「浙江泰順元代窖蔵瓷器」『文物』1986 年第 1 期, 94 頁。

70. 桑堅信「杭州市発現元代瓷器窖蔵」『文物』1989 年第 11 期, 22 ～ 27 頁。

71. 潘行栄「元集寧路故城出土的窖蔵絲織物及其他」『文物』1979 年第 7 期, 32 ～ 36。

72. 劉裕黒・熊琳「江西高安県発現青花、釉裏紅等瓷器窖蔵」『文物』1982 年第 4 期, 58 ～ 69 頁。

73. 李作智「呼和浩特市東郊出土的幾件元代瓷器」『文物』1977 年第 5 期, 75 ～ 77 頁。

74. 劉興「江蘇丹徒元代窖蔵瓷器」『文物』1982 年第 2 期, 25 ～ 27 頁。

75. 唐漢三ほか「内蒙赤峰大営子元代瓷器窖蔵」『文物』1984 年第 5 期, 89 ～ 93 頁。

76. 河北省文物研究所「河北定興元代窖蔵文物」『文物』1986 年第 1 期, 89 ～ 91 頁。

77. 北京市文物研究所「元鉄可父子墓和張弘綱墓」『考古学報』1986 年第 1 期, 95 ～ 113 頁。

78. 邱永生ほか「江蘇徐州大山頭元代紀年画像石墓」『考古』1993 年第 12 期, 1093 ～ 1098 頁。

79. 日経新聞社『英国デヴィット・コレクション中国陶磁展』図録, 1980 年。

80. 黄冬梅「江西樟樹元紀年墓出土文物」『南方文物』1996 年第 4 期, 12 ～ 14 頁。

81. 横田賢二郎、森本朝子、山本信夫「新安沈船と大宰府・博多の貿易陶磁器－森田勉氏の研究成果によせて－」『貿易陶磁研究』No. 9, 1989 年, 13 ～ 45 頁。

82. 王友忠「浙江青田県前路街元代窖蔵」『考古』2001 年第 5 期, 93 ～ 96 頁。

83. 金柏東ほか「浙江泰順元代窖蔵瓷器」『文物』1986 年第 1 期, 94 頁。

84. 他の 2 点については底部の状態を確認していない。

85. 読売新聞ほか『中国陶磁の至宝 英国デイヴィッド・コレクション展』図録 1998 年, 作品 25、28。

86. 和泉市久保惣記念美術館『千声・万声と龍泉窯の青磁』展図録 1996 作品 72、73 など。

87. 北京市文物研究所「元鉄可父子墓和張弘綱墓」『考古学報』1986 年第 1 期, 95 ～ 113 頁。

88. 呉水存「江西九江発現元代青花瓷器」『文物』1992 年第 6 期, 94・95 頁。

89. 王守功ほか「荷沢古沈船出土元代青花瓷」『文物天地』2011 年第 1 期, 76 ～ 81 頁。

90. 呉高彬『義烏文物精粋』文物出版社, 2003 年, 図 102, 104 ～ 112。

91. 新疆博物館「新疆伊犁地区霍城県出土的元青花瓷等文物」『文物』1979 年第 8 期。

92. 栗建安「我国沈船遺址出水的龍泉窯瓷器」『中国古陶瓷研究・龍泉窯研究』故宮出版社, 2011 年。

93. 平潭大練島元代沈船遺址水下考古隊「平潭大練島 I 号沈船遺址水下考古発掘収穫」『福建文博』2008 年第 1 期。

94. 朝日新聞社編『はるかなる陶磁の海路展』朝日新聞社, 1993 年。

95. 南京市博物館ほか「江蘇南京市唐家凹明代張雲墓」『考古』1999 年第 10 期, 27 ～ 30 頁。

96. 森田勉・横田賢次郎「大宰府出土の輸入中国陶磁について」『九州歴史資料館研究論集 4』1978 年、1 ～ 26 頁。
   山本信夫「大宰府における 13 世紀中国陶磁の一群」『貿易陶磁研究』No. 10, 1990 年, 83 ～ 112 頁。

97. 太宰府市教育委員会『大宰府条坊跡Ⅲ 太宰府市の文化財第 8 集』1984 年。
   山本信夫「大宰府における 13 世紀中国陶磁の一群」『貿易陶磁研究』No. 10, 1990 年 83 ～ 112 頁。
   報告書では鎬蓮弁文碗は図示されていないが、山本氏の論文では 3 点が図示されている。

98. 山本信夫「統計上の土器－歴史時代土師器の編年研究によせて－」『乙益重隆先生古希記念 九州上代文化論集』1990 年。
   山本信夫・山村信榮「中世食器の地域性－九州・南西諸島」『国立歴史民俗博物館研究報告第 71 集』1997 年、237 ～ 310 頁。

99. 太宰府市教育委員会『大宰府条坊跡Ⅲ 太宰府市の文化財第 8 集』1984 年。
   山本信夫「大宰府における 13 世紀中国陶磁の一群」『貿易陶磁研究』No. 10, 1990 年 83 ～ 112 頁.

100. 九州歴史資料館『大宰府史跡　昭和49年度発掘調査概報』1975年,8頁第6図－3.

101. 福岡市教育委員会『博多20』福岡市埋蔵文化財報告書第248集,1991年,34頁Fig28－294。

102. 福岡市教育委員会『博多20』福岡市埋蔵文化財報告書第248集,1991年,72頁Fig72－702、703。

103. 福岡市教育委員会『博多48』福岡市埋蔵文化財報告書第397集,1995年,184頁Fig356－82、83。

104. 福岡市教育委員会『博多19』福岡市埋蔵文化財報告書第247集,1991年,18頁第15図－78。

105. 馬淵和雄ほか『小町2丁目345番地－2地点遺跡　雪ノ下教会改築に伴う埋蔵文化財発掘調査報告』1985年,30頁図21－1.

106. 馬淵和雄「中世食器の地域性－付1・鎌倉」『国立歴史民俗博物館研究報告第71集』1997年,311～330頁。

107. 河野真知郎ほか『今小路西遺跡（御成小学校内）発掘調査報告書』鎌倉市教育委員会1990年,537頁,図599－6。

108. 向荏柄遺跡調査団編『鎌倉市2階堂　向荏柄遺跡発掘調査報告書』鎌倉市教育委員会1985年,58頁第56図－13、16。

109. 横田賢二郎、森本朝子、山本信夫「新安沈船と大宰府・博多の貿易陶磁器－森田勉氏の研究成果によせて－」『貿易陶磁研究』No.9,1989年,13～45頁。

110. 上海博物館考古部「浙江龍泉安仁口古瓷窯址発掘報告」『上海博物館集刊　第3期』1986年,122頁図7、126頁図8。

111. 山本信夫「大宰府における13世紀中国陶磁の一群」『貿易陶磁研究No.10』1990年,109頁。

112. 亀井明徳「13世紀竜泉窯出土の青瓷」『シンポジウム「宋・元時代の龍泉窯青磁を考える」資料集』1999年。

113. 1999年5月の愛知県陶磁資料館におけるシンポジウムの際に、筆者はこの点について簡単に述べており、また、同様の意見はその際に今井敦氏によっても触れられている。

114. 矢部良明「宋代青磁の展開」『世界陶磁全集12』小学館　1977年　217～219頁。
矢部良明「元代の青磁」『世界陶磁全集13』小学館,1981年,191・192頁。

115. 亀井明徳「倭好賞翫の青瓷　試論」『専修大学人文科学年報』第28号,1998年,80頁。

図版出典

図1：朱伯謙主編『龍泉窯青瓷』藝術家出版社・台湾　1999年　124図。

図2～13、17～19、26、28、34、35、39：朝日新聞社『封印された南宋陶磁展　図録』1998年。

図14：湖北省文物管理委員会「武昌卓刀泉両座南宋墓葬的清理」『考古』1964-5　237～241頁。

図15：朱伯謙主編『龍泉窯青瓷』藝術家出版社・台湾　1999年　図107。

図16：四川省文物管理委員会「南宋虞公著夫婦合葬墓」『考古学報』1985年第3期　383～401頁。

図20：筆者作図。

図21：曲利平「鷹潭宋代紀年墓葬」『南方文物』1996-4　10・11頁。

図22：朱伯謙主編『龍泉窯青瓷』藝術家出版社・台湾　1999年　図135。

図23：朱伯謙主編『龍泉窯青瓷』藝術家出版社・台湾　1999年　図136。

図24：筆者撮影

図25：『博多48』福岡市埋蔵文化財調査報告書第397集　福岡市教育委員会　1995年。

図27：『新安海底文物』国立中央博物館　1977年　図10。

図29：朱伯謙主編『龍泉窯青瓷』藝術家出版社・台湾　1999年　170図。

図30、31：河野真知郎ほか『今小路西遺跡（御成小学校内）発掘調査報告書』鎌倉市教育委員会1990年。

図32：東京国立博物館編『日本出土の中国陶磁』東京美術　1988年　図227。

図33：『新安海底遺物』資料編Ⅰ、総合編　韓国文化広報部・文化財管理局　1981年。

第 6 章　宋・元代龍泉窯青瓷の編年　　　175

図 36：中国陶瓷美術館『俑・陶・華館蔵優品撰集』2007 年。

図 37：出光美術館編『中国陶磁』平凡社 1987 年　図 457。

図 38：朱伯謙主編『龍泉窯青瓷』藝術家出版社・台湾　1999 年　151 図。

図 40、41：『新安海底遺物』資料編 I 、総合編　韓国文化広報部・文化財管理局　1981 年。

図 42：四川省文物管理委員会「四川省簡陽県東渓園芸場元墓」『文物』1987-2　70 〜 87 頁。

図 43 〜 45：朱伯謙主編『龍泉窯青瓷』藝術家出版社・台湾　1999 年　140、143、145 図。

図 46：朱伯謙主編『龍泉窯青瓷』藝術家出版社・台湾　1999 年　図 147。

図 47 〜 51：唐金裕「陝西省略陽県出土的宋瓷」『文物』1976-11　84・85 頁。

図 52 〜 55：丁祖春「四川省什邡県出土的宋代瓷器」『文物』1978-3　93 〜 96 頁。

図 56：方杰「浙江紹興繆家橋宋井発掘簡報」『考古』1964-11　558 〜 560 頁。

図 57：重慶市博物館・栄昌県文化館「重慶市栄昌県宋代窖蔵瓷器」『四川考古報告集』文物出版社　1998 年　406 〜 413 頁。

図 58 〜 63：張北超「湖南桃江発現竜泉窯瓷器窖蔵」『文物』1987-9　21 〜 24 頁。

図 64：朱伯謙主編『龍泉窯青瓷』藝術家出版社・台湾　1999 年　図 136。

図 65：河野真知郎ほか『今小路西遺跡（御成小学校内）発掘調査報告書』鎌倉市教育委員会 1990 年。

図 66、68 〜 75、86 〜 90：『新安海底遺物』資料編 I 、総合編　韓国文化広報部・文化財管理局　1981 年。

図 67：筆者撮影。

図 76：九州歴史資料館『大宰府史跡　昭和 49 年度発掘調査概報』1975 年　8 頁第 6 図− 3。

図 77 〜 85：本文の註に示した報告書の図。

図 86 〜 90：『新安海底遺物』資料編 I 、総合編　韓国文化広報部・文化財管理局　1981 年。

図 91、92：王友忠「浙江青田県前路街元代窖蔵」『考古』2001-5, 93 〜 96 頁。

図 93：朱伯謙主編『龍泉窯青瓷』藝術家出版社・台湾　1999 年　148, 160、198、202、226 図。

図 94：『安宅コレクションの至宝 ─ 大阪市立東洋陶磁美術館所蔵』朝日新聞社 1998 年　図 15。

図 95：文化財庁　国立海洋遺物展示館『新安船　青瓷・黒釉』2006 年。

図 96、97：『新安海底遺物』資料編 I 、総合編　韓国文化広報部・文化財管理局　1981 年。

図 98：呉水存「江西九江発現元代青花瓷器」『文物』1992-6　94・95 頁。

図 99：王守功ほか「菏沢古沈船出土元代青花瓷」『文物天地』2011-1, 76 〜 81 頁。

図 100：劉金成『高安元代窖蔵瓷器』朝華出版社 2006 年、167 頁。

図 101：南京市博物館ほか「江蘇南京市唐家凹明代張雲墓」『考古』1999-10　27 〜 30 頁。

図1 遂寧窖蔵

図7 遂寧窖蔵

図14 任希靖墓1213年

図19 遂寧窖蔵

図2 遂寧窖蔵

図8 遂寧窖蔵

図9 遂寧窖蔵

図15 花果山墓1205年

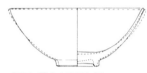
図20 蓮弁文碗重ね図

図3 遂寧窖蔵

図10 遂寧窖蔵

図16 留氏墓1200年

図21 鷹潭宋墓1254年

図17 遂寧窖蔵

図22 史縄祖墓1274年

図4 遂寧窖蔵

図11 遂寧窖蔵

図5 遂寧窖蔵

図12 遂寧窖蔵

図18 遂寧窖蔵

図23 潘益光墓1275年

図6 遂寧窖蔵

図13 遂寧窖蔵

第6章　宋・元代龍泉窯青瓷の編年

図24　新安沈船

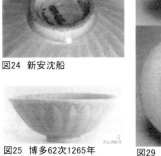

図25　博多62次1265年

図29　東渓園芸場

図33　新安沈船

図37　出光美術館蔵

図38　鮮于枢墓1302年

図26　遂寧窖蔵

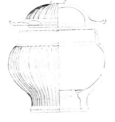

図30　今小路西遺跡北谷三面

図34　遂寧窖蔵

図39　遂寧窖蔵

図27　新安沈船

図31　今小路西遺跡北谷三面

図35　遂寧窖蔵

図40　新安沈船

図28　遂寧窖蔵

図32　伝金沢貞顕墓
1301or1333年

図36　中国陶瓷美術館蔵

図41　新安沈船

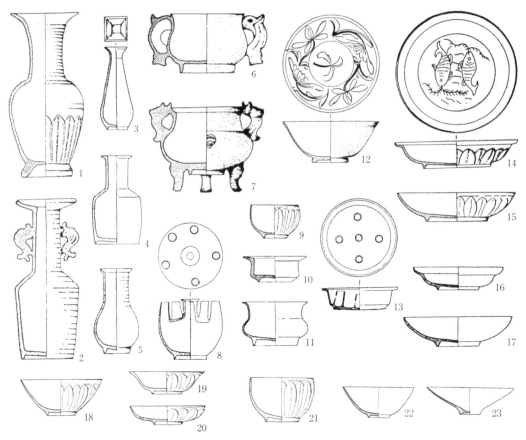

図42　四川・東渓園芸場

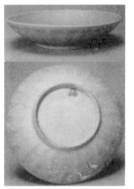

図43　東渓園芸場

図44　東渓園芸場

図47　略陽県八渡河

図49　略陽県八渡河

図45　東渓園芸場

図46　寒山楊村宋墓1268年

図48　略陽県八渡河

図50　略陽県八渡河

図51　略陽県八渡河

第6章 宋・元代龍泉窯青瓷の編年

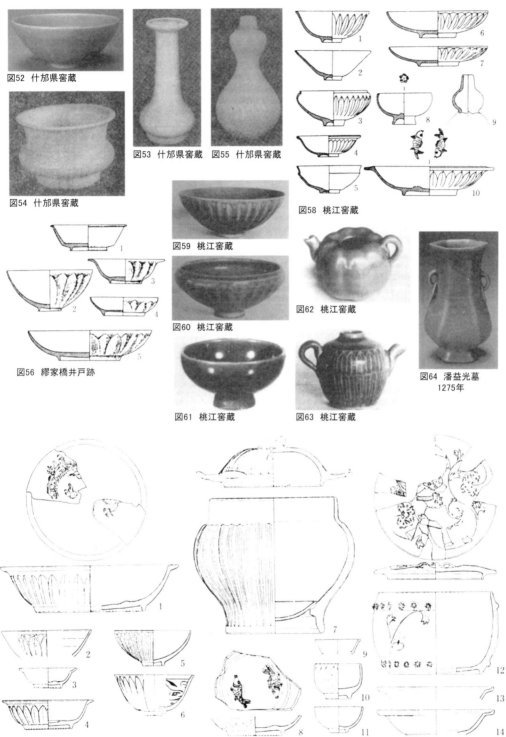

図52 什邡県窖蔵
図54 什邡県窖蔵
図53 什邡県窖蔵
図55 什邡県窖蔵
図56 繆家橋井戸跡
図59 桃江窖蔵
図60 桃江窖蔵
図61 桃江窖蔵
図58 桃江窖蔵
図62 桃江窖蔵
図63 桃江窖蔵
図64 潘益光墓 1275年
図65 今小路西遺跡・北谷三面

図66 新安沈船

図71 新安沈船

図72 新安沈船

図76 ①類・大宰府33次SD605

図80 博多45次SE2004

図81 博多45次SE3078

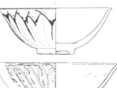
図77 ②類
上：博多62次713号遺構
下：今小路西・南谷3面

図82 博多62次3749遺構

図67 新安沈船

図73 新安沈船

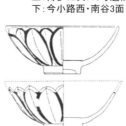
図78 大宰府条坊19次SK004

図83 小町井戸1

図68 新安沈船

図74 新安沈船

図79 大宰府条坊19次SK001

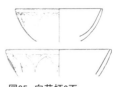
図84 今小路西・北谷5面

図69 新安沈船

図86 新安沈船

図87 新安沈船

図85 向荏柄2面

図70 新安沈船

図75 新安沈船

図88 新安沈船

図89 新安沈船

図90 新安沈船

第 6 章　宋・元代龍泉窯青瓷の編年

図91　前路街窖蔵出土遺物

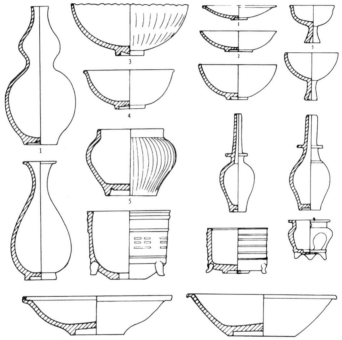

図92　前路街窖蔵出土遺物

図93　浙江省泰順窖蔵出土遺物

図94 鉄斑文青磁玉壺春瓶
（大阪東洋陶磁美術館蔵）

図95 新安沈船
（1323年)遺物

図96 新安沈船
（1323年)遺物

図97 青磁馬上杯 新安沈船(1323年)遺物

図98 青磁馬上杯
九江如舒氏墓1351年出土

図99 荷沢沈船出土遺物

図100 高安窖蔵

図101 左:新安沈船 右:高安窖蔵

図102 南京市張雲墓1395年）

図103 南京市張雲墓
（1395年）

第6章　宋・元代龍泉窯青瓷の編年　　　　　183

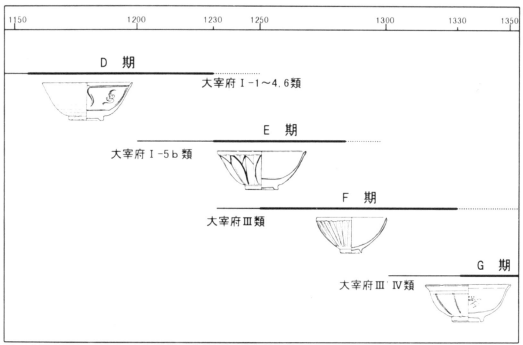

表1　大宰府遺跡での青瓷の年代観（註91文献を基に筆者が作成）

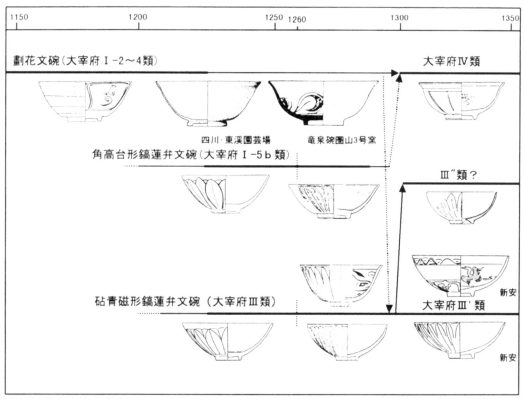

表2　鎬蓮弁文碗の系譜

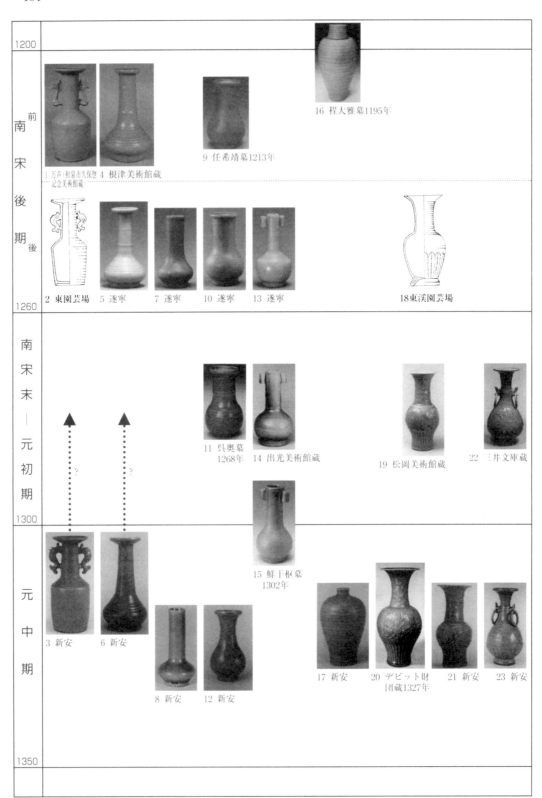

表3 龍泉窯青瓷の変遷

第6章　宋・元代龍泉窯青瓷の編年

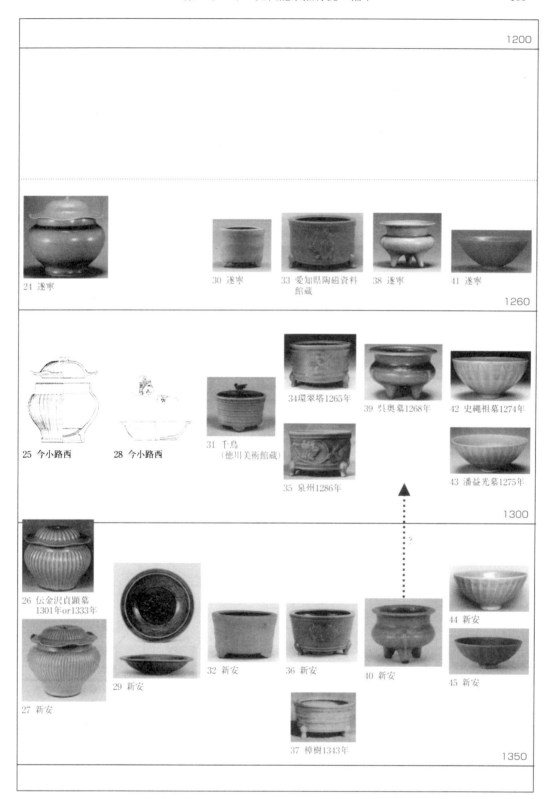

第7章　中国陶瓷の輸出

第1節　宋元輸出陶瓷の生産地と貿易港

1. はじめに

　中国陶瓷の輸出は、唐代後半期に盛んとなり、宋・元代に最盛期を迎えた。本節では、海外に輸出された陶瓷器生産地の変遷とその輸出港口について、南宋・元代を中心に考察する。南宋・元代の陶瓷輸出の最も大きな拠点が福建省泉州であったことは言うまでもないが、近年、福建各地で進められている窯址研究の成果と、広東、福建、西沙諸島などで続々と発見されている沈没船資料など考古学資料を活用して、泉州だけでなく、福州（福建）、寧波（浙江）、広州などの果たした役割を分析する。

2. 南宋以前
①唐・五代（地図1、地図2）

　東南アジアや西アジアで発見される晩唐期の中国陶瓷には、河北・邢窯白瓷、浙江・越州窯青瓷、河南・鞏義窯製品（青花、三彩、白瓷）、湖南・長沙窯青釉瓷、広東・倣越州窯粗製青瓷などがある。インドネシアで発見された沈没船「黒石号」では、これらの窯の製品が含まれているが、広東の倣越州窯粗製青瓷以外は、揚州唐城で発見されている陶磁器の組成に近似しており、この船は揚州で中国各地の陶瓷器を積み込んで出航し、途中で広州に寄航して広東製の倣越州窯粗製青瓷を積み込み、西アジアに向けて航海を続けた可能性が高い（註1）。唐代においては、揚州、広州が海外交流の最大の拠点であったが、日本などとの交流の窓口として明州（寧波）も重要な位置を占めた。寧波の和義路遺跡では、越州窯青瓷、長沙窯青釉瓷などが出土しており（註2）、この地から日本や朝鮮半島にこれらの陶瓷器が輸出されたと考えられている。また、日本の九州北部の博多遺跡、鴻臚館遺跡や大宰府遺跡では福州・懐安窯の倣越州窯粗製青瓷の出土が少なくなく（註3）、福州と博多を結ぶ陶瓷器の流通ルートの存在が推定される。これらの粗製青磁が福州から寧波を経て博多に運ばれたのか、福州から直接博多に運ばれたのかは明らかでない。

　五代になると華北陶瓷の輸出量は低下し、青瓷は越州窯系青瓷、広東の倣越州窯青瓷、白瓷は安徽省繁昌窯の白瓷などが輸出の中心となる。華北陶瓷の輸出量は少ないが、インドネシアで発見された印坦沈船（註4）では磁州窯系白釉瓷、井里汶沈船（註5）では定窯白瓷が少量発見されている。沈船引揚げ陶瓷の産地から考えると、この段階の主要な輸出港は、銭氏呉越国が拠点を置いた杭州湾南岸の港（杭州や寧波）と、南漢の拠点・広州であっ

たと考えられる。

② 北宋（地図3）

　北宋代には、越州窯系青瓷（越州窯青瓷と瓯窯青瓷）、江西省・景徳鎮窯白瓷・青白瓷、広東省・広州西村窯の製品、広東省・潮州窯の白瓷などが輸出の中心となり、耀州窯青瓷や定窯白瓷、磁州窯系陶瓷など華北の陶瓷器も量は少ないが輸出された。北宋末期になると、龍泉窯青瓷や福建陶瓷（白瓷）[註6]の輸出が開始される。北宋末期・南宋初期の龍泉窯青瓷の輸出は、まだあまり多くないが、福建白瓷は、広東・潮州窯白瓷とともに大量に輸出され、日本では博多や平泉などの12世紀前半の遺跡で大量に発見されている。北宋後期の元祐二年（1087）に福建・泉州に市舶司が置かれ、福建が中国の対外交流の窓口として重要性を増したことが、北宋末期に福建白瓷の輸出が開始されることと大きく関わっていると考えられる。北宋代には広南路市舶司（広州）、両浙路市舶司（杭州、明州、温州など）、福建路市舶司（泉州）の、いわゆる三路市舶が置かれた。このうち、前二者は北宋初期に設置されていたが、福建路市舶司は北宋後期にようやく市舶司が置かれたのである。福建の泉州や福州は古くから海港として機能していたが、唐から北宋中期頃までは、海外交流の重要な窓口となっていた南の広州と北の揚州または杭州・寧波の間に位置する中継港的な位置づけにあったと考えられる。しかし、北宋後期に市舶司が置かれた頃から、泉州は貿易拠点として大きく発達し、次の南宋・元には中国最大の海港に成長する。北宋後期から福建陶瓷が本格的に輸出されるようになることは、このような福建の貿易拠点としての位置づけの変化を物語っていると考えることができる。

3. 南宋代（地図4）

　南宋代に入ると、広東陶瓷と越州窯系青瓷の輸出量は低下し、浙江省・龍泉窯青瓷、江西省・景徳鎮窯青白磁、福建陶瓷が輸出の中心となる[註7]。福建省・泉州が東南アジア・西アジアへの陶瓷輸出の最大の窓口となり、広東陶瓷に代わって福建陶磁の比重が高くなっていく。福建で生産された陶瓷は、倣龍泉青瓷（同安窯系青瓷[註8]、珠光青瓷）、倣景徳鎮青白瓷、白瓷、黒釉瓷（天目）、褐釉瓷、鉛釉陶器など種類が豊富であるが、品質的には龍泉青瓷、景徳鎮青白瓷より劣る。おそらく、安価な製品として大量に輸出されたのであろう。広東沖で発見された南海Ⅰ号沈船（南宋中期）[註9]や西沙諸島の華光礁Ⅰ号沈船（南宋前・中期）[註10]では龍泉窯青瓷や景徳鎮青白瓷とともに福建産の青瓷、青白瓷、白瓷、天目、褐釉瓷が発見されている。積み込まれていた陶瓷器から見て、これらの沈船は泉州から出航した可能性が高い。

　南宋代に日本に運ばれた中国陶瓷には、龍泉窯青瓷、景徳鎮青白瓷のほか、数多くの福

建陶瓷が含まれている。莆田窯産の倣龍泉青瓷や閩清窯などの白瓷のほか、茶道具として使われた黒釉碗（建盞など）や褐釉小壺（福州・洪塘窯）など閩江流域や閩中地域の製品が多く見られる。泉州を中心とした閩南の製品は晋江・磁竃窯の褐釉瓷や鉛釉陶や南安窯の倣龍泉青瓷などが見られるだけで、東南アジアや西アジアに多い徳化窯の青白瓷や白瓷はほとんど見られない。おそらく、東南アジア・西アジアへの陶瓷輸出は泉州を拠点とし、日本への輸出は福州を拠点として行なわれたと考えられる（詳細は次節で論述する）。

　この時期の日本出土の中国陶瓷は、龍泉窯青瓷、閩江流域と閩中地域の福建青瓷・白瓷・黒釉瓷、閩南の褐釉瓷（磁竃窯）（註11）、少量の景徳鎮青白瓷といった内容であるが、同様の中国陶瓷の組成は琉球列島各地の遺跡でも共通して認められている。また、奄美大島・倉木先海底遺跡では南宋中期の12世紀末から13世紀初頭の沈船遺物と思われる中国陶瓷が大量に発見されているが、その組成もほぼ同様である（註12）。これまで、この時期の琉球列島の中国陶瓷は、九州を経て流入したとする見解が有力であったが（註13）、最近報告された台湾北部の大坌坑遺跡では（註14）、日本や琉球諸島とほぼ同様の中国陶瓷の組成が認められており、福州→台湾北部→琉球列島→九州という陶瓷輸送のルートが重要な位置を占めた可能性を再検討する必要がある（詳細は次節で論述する）。龍泉窯青瓷の港への輸送路は、龍泉渓から瓯江を下って温州に向かう道と、龍泉から山を越えて福建に抜け、閩江の支流を下って閩江に入り、福州に至る道の二つがあったことは陳万里などによって指摘されている（註15）。また、南宋『陶記』（蔣祈）には景徳鎮窯の青白瓷が福建地域にも流通したとの記載があり、龍泉窯青瓷と景徳鎮青白瓷が福建陶瓷とともに、福州から琉球列島を経て日本の九州に運ばれた可能性は充分に考えられるのである。

　もちろん、唐代の主要なルートであった、寧波から九州に向かう道が、引き続き主要なルートであったと思われるが、日本での福建製品の出土量の多さを見ると、福州ルートもかなり重要な位置づけを持っていた可能性は高い。

　なお、南宋代には、金の領域で生産された華北陶瓷の輸出は、韓国（高麗朝）への輸出を除くと、極めて少ない。基本的には、南宋の支配領域である華南地域の製品が輸出されている。

4. 元代（地図5）

　南宋中期の12世紀後半から、龍泉窯青瓷の輸出量が増加し、元代になると西アジア、東南アジア、日本など世界各地の遺跡では龍泉窯青瓷の量が過半を占め、次いで景徳鎮窯陶瓷と福建陶瓷が一定量を占め、他の窯の製品が少量あるといった中国陶瓷の組成が確認されている（註16）。

　元代の陶瓷貿易の状況を最もよく示す例である韓国・新安沈船では、龍泉窯青瓷が2万

点あまりの全陶瓷器の約5分の3の12000点余りを占め、次いで景徳鎮の白瓷、青白瓷などが約4分の1の5300点余りを占める[註17]。福建製品の占める割合はそれほど高くないようであるが[註18]、閩清窯の白瓷碗・皿[註19]や閩江流域で生産されたと思われる芒口白瓷碗[註20]、建盞[註21]、南平・茶洋窯の黒釉碗[註22]、徳化窯褐釉碗[註23]、福州・洪塘窯の褐釉小壺[註24]（茶入）など、福建各地のさまざまな窯の製品と器種がある。陶瓷器では、ほかに磁州窯系陶瓷、江西省・吉州窯と贛州窯の製品、宜興窯褐釉四耳壺、浙江省・金華鉄店村窯倣鈞瓷、杭州・老虎洞窯元代青瓷、広東省・石湾窯褐釉四耳壺、高麗青磁、日本瀬戸窯製品などが引揚げられている。新安沈船の出港地は寧波の可能性が高く、中国各地の製品が寧波に集積されて積み込まれたと考えられる。福建北部産の陶瓷器が少なくないことから、新安船の出航地は福州ではないかという説が陳擎光によって示されたことがあるが（故宮学術季刊6-3）、近年報告された、杭州・太廟の元代文化層からは多くの福建陶瓷が出土していることから[註25]、浙江北部に福建陶瓷の流通が及んでいたことは明らかで、新安沈船の福建陶瓷が寧波で積み込まれたことはほぼ間違いないであろう。元代には、日本向けの陶瓷輸出路は、寧波から九州に向かうルートが主要であったと考えられるが、南宋代にあった福州から琉球列島を経て日本に至る道も続いていた可能性も高い。

　東南アジアや西アジアに向けた陶瓷輸出の最大の拠点は、南宋代から引き続いて泉州であった。東南アジアや西アジアでは、龍泉窯青瓷、景徳鎮製品（白瓷、青花など）とともに、福建・徳化窯白瓷や泉州東門窯や莆田窯などで生産された粗製の青瓷、晋江・磁竈窯製品（褐釉、鉛釉）などが数多く発見されている。広東・石湾窯の褐釉罐なども見られることから、泉州を出航して広州を経て東南アジアに向かう船や、広州から出港した船もあったのであろう。龍泉窯青瓷や景徳鎮製品も泉州から出航する船に積み込まれた可能性を考える必要がある。2006年に福州南方の平潭で発見された大練島1号沈船からは、300点を超える元代龍泉窯青瓷のみが発見された[註26]。福州を出向した貿易船との考え方もあるが、これまで発見されている宋・元代の外易船は、一つの窯の製品だけを積み込んでいる例はほとんどないことから、この船は外貿船ではなく、国内輸送の船と考えられる。福州を出航したのであれば、福建陶瓷が少しは積まれていてもよいはずであるが、龍泉窯青瓷しか発見されていないことから、龍泉窯青瓷の主要な積み出し港である温州を出航して、陶瓷輸出の最大の拠点である泉州に向かっていた可能性が高いと考えられる。このような海路のほか、河路、陸路などさまざまな交通路によって、全国から泉州に陶瓷器が集積されたと考えてよいであろう。

5. おわりに

　唐代には広州、揚州が南方や西方向けの陶瓷輸出の拠点で、日本や朝鮮半島など東方に

対しては寧波が窓口であった。五代・北宋には、杭州が揚州に取って代わるものの、唐代から続いた体制に大きな変化はなかった。

　しかし、北宋末から南宋初期に福建地域が海外交流の拠点として大発展すると、泉州が陶瓷輸出の拠点として大きな役割を果たすようになった。南宋から元代に泉州は中国最大の海港都市に成長し、おもに東南アジアや西アジアへの窓口となった。龍泉窯や景徳鎮の高級製品とともに福建各地で作られたやや粗製の安価な陶瓷器が泉州を通じて東南アジアや西アジアに大量に輸出された。日本や高麗など東方に対しては、唐代以来、寧波が窓口となっていたが、日本発見の中国陶瓷の中で福建北部、中部（閩北、閩中）の製品が占める割合がかなり高いことから、福州を発して台湾北部と琉球列島を経由して九州に至るルートも存在した可能性がある。

　南宋・元代を通じて、日本に運ばれた福建陶瓷は、閩北・閩中地域の製品が中心となり、泉州を通じて東南アジア・西アジアに運ばれた福建陶瓷には閩南の徳化窯を始め福建全土のものが見られる。このように南宋・元代の陶瓷輸出は、輸出先によって拠点となる港が異なり、輸出される陶瓷器の内容にも異同が認められるのである。

註

1. 謝明良は、広東製品が揚州で他の陶磁器と共に積み込まれた可能性もあることを指摘している。謝明良「記黒石号 (Batu Hitam) 沈船中的中国陶瓷器」『美術史研究集刊　第 13 期』国立台湾大学芸術史研究所 , 2002 年 , 1 〜 60 頁。
2. 寧波市文物考古研究所「浙江寧波和義路遺址発掘報告」『東方博物』杭州大学出版社 , 1997 年 , 243 〜 280 頁。
3. 鄭国珍　栗建安　田中克子「福州懐安窯貿易陶磁研究」『博多研究会誌』第 7 号 , 博多研究会 1999 年 137 〜 196 頁。
4. Michael Flecker, *The Archaeological Excavation of 10th Century*, Intan Shipwreck, BAR International Series 1047, 2002.
5. 秦大樹「拾遺南海　補欠中土－談井里汶沈船的出水瓷器」『故宮博物院　院刊』2007 年第 6 期 , 紫禁城出版社 , 91 〜 101 頁。
6. この時期には福建白瓷のほかに、福建連江・魁岐窯の粗製の青瓷（倣耀州窯青瓷）がごく少量ではあるが輸出され、日本・博多遺跡などで出土が確認されている。田中克子「中国陶磁器（貿易陶磁の推移）」『中世都市　博多を掘る』海鳥社 , 2008 年 , 116 頁。
7. 日本・博多で南宋越窯青瓷がごく僅かではあるが出土しており、越窯の輸出が南宋初期まで続けられていたことが明らかである。
　田中克子「中国陶磁器（貿易陶磁の推移）」『中世都市　博多を掘る』海鳥社 , 2008 年の p113 上段写真右上の香炉.
　森達也「日本出土的南宋越窯青瓷－博多遺址的青瓷香炉」『故宮文物　月刊』332 号（台湾）2010 年 , 66 〜 73 頁。
8. 李輝柄「福建同安窯調査紀略」『文物』1974 年第 11 期 , 80 〜 84 頁。

9. 朝日新聞社編『はるかなる陶磁の海路展－アジアの大航海時代』朝日新聞社 , 1993 年.

10. 中国国家博物館水下考古研究中心『西沙水下考古 1998 ～ 1999』科学出版社 , 2006 年.

11. 田中克子「博多遺跡群出土陶磁に見る福建古陶磁（その二）福建省閩江流域、及び以北における窯跡出土陶磁」『博多研究会誌』第 10 号 , 2002 年 , 33 ～ 55 頁。

　森達也「福建の古窯址、沈没船、北苑茶園」『陶説』第 668 号 , 2008 年 , 32 ～ 41 頁。

12. 田端幸嗣「琉球諸島における貿易陶磁器の受容に関して」『人類史研究』12 号 , 2000 年 , 33 ～ 45 頁。

13. 亀井明徳「南西諸島における貿易陶磁器の流通経路」『上智アジア学』第 11 号 , 上智大学アジア文化研究所 , 1993 年 , 11 ～ 45 頁。

　亀井明徳「琉球陶磁貿易の構造的理解」『専修人文論集』(60)　1997 年 , 41 ～ 66 頁。

14. 王淑津　劉益昌「大坌坑遺址出土十二至十七世紀外来陶瓷器」『2008 年台湾考古工作会報　会議論文及工作報告』中央研究院歴史語言研究所 , 2009 年 , 275 ～ 292 頁。

15. 陳万里「龍泉西南北三郷之古代窯基」『瓷器與浙江』1934 年。

　李知宴「龍泉青磁の発展と輸出」『貿易陶磁研究』No. 2, 日本貿易陶磁研究会 , 1982 年 , 27 ～ 36 頁。

　金沢陽「浙江省慶元県諸窯について－閩江水系搬出の龍泉窯系青磁－」『青山考古』第 20 号 , 青山考古学会 , 2003 年 , 73 ～ 84 頁。

16. 森達也「伊朗波斯湾北岸幾個海港遺址発現的中国陶瓷」『中国古陶瓷研究』第 14 輯 , 414 ～ 429 頁 , 2008 年など。

17. 『新安海底遺物』資料編ⅠⅡⅢ、総合編 , 韓国・文化広報部文化財管理局 , 1981 ～ 1988 年。

18. 報告書では、福建陶瓷と明確に分類されていないものが多く、数量などは明らかでないが、景徳鎮製品よりは圧倒的に少ないと考えられる。

19. 文化財庁、国立海洋遺物展示館『新安船　白瓷・其他遺物』2006 年。白瓷 No. 26, 27, 76, 78, 79.

20. 文化財庁、国立海洋遺物展示館『新安船　白瓷・其他遺物』2006 年。白瓷 No. 41-49.

21. 建窯（水吉窯）では、南宋末に建盞の生産を終了し、青白磁の生産に移行していることと、新安沈船発見のすべての建盞の内底部に長期間使用されたことを示す擦痕があることから、新安沈船の建盞は骨董または中古品と考えられる。文化財庁、国立海洋遺物展示館『新安船　青瓷・黒釉』2006 年 , No. 38 ～ 45。

22. 文化財庁　国立海洋遺物展示館『新安船　青瓷・黒釉』2006 年。黒釉 No. 50。

23. 文化財庁　国立海洋遺物展示館『新安船　青瓷・黒釉』2006 年。黒釉 No. 46、47。

24. 文化財庁　国立海洋遺物展示館『新安船　青瓷・黒釉』2006 年。黒釉 No. 27 ～ 30。

25. 杭州市文物考古所『南宋太廟遺址』文物出版社 , 2007 年 , 彩版 38, 50, 51, 52, 54, 57, 115-120, 125, 140, 141 ほか。ただし、報告では大部分の福建陶瓷が「未定窯口（窯不明）」と表示されている。

26. 平潭大練島元代沈船遺址水下考古隊「平潭大練島Ⅰ号沈船遺址水下考古発掘収穫『福建文博』2008 年第 1 期 , 21 ～ 25 頁。

第 7 章　中国陶瓷の輸出　　193

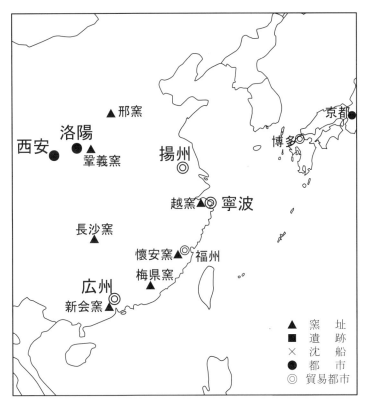

地図 1　晩唐

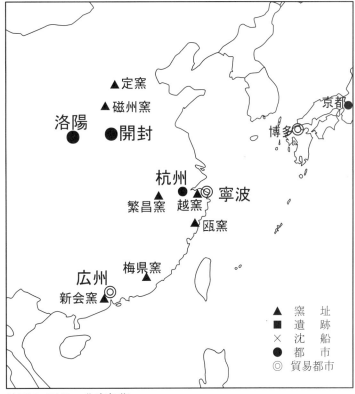

地図 2　五代 – 北宋初期

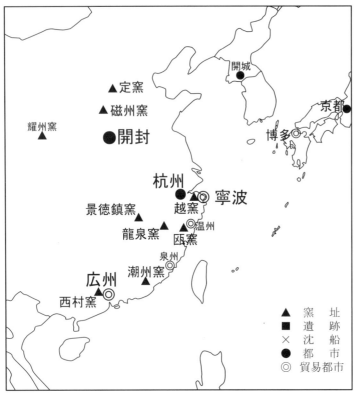

地図3　北宋

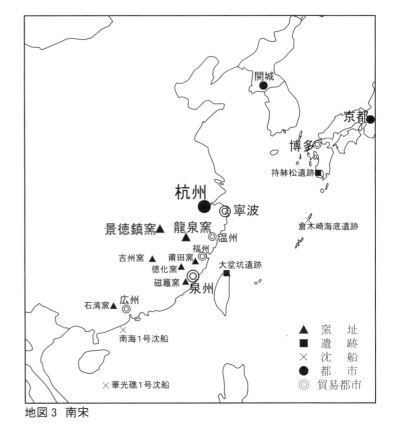

地図3　南宋

第 7 章　中国陶瓷の輸出

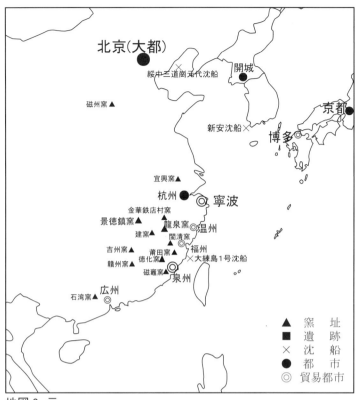

地図 3　元

第7章 第2節 ペルシア湾発見の中国陶瓷

1. はじめに

ペルシア湾はイランとアラビア半島の間にあり、古代から西アジアと東アジアを結ぶ重要な交通路であった。

ペルシア湾の交易は、アラブ帝国のアッバース王朝がイラクのバグダッドに首都を置いた8世紀から13世紀と、モンゴルがイランを支配した14世紀に特に盛んになった。8世紀から11世紀には海港都市であるシーラーフが交易の中心となり、12世紀から14世紀にはキーシュ島、14世紀以降にはホルムズ王国が繁栄してこの地域の交易を掌握した(図1)。

これらの海港都市遺跡では中国陶瓷が数多く発見されており、その状況は三上次男の「陶磁の道」(註1)やデビット・ホワイトハウスのシーラーフ発掘調査報告(註2)、岡野智彦氏の論文(註3)などで紹介されている。

筆者は、2007年4月から5月にかけて、四日市康之氏とともにこの地域の考査を行い、シーラーフ遺跡、キーシュ島、マフルーバーン遺跡などで多くの中国陶瓷を調査した。本節ではその調査の成果を報告する。

2. シーラーフ遺跡

シーラーフはかつてペルシア湾から紅海、インド洋や中国、東アフリカを結ぶ交易の中枢をになった港湾都市で、ササン朝ペルシア時代の四・五世紀に発展を始め、九世紀から十世紀末に最盛期を迎えた。976年または978年に大地震によって大きな痛手を受けた。さらに、ほぼ同じ頃に西アジアの主要海上交易ルートがペルシア湾から紅海へと移行したことによって衰退に向かった。その後、シーラーフ商人たちは世界各地に移住して商業活動を活発に行い、今朝見学したキーシュ島のハリーレなどでも活躍したとされている。

デビット・ホワイトハウスを中心としたイランとイギリスの共同チームが1966年から73年に6次にわたって発掘調査を行ったが、イラン革命によって頓挫し、近年ではテヘラン大学のチームが調査活動を行っている。

シーラーフの都市遺跡は、海岸部に沿った低地に広がっており、その背後にある丘陵地帯には墓域が形成されている。海岸部の都市遺跡には、金曜モスク、バザール、工人街などの遺構が確認されている

シーラーフ文化遺産保護局でデービッド・ホワイトハウスによる発掘調査の出土遺物を見学することができたので、簡単に紹介する。

図2：越州窯青瓷

　右上は10世紀後半から11世紀初頭、その他は九世紀代の碗・鉢である。右上の碗は、外面に蓮弁文が彫りだされ、内面に劃花による鳥文が施されたかなり上質の製品である。

図3：広東的倣越窯青瓷

　ドゥスン・ジャーと呼ばれる広東などで焼かれた粗製青瓷の壺で、9世紀頃の製品である。

図4：長沙窯青釉褐彩碗

　下部に青瓷釉、上部に褐釉が施された長沙窯の碗の口縁部。

図5：邢窯白瓷

　左上は壺か水注の胴部、他は碗である。左下の碗は9世紀、右上の碗は、9世紀末から10世紀頃のものである。

図6：鞏義窯白瓷碗

　邢窯・定窯の白瓷に比べて素地がやや灰色かかっており、白化粧が施されるものもある。9世紀の製品である。右上と左下は輪高台の碗の破片で、口縁部が端反りとなる器形である。

図7：景徳鎮窯青白瓷

　左の碗の外面には蓮弁文が施されており（図12左）、11世紀の製品である。右の小破片は同じ時代のものと思われるが、中央部にコバルト顔料による藍彩が施された興味深い資料である（図13右）。釉断面の全体にコバルトの藍色がしみ込んでいるため、釉上彩でも釉下彩でもない。破片がかなり歪んでおり熱を受けた痕跡が見られることから、焼成後の白瓷の釉上にコバルト釉または顔料を施し、再び高温焼成して焼き付けた可能性が高いと考えられる。エジプトのフスタート遺跡では中国の白瓷の釉上にラスター彩を施したものが発見されていることから、この破片の藍彩も西アジアで施されたと思われる。

　今回調査した中国陶瓷片には、9世紀から11世紀に中国から海外に輸出された代表的な窯の製品がほとんど含まれている。

3．キーシュ島ハリーレ遺跡

　ハリーレ遺跡は、9・10世紀に貿易都市として栄えたシーラーフが、大地震によって11世紀に衰退したのち、シーラーフ商人たちが移り住んで作った都市である。13世紀から14世紀初頭にペルシア湾の交易路を握って大繁栄したが、1320年代にホルムズ王国のク

トゥブッディーン王に攻め落とされ、以後衰退したとされている。

　遺跡はキーシュ島の北側中央の海岸付近にあり、広大な範囲に広がっている。海岸付近には、港湾施設や商館と思われる建築物がある。海岸部から少し内陸側に入ると、モスク、バザールなどが集まった町の中心になる。

　周辺には、まだ発掘調査や整備が行われていない遺構が１km以上の広い範囲にわたって続いており、瓦礫の山といった状態の風景が広がっている。こうした瓦礫に混じって中国陶瓷が大量に散布していた。

　中国陶瓷で最も多いのは13世紀から14世紀前半の龍泉窯青瓷である（図8）。13世紀代のものは少なく、14世紀前半のものが主である。次いで13世紀後半から14世紀前半の福建産の白瓷と青瓷。福建の白瓷（図9）は、徳化窯や安渓窯で見られる印花文を持つタイプや底部を型押し成型したタイプ、口縁を釉剥ぎしたタイプなどが見られる。福建の青瓷（図10）は、内底部を蛇目釉剥ぎとする泉州東門窯や莆田庄辺窯などに見られるタイプが主である。なお、福建の青瓷には、南宋の櫛目文青瓷(珠光青磁)は１点も見られなかった。

　数は少ないが、景徳鎮窯の製品もあり、青白瓷などかなり上質のものも見られた（図11）。元青花などの青花瓷器は一点も確認できなかったが、以前この遺跡を調査した家島彦一氏が採集した陶瓷片には元青花が含まれている。ほかに、福建や広東産と思われる褐釉や黒釉壺瓷の破片も少なくない（図12）。

　中国陶瓷の様相から見て、この遺跡が13世紀から14世紀前半にかけて繁栄していたことはほぼ間違いないと思われる。龍泉窯青瓷の様相は一三二三年に沈没した韓国の新安沈船と共通しており、キーシュがホルムズ王国に打倒された1320年代という年代との関係から重要な意味を持つと考えられる。

4．マフルーバーン遺跡

　ブーシェフル州最北端にある古い海港都市である。マフルーバーンの名前は10-11世紀のアラビア語イスラーム地理書にその名前が挙げられる。例えば、al-Muqaddasī の Kitāb Ahsan al-Taqāsīm fī Maʿrifat al-aqālīm（『諸地域の知識に関する最良なる区分の書』）ではペルシャ湾随一の交易拠点港シーラーフからアッバース朝の都バグダードの外港として繁栄していたバスラへの航路の途中でシーニーズなどの港と共にその名が挙げられており、シーラーフやホルムズなど交易港とバスラの間に位置する中継港として機能していたことが知られる。また、13世紀の地理事典、Yāqūt の Muʿjjam al-Buldān（『地理集成』）にもマフルーバーンの項目が立てられており、シーラーフが衰退してキーシュとホルムズがインド洋交易の覇権を握った時代においても変わらず中継港として機能していたことが知られる。

現在のマフルーバーンには港の施設はなにもないが、砂浜にはイスラーム陶器や中国陶瓷の破片が数多く散布している。

中国陶瓷は9世紀から14世紀頃までの各時代のものがあり、最も多いのは一三から14世紀の龍泉窯青瓷である。

最も興味深い表採品は、9世紀の白釉緑彩盤の破片（図13）で、淡褐色胎土の上に白化粧土をかけ、その上に鉛釉の透明釉と緑釉をかけている。類品は唐代中国の貿易拠点であった揚州唐城やインドネシアで発見された沈没船・黒石号、9世紀後半にアッバース朝の都が置かれたイラクのサーマッラー遺跡などで発見されている。白釉緑彩陶器は、揚州から海路でインド洋を経てサーマッラーまで運ばれたと推定されている。マフルーバーン遺跡はちょうどその海路上にあり、その輸送経路を裏付ける重要な発見である。

この遺跡で確認した中国陶瓷には、9世紀の河南省鞏義窯の白瓷と白釉陶器（図14）、9世紀の河北省邢窯の白瓷（図15）、9世紀から11世紀の越州窯青瓷（図16）、9世紀から10世紀ころの広東産の倣越州窯青瓷の壺（図17）、11世紀の景徳鎮窯の青白瓷と白瓷（図18）、12世紀の福建産の白瓷（図19）、13世紀末から14世紀前半頃の福建の白瓷（図20）と青瓷（図21）、13世紀頃の龍泉窯青瓷（図22）、14世紀前半の龍泉窯青瓷（図23）などがある。これらの瓷片によって9世紀から14世紀前半にかけてこの地に継続的に中国陶瓷が運び込まれていたことがわかった。

マフルーバーン遺跡はシーラーフやキーシュのようにペルシア湾交易の覇権をにぎるような大規模な海港ではなかったが、こうした中国陶瓷の状況から見て、シーラーフが10世紀末の大地震によって崩壊したり、キーシュが1320年代にホルムズとの抗争に破れて衰退したような急激な盛衰はなかったようである。少なくとも9世紀から14世紀までは継続的にかなり活発な交易をおこなっていたと思われる。中心的な貿易都市ではなく、小規模な中継港であったがためにかえって政治的・軍事的な影響を強く受けることなく、長きにわたって存続できたのかもしれない。ここで採集した中国陶瓷の組成は、シーラーフやキーシュとほとんど同じで、ペルシア湾の入り口に近いシーラーフやキーシュとペルシア湾最奥部の海港都市バスラなどとを結ぶ海上交易路上の寄港地として、中継的な役割を果たしたのであろう。

5. 結語

本論文では、8世紀から11世紀に栄えたシーラーフ、12世紀から14世紀に栄えたキーシュ、およびこれら二つの貿易拠点と重なる時代に継続した中継港マフルーバーンで発見した中国陶瓷を紹介した。これら3つの遺跡の遺物によって9世紀から14世紀に西アジアに輸出された中国陶瓷の生産地や器種の変遷の概要が明確化できる。

晩唐から五代（9世紀から10世紀前半）には、越窯青瓷、邢窯白瓷、長沙窯製品、鞏義窯の白瓷・白釉緑彩陶・白釉陶、広東産の倣越窯青瓷壺などが輸出された。

北宋前・中期の11世紀になると、越青瓷、景徳鎮窯白瓷・青白瓷が中心となる。北宋後期から南宋前期の12世紀代の遺物は少ないが、景徳鎮窯の青白瓷、福建白瓷が少量見られる。

南宋中期の13世紀代になると龍泉窯青瓷が多量に輸出されるようになり、景徳鎮窯の青白瓷がこれに次ぐ。元代になると、龍泉窯青瓷を中心に、景徳鎮窯白瓷・青白瓷、福建の白瓷、粗製の青瓷が主な輸出品となる。

全体的な大きな変遷を見ると、晩唐五代と宋・元代の間に大きな変化が起こり、上質の青瓷は越窯から龍泉窯へと移り変わり、上質の白瓷は邢窯・鞏義窯から景徳鎮へと移る。このような変化は、中国国内での青瓷、白瓷の生産中心の変遷をそのまま反映している。また粗製品は晩唐・五代には広東産が中心であったが、宋・元代には福建産が中心となる。これは唐代には西方向けの主要貿易港が広州であったのが、宋代になると福建省泉州が西方貿易の拠点港となったことを反映している。

註

1. 三上次男：『陶磁の道』，岩波新書　1969年。

2. David Whitehouse, 1968, *Excavations at Siraf: First Interim Report,* Iran, vol.6, pp.1-22.

   David Whitehouse, 1969, *Excavations at Siraf: Second Interim Report,* Iran, vol.7, pp.39-62.

   David Whitehouse, 1970, *Excavations at Siraf: Third Interim Report,* Iran, vol.8, pp.1-18.

   David Whitehouse, 1971, *Excavations at Siraf: Forth Interim Report,* Iran, vol.9, pp.1-17.

   David Whitehouse, 1972, *Excavations at Siraf: Fifth Interim Report,* Iran, vol.10, pp.63-87.

   David Whitehouse, 1974, *Excavations at Siraf: Sixth Interim Report,* Iran, vol.12, pp.1-30.

   David Whitehouse, 1972, *Some Chinese and Islamic Pottery from Siraf, Pottery and Metalwork in Tang China,* London, pp.30-34.

3. 岡野智彦：「ペルシャ湾岸の貿易陶磁出土遺跡の現況」『貿易陶磁研究』No.16，日本貿易陶磁研究会，1996年。

（参考文献）

森達也「イランやきもの紀行1」『陶説』No.652，日本陶磁協会　2007年7月。
森達也「イランやきもの紀行2」『陶説』No.653，日本陶磁協会　2007年8月。
森達也「イランやきもの紀行3」『陶説』No.655，日本陶磁協会　2007年10月。
森達也「イランやきもの紀行4」『陶説』No.661，日本陶磁協会　2008年4月。
森達也「イランやきもの紀行5」『陶説』No.662，日本陶磁協会　2008年5月。
森達也「イランやきもの紀行6」『陶説』No.663，日本陶磁協会　2008年6月。
森達也「イランやきもの紀行7」『陶説』No.664，日本陶磁協会　2008年7月。
森達也「伊朗波斯湾北岸幾個海港遺址発現的中国瓷器」『中国古陶瓷研究』14，紫禁城出版社，2008年。

第 7 章　中国陶瓷の輸出　　　　　　　　　　　　　　　　　　　　201

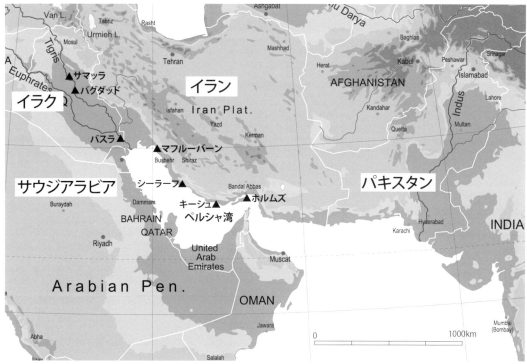

図 1　関連地図

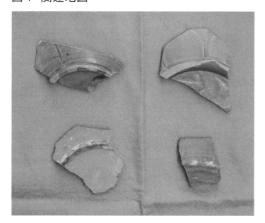

図 2（上、下）越州窯青瓷　シーラーフ遺跡

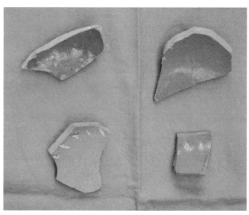

図 3　倣・越州窯青瓷（広東）シーラーフ遺跡

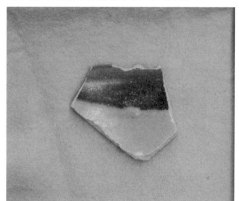

図 4　長沙窯青釉褐彩碗　シーラーフ遺跡

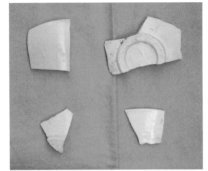
図5 邢窯白瓷 シーラーフ遺跡

図7 景徳鎮窯青白瓷 シーラーフ遺跡

図6 鞏義窯白瓷 シーラーフ遺跡

図8 龍泉窯青瓷 ハリーレ遺跡

図9 福建白瓷 ハリーレ遺跡

図11 景徳鎮窯青白瓷 ハリーレ遺跡

図10 福建青瓷 ハリーレ遺跡

図12 福建・広東産褐釉瓷 ハリーレ遺跡

第 7 章　中国陶瓷の輸出　　203

図 13　白釉緑彩盤　マフルバーン遺跡

図 15　邢窯白瓷　マフルバーン遺跡

図 14　鞏義窯白瓷、白釉陶器　マフルバーン遺跡

図 16　越州窯青瓷　マフルバーン遺跡

図 17　倣・越州窯青瓷（広東）　マフルバーン遺跡

図 19　福建白瓷　マフルバーン遺跡

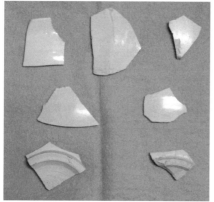

図 18　景徳鎮窯青白瓷、白瓷　マフルバーン遺跡

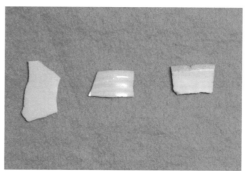

図 20　福建白瓷　マフルバーン遺跡

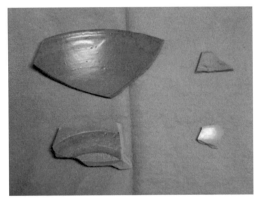
図21 福建青瓷 マフルバーン遺跡

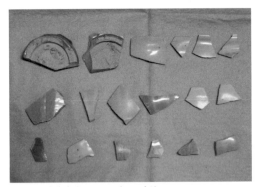
図22 龍泉窯青瓷 マフルバーン遺跡

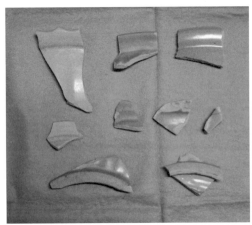
図23 龍泉窯青瓷 マフルバーン遺跡

第7章 第3節 日本出土の龍泉窯青瓷

1. はじめに

　日本人は、鎌倉時代から今日にいたるまで、龍泉窯青瓷をこよなく愛好してきた。特に、侘茶が流行した16世紀以降には、南宋代の粉青色青瓷を「砧青瓷」、元・明代前期の青瓷を「天龍寺青瓷」、明代後期の製品を「七官青瓷」と、日本独特の呼び名を付けて (註1)、愛玩の度合いを深めている。日本人の龍泉窯青瓷に対する愛好の様子は、日本各地の遺跡で発見された莫大な量の龍泉窯青瓷の出土品からも窺い知ることができる。本節では、龍泉窯青瓷の日本における出土状況を簡単にまとめてみたい。

2. 北宋末～南宋前期（12世紀前半）

　日本で発見されている最も早い時期の龍泉窯青瓷は、北宋末から南宋前期の碗や皿である。碗は外面に縦方向の平行線の劃花紋、内面には劃花紋や櫛目紋が施されるものが主で（図1）、日本ではこの類の龍泉窯青瓷を「初期龍泉青瓷」と呼ぶことが多い。出土例は、当時に日本の対外交流の窓口であった九州北部の博多遺跡や大宰府遺跡、首都の京都など西日本に集中しているが、出土数はかなり少ない。この時期は、日本の平安時代（794～1191年）後期にあたり、中国からの輸入陶瓷器は、広東・潮州窯産の白瓷や福建・閩江流域で生産された白瓷、景徳鎮窯の青白瓷、白瓷など、白瓷が圧倒的に多く、青瓷は龍泉窯青瓷や福建産の倣龍泉窯青瓷、耀州窯などがごく少量発見されるだけである。

3. 南宋中期（12世紀後半～13世紀初）

　龍泉窯青瓷の輸入が本格化するのは南宋中期の12世紀後半からである。この時期は日本では平安時代から鎌倉時代（1192～1332年）の移行期で、東日本の鎌倉（神奈川県）に武士政権である幕府（鎌倉幕府）が開かれ、日本史上初めて政権の中枢が東日本に設けられた。

　この段階の龍泉窯青瓷は、まれに水注や瓶が見られるが大部分は碗と小皿である。碗・皿は、外面が無文で、内面に劃花紋が施されるものが主であるが（図2）、碗には外面に劃花蓮弁文と櫛目文が施されるものがまれにある。この時期には、龍泉窯青瓷とともに福建で生産された倣龍泉窯青瓷の碗・皿も大量に輸入されている。福建青瓷は、碗は外面に櫛目紋が施されるものが多く、珠光青瓷または同安窯系青瓷 (註2) と呼ばれることが多い。

　この時期の龍泉窯青瓷と福建の倣龍泉青瓷は博多や大宰府遺跡など九州北部と京都などを中心とする西日本だけでなく、東日本の鎌倉や東北の平泉など東日本にも分布を広げ、

ほぼ日本全国で発見されている。発見される遺跡は、都市遺跡や宮殿、寺社だけでなく、出土量は少ないが地方の武士の居館から農村にまで及んでおり、莫大な量が輸入されて日本各地で受容されたことがわかる。

　九州の南、奄美大島宇検村・倉木崎遺跡では、海中からこの時期の貿易船の積荷と思われる中国陶瓷が大量に発見されたが、その多くは福建の倣龍泉青瓷と龍泉窯青瓷の碗・皿であった（図3）（註3）。

4. 南宋後期（13世紀前半）

　13世紀になると龍泉窯では、南宋官窯の影響を受けた薄胎厚釉の粉青釉青瓷の生産が始まるが、13世紀前半の日本の遺跡では、こうした龍泉窯の上質な製品はごく少量しか出土しておらず、外面に刻花蓮弁文を施した碗や内面に劃花紋を施した小皿など比較的低質な厚胎薄釉の製品が大部分である（図4）。このような製品は、鎌倉、京都、博多、大宰府などで大量に出土するほか、ほぼ全国の遺跡で発見されており、膨大な量が輸入され日本全土に流通したことがわかるのである。

　龍泉窯は、12世紀代までは越窯や甌窯の技術系譜を引き継いだ厚胎薄釉で緑青色釉の青瓷を生産していた。しかし、12世紀末から13世紀の始めには南宋官窯の影響を受けて、薄胎厚釉の粉青釉青瓷の生産技術が導入された。同時に、汝窯・南宋官窯で生み出された、青銅礼器や金銀器、ガラス器に由来する新たな器形の青瓷を生産するようになった。このような南宋官窯の強い影響によって龍泉窯の技術・意匠は飛躍的に高まり、製品の品質が大きく向上し、龍泉窯青瓷は民窯としては、中国国内で最高峰の位置を占めたのである。同時に、大量生産もおこない、外銷青瓷生産でも中国最大規模の窯業産地となった。

　ただし、龍泉窯では13世紀初頭に薄胎厚釉の粉青釉青瓷の生産を開始した後も、越窯や甌窯の技術系譜を引き継いだ厚胎薄釉青瓷の生産を続けている。生産に手間のかかる前者は上質品、後者は大量生産の一般質から粗質青瓷として位置づけられていたようである。この時期に日本が輸入したのは、主に後者の大量生産品である。前者の上質品がほとんど輸入されなかった原因としては以下の2つの点が考えられる。

　まず第1には、生産者側の原因が挙げられる。薄胎厚釉の粉青釉青瓷の生産は、素地の素焼き、釉を厚くかけるための多層施釉など、一般質以下の青瓷に比べて煩雑な工程が必要であり、生産コストも高かった。そのため、新技術導入後しばらくの間は生産量は少なく、製品の単価も高かったと推定される。そのため、主に国内需要向けに生産されて、輸出に回される量はわずかであったと考えられるのである。なお、薄胎厚釉青瓷が大量生産されて、龍泉窯の製品の大多数を占めるようになるのは13世紀後半からと考えられる。

　第2の原因としては、輸入した日本側の問題が挙げられる。13世紀前半は、鎌倉幕府が

成立直後で、幕府と京都の朝廷との間の権力抗争が続いており、内戦も勃発した。幕府の支配が安定していない状況下で、経済的な発展も阻害されており、日本には上質の龍泉窯青瓷を大量に輸入する経済力がまだ十分になかったと考えられるのである。

5. 南宋末から元初（13世紀後半）

　13世紀後半になると鎌倉幕府の支配が確立し、日本の経済は安定した。同時に龍泉窯での薄胎厚釉の粉青釉青瓷の大量生産化も進み、結果的に日本への上質の粉青色青瓷や梅子青青瓷の輸出量が急激に増加した。

　この時期の龍泉窯青瓷は、鎌倉を中心に日本各地の遺跡で膨大な量が発見されているが、出土が集中するのはやはり、鎌倉、京都など政治の中枢を占める大都市である。

　この段階の最も注目すべき出土例は鎌倉・今小路西遺跡である。この遺跡では、鎌倉幕府の中枢に近い最上層の武士の屋敷と考えられる建物群が発見され、龍泉窯青瓷の酒会壺、洗、大盤、鉢、碗、皿など上質の龍泉窯青瓷が大量に出土した（図5）（註4）。発掘当初は、1333年の鎌倉幕府滅亡時の火災による遺物と考えられていたが、近年では13世紀後半の火災による遺物の可能性が高いと考えられている（註5）。ここで発見された上質の製品は、上層階級の屋敷の調度として用いられたもので、当時の、中国からの輸入品を「唐物」と呼んで賞玩した様相を示している。

　全国的に見るとこのような上質の龍泉窯青瓷がまとまって出土することはまれで、鎌倉、京都などに限られるが、碗や皿などは全国各地の遺跡で発見されており、「唐物賞玩」が上層階層の間で全国的に広がっていたことがわかる。

6. 元中期（14世紀前半）

　1333年に鎌倉幕府が朝廷や各地の武士を中心とした反対勢力によって滅ぼされ、一時、朝廷による親政が行なわれたが、1336年に京都に武士政権の室町幕府が開かれた。これに対抗する後醍醐天皇と足利氏の間で政権が争われ、京都と吉野に二つの政権が並び立って抗争を続けた南北朝時代（1336～1392年）となった。

　戦乱の時代ではあったが、この時期にも中国からの「唐物」の輸入は途絶えることなく、室町幕府を開いた足利氏は1342年京都・天龍寺の造営費を捻出するための貿易船・天龍寺船（造天龍寺宋船）を元の明州（寧波）に派遣して貿易を行なっている。

　鎌倉幕府の後期から南北朝時代には、寺社造営費の獲得を目的とした貿易船（寺社造営料唐船）がたびたび派遣されている。

　1976年に韓国西南部の新安沖で、一艘の沈没船が発見され2万点ほどの中国陶瓷器が発見された（註6）。今日、「新安沖沈船」と呼ばれるこの船は、引上げられた木簡などから、

1323 年以降に慶元（寧波）を出港し博多に向かった交易船で、京都の東福寺が派遣に関わっていたことがわかった。

『新安海底遺物（総合篇）』によると、全陶瓷器 18831 点のうち約 56％の 10623 点が龍泉窯青瓷である。このうち「南宋様式」とされるものが 37 点（0.35％）、「元様式」の優良質及び良質とされるものが 117 点（1.1％）、大部分を占めるのは元様式の一般質とされるもので 10469 点（98.5％）を数える。

報告書で「南宋様式」とあるものは、盤口鯱耳瓶や瓶、鬲形炉などの器種があり、日本で砧青瓷と呼ぶ粉青色青瓷である（図 6）。「元様式」は日本で「天龍寺青瓷」とよぶタイプに相当する（図 7）。

新安沖沈船発見の粉青色青瓷（砧青瓷）は、手にとって観察すると使用によってできたと思われる細かい擦り傷が残されているものがあり、同時代に生産された新品ではなく、使用済みの中古品であった可能性が高い。

新安沖沈船発見の建盞にも同じような状況が見られる。建盞は南宋末頃には既に生産が終わって新安船の時代にはもう作られていなかったにもかかわらず、新安沈船では少なくない数の建盞が発見されている。その大多数は内底部に茶を点てたときについた細かい擦り傷が残されていることから、建盞の中古品をわざわざ集めて積み込んでいたと推定される。また、高麗青瓷にも明らかに新安の時代より古いものが含まれている。つまり、新安沈船に積み込まれた陶瓷器は全てが同時代に作られた新品ではなく、数は少ないが明らかに中古品やアンティークが含まれている。龍泉窯青瓷の中にも南宋まで遡る製品が混じっていてもなんら不思議はない。

新安沈船の時代である 14 世紀前半の龍泉窯では、粉青色青瓷（砧青瓷）の生産はすでに盛期を過ぎ、緑青色青瓷（天龍寺青瓷）が全盛となっていた。そうした中で、新安沖沈船に乗船した商人たちが敢えて南宋代に作られた「砧青瓷」の中古品やアンティークを集めて日本に運ぼうとした原因は、日本では粉青色の南宋代の青瓷（「砧青瓷」）が緑青色の元代の青瓷（「天龍寺青瓷」）よりも高い評価を持ち、商品価値も高かったためであろう。

今日の日本でも「砧青瓷」は大変評価が高く、鳳凰耳花生の国宝「万聲」（図 8）、重要文化財「千聲」などをはじめ国宝・重要文化財に指定されているものが少なくない。これら日本伝世の「砧青瓷」の名品の多くは南宋時代後期の 13 世紀前半から中頃までに作られた品が多い。ところが、この頃は、日本では龍泉窯青瓷の優品の輸入はまだ少なく、上質の製品の輸入が本格化したのはようやく 13 世紀後半になってからである。新安沈船の龍泉窯青瓷に南宋の「砧青瓷」が含まれていることから考えると、日本伝世の「砧青瓷」の名品の中には、元代や明代になって中古品やアンティークとして日本に運ばれたものも少なくないのではなかろうか。

新安沖沈船の「元様式」の龍泉青瓷には、酒会壺、大形瓶、大形盤などの大形で上質な器種が含まれているが、大部分は碗・皿などの小形品である。こうした大形器種の遺跡での出土例はあまり多くないが、建長寺や称名寺など鎌倉周辺や京都などの寺院で伝世されているものが少なくない。

遺跡での出土品は、碗・皿などが中心となる。全国の遺跡でこの段階の龍泉青瓷が出土しているが、南宋末から元初の段階よりも量的には少なくなる傾向が認められる。

なお、この段階の上質の龍泉青瓷は、16世紀の城館遺跡（福井・一乗谷遺跡、東京・八王子城など）や江戸時代（1600 ～ 1867 年）の大名屋敷からの出土品が少なくなく、上級階層の間で伝世されたものが戦災や火災によって廃棄されたものである。

7. 明代前期（14世紀後半～ 15世紀前半）

明代前期の龍泉窯青瓷の日本での出土は、前段階に比べて少なくなる。最も注目すべき出土例は、沖縄・首里城京の内での出土品である。首里城は琉球国の王城で、その一角にある京の内では、1459 年の火災による遺物を廃棄した倉庫跡が発見され、1000 点余りの中国、ベトナム、タイ、日本陶磁が発見された（註7）。これらは、琉球王室の財産と考えられ、中国陶瓷は明朝からの下賜品である可能性が指摘されている。

ここで発見された龍泉窯青瓷は、14世紀後半から15世紀前半の製品で、大形瓶、酒会壺、水注、瓶、大皿、大鉢などの上質品が少なくないが、大多数を占めるのは、碗、皿などの小形品である（図9）。

明朝からの下賜品の可能性が高いと推定されているが、2006 年に龍泉大窯で発掘された楓洞岩窯址で出土した明朝の宮廷用品と考えられる最上質の青瓷 は含まれていない。ただし、琉球に官器がもたらされなかったわけではなく、琉球王朝の首都である首里の港であった可能性がある首里市・渡地遺跡では、膨大な量の輸出用の龍泉窯青磁に混じって、ごくわずかに官器の盤や碗が出土しており、当時、明朝の冊封を受けていた琉球国に、明朝から下賜された品であった可能性が高い。

この段階の龍泉窯青瓷の大量一括出土例は少ないが、大阪・堺環濠都市遺跡 SKT82 地点では、14世紀後半から15世紀前半の龍泉青瓷の上質品が15世紀の遺構からまとまって出土している。商業都市である堺の商人は、日明貿易や日琉球貿易に関係するものが多く、こうした上質の龍泉陶瓷を入手する機会が多かったと考えられる（図10）（註9）。

また、飛騨・尾崎城では15世紀中頃に火災にあったと推定される文化面から、14世紀中頃から15世紀前半の香炉、器台、盤などの上質の龍泉青瓷がまとまって出土している（註10）。

この段階の上質の龍泉青瓷は、前段階と同じように、16世紀以降の城館遺跡や江戸時代

の大名屋敷などから出土するものが少なくない。

8. 明中期から明末（15世紀後半から17世紀前半）

　この時期の龍泉青瓷は、全国の都市遺跡や城館遺跡などで出土しているが、大部分が碗・皿などの小形品で、上質の大形品は少ない。また、この段階に中国からの輸入陶瓷は、景徳鎮窯の青花瓷器や白瓷が多くなり、龍泉窯青瓷の量は低下している。

　和歌山の紀淡海峡にある加太友ヶ島の北側海域では15世紀後半の中国陶瓷が数多く引上げられており、堺に向かう貿易船が沈没したと考えられている。引上げられた中国陶瓷の大部分は龍泉青瓷で、碗、皿が圧倒的に多く、瓶や香炉なども含まれる（図11）（註11）。

　16世紀に入ると、景徳鎮窯の青花瓷器と白瓷が増加し、景徳鎮窯の倣龍泉青瓷も見られるようになって、龍泉窯青瓷の数量は低下する。多くは碗、皿で低質の製品が大部分となる。17世紀に入ると古い時期の製品が伝世後に廃棄されたもの以外はほとんど出土しなくなり、青瓷は大部分が景徳鎮窯製品となり、またごくわずかに福建・漳州窯の青瓷が見られるようになる。

　なお、この時期の龍泉窯青磁の日本国内伝世品は少なくなく、「七官青磁」と呼ばれて香炉や瓶、合子などが茶人に愛好されている。その中には、日本からの注文品と思われる意匠のものもあるが、これらの多くは龍泉窯で生産されたものではなく、古染付などとともに景徳鎮窯で生産された製品である可能性が高いと考えている。

　清代の龍泉窯青瓷は日本ではほとんど発見されておらず、遅くとも17世紀後半には約500年にわたる龍泉青瓷の輸入の歴史に終止符が打たれたことがわかる。17世紀以降の大名屋敷などで龍泉青瓷が出土することもあるが、伝世期間を経た後に火災などで廃棄されたものがほとんどである。

9. まとめ

　12世紀から16世紀までの約500年間に、日本には膨大な量の龍泉青瓷が輸入された。各時代を通じて、碗、皿など小形品が輸入品の大部分を占めたが、南宋後期から明前期の段階には、上質の大形品も数多くもたらされ、上層階級に愛好された。最も多くの上質品が輸入されたのは元代中期・後期で、この時代に輸入された大形製品は寺院などで今日まで伝世されているものが少なくない。明代前期に龍泉窯で生産された宮廷用の最上質青瓷は日本の遺跡ではほとんど認められず、この水準の製品は日本にはあまり運ばれなかった可能性が高い。また、江戸時代初期には日本からの注文によると思われるいわゆる「七官青磁」が見られるが、その多くは景徳鎮窯製の倣・龍泉窯青磁である可能性が高い。

註

1. 「砧青瓷」は、南宋代の龍泉窯青瓷の盤口花瓶が布を打つ砧の形に似ていることから名づけられたとの説と、16世紀の茶人・千利休が所持していたひび割れの入った青瓷花瓶に因むとの説がある。「天龍寺青磁」は、14世紀に中国に派遣された貿易船「天龍寺船」に因むとの説と夢窓国師が天龍寺に伝えたといわれる青瓷香炉に因むとの説がある。「七官青瓷」は明の七官の位の人が日本にもたらしたことに因むという説が有力である。
2. 同安窯系青瓷と呼ぶが、日本出土の福建青瓷には同安窯の製品はほとんどなく、莆田窯や南安窯の製品が多い。
3. 『倉木崎海底遺跡発掘調査概報』鹿児島県宇検村教育委員会, 1998年。
4. 『今小路西遺跡（御成小学校内）発掘調査報告書』鎌倉市教育委員会, 1990年。
5. 馬淵和雄「中世鎌倉における貿易陶磁の諸問題」『日本貿易陶磁研究会第20回研究集会資料集』1999年。
   森達也「宋・元竜泉窯青磁の編年的研究」『東洋陶磁』Vol.29, 東洋陶磁学会, 2000年。
6. 『新安海底文物』国立中央博物館, 1977年。
   『新安海底遺物 資料編ⅠⅡⅢ, 総合編』韓国・文化広報部文化財管理局, 1981〜1988年。
7. 『首里城跡－京の内跡発掘調査報告書（Ⅰ）』沖縄県教育委員会, 1998年。
8. 「龍泉窯大窯楓洞岩窯址」『2006年 全国考古十大新発現』文物出版社, 2007年。
9. 「堺環濠都市遺跡（SKT82地点）発掘調査報告」『堺市文化財調査報告』第34集 堺市教育委員会, 1990年。
10. 『尾崎城跡発掘調査報告書（第一・二次調査）』丹生川村教育委員会, 1993年。
11. 東京国立博物館編『日本出土の中国陶磁』東京美術, 1978年。

図版出展
図1・2・4：『中世都市博多を掘る』海鳥社 2008年。
図3・5・10・11：国立歴史博物館編『東アジア中世海道 海商・港・沈没船』毎日新聞社
図8：『神品とよばれたやきもの 宋磁展』朝日新聞社 1999年、68図。
図6、7：『国立中央博物館 日本語版』国立中央博物館 1993年。
図9：『首里城京の内展』沖縄県立埋蔵文化財センター 2011年、表紙写真。

図1　博多遺跡出土龍泉青瓷　北宋末〜南宋前期　福岡市教育委員会蔵

図2　博多遺跡出土龍泉青瓷　南宋中期　福岡市教育委員会蔵

図3　倉木崎遺跡引上げ龍泉青瓷　南宋中期
　　宇検村教育委員会蔵

図4　博多遺跡出土龍泉青瓷　南宋後期
　　福岡市教育委員会蔵

図5　今小路西遺跡出土龍泉青瓷　南宋末～元初　鎌倉市教育委員会蔵

図6　韓国・新安沖沈船引揚げ龍泉青瓷「南宋様式」
　　韓国国立中央博物館蔵

図7　韓国・新安沖沈船引揚げ龍泉青瓷「元様式」
　　韓国国立中央博物館蔵

第 7 章　中国陶瓷の輸出　　　213

図 8　青瓷花生・銘『万聲』
　　　和泉市久保惣記念美術館蔵

図 9　首里城京の内遺跡出土龍泉青瓷　明前期
　　　沖縄県教育委員会蔵

図 10　堺環濠都市遺跡 SKT82 地点出土龍泉青瓷　明前期　堺市教育委員会蔵

図 11　紀淡海峡・加太友ヶ島引上げ龍泉窯青瓷　明中期

第7章 第4節　日本出土の南宋越州窯青瓷─博多遺跡の青瓷香炉─

1. はじめに

　越州窯青瓷の生産は北宋末に停止したと、かつては考えられていたが、1990年代に上林湖の西方に位置する低嶺頭窯や寺龍口窯で、三代青銅礼器の器形を模倣した製品や粉青色青瓷が発見され、その生産は南宋前期まで続いていたことが明らかとなった（註1）。

　南宋越州窯の製品は、北宋後期の越州窯青瓷の器形や紋様の系譜を引き継ぐタイプ（図1）と、倣三代青銅礼器などの南宋初期に新たに生み出された器形のタイプ（図2）とに分けられる。後者の一部には汝窯青瓷の影響を受けたと思われる粉青色の製品が見られ、南宋初期の紹興元年（1131）と四年（1134）に宋朝が越州と紹興府余姚県に礼器の生産を命じたとする『中興礼書』などの記録（註2）に符合すると考えられている（註3）。

　南宋越州窯青瓷は、南宋の都であった臨安（杭州）（註4）や寧波（註5）で発見されているが、三代青銅礼器の器形を模倣した製品や粉青色青瓷は南宋朝の御用品として生産されたと考えられているため、海外への輸出についてはこれまでまったく考察さたことがない。しかし、最近、日本の博多遺跡でその出土が確認されたため、海外で発見された南宋越州窯青瓷の稀有な例として紹介し、その流通について考えてみたい。

2. 博多遺跡出土の青瓷香炉

　博多は、11世紀頃から17世紀初頭まで日本の海外交流の窓口として栄えた港湾都市で、1977年に開始された発掘調査によって9世紀から17世紀にかけての中国瓷器が大量に出土している（図3）（註6）。

　ここで紹介する南宋越州窯の青瓷香炉は（図4・5）、博多遺跡群の東部に位置する第99次調査地点のSK045（45号土壙墓）で出土した（註7）。口縁部が盤口で、底部に三足が付く鼎形の香炉であるが、足は全て欠損している。胴部は3つの文様帯に区分され、上部には縦方向の条線刻紋が巡り、中段には獅子の貼花紋とその周りに粗い彫りの刻花葉紋、下部には刻花連弁紋が施されている。足は全て欠損しているが、痕跡が残っており、付け根の部分の形態は〈形となっていたことがわかる。底部の下面と内面にはリング状の目跡が残っている。釉は淡緑色で、総釉であるが、釉層は薄い。胎土は淡灰色である。推定口径は12.2cm、残高は8.1cmである。

　まったく同じ器形、紋様の香炉が、寺龍口窯址から出土している（図6・7）（註8）。紋様、器形はほぼ同じで、口径11.8cm、残高9cmと大きさもほぼ一致する。リング状の目跡の形状も同じである。同じような貼花獅子紋を持つが、紋様構成がやや異なる同形の香炉（図

第7章　中国陶瓷の輸出　　　215

8) も複数出土しており (註9)、貼花獅子紋が施された香炉は南宋の寺龍口窯ではかなり一般的であったと考えることができる。

　寺龍口窯址出土品との比較から、博多遺跡群第99次調査地点出土青瓷香炉は、南宋越州窯の製品と断定することができる。報告書では、この香炉の年代を北宋前半期と推定しているが、同じ遺構 (SK045) からは、福建の白瓷碗や皿、龍泉窯青瓷の碗、皿、福建の青瓷碗、皿 (いわゆる同安窯系青瓷)、景徳鎮窯青白瓷碗、香炉、日本産の無釉陶器などが出土しており、報告者はこれらの遺物から、この土壙墓の年代を12世紀中頃から後半と推定している。共伴する龍泉窯青瓷碗は、外面は無文、内面には劃花紋をもつもので (図9)、広東沿海で発見された南海1号沈船 (註10) や日本の奄美大島・倉木崎海底遺跡 (註11) 発見の龍泉窯青瓷碗とほぼ同形である。このタイプの青瓷碗の生産年代は博多遺跡や大宰府遺跡では12世紀後半と想定されていたが (註12)、西沙諸島で発見された華光礁1号沈船から「壬午」(1162年) 銘の青瓷が引き上げられた (註13) ことによってこの年代観を若干修正する必要が生じている。華光礁1号沈船から引き上げられた龍泉窯青瓷碗は、外面に櫛目紋をもつタイプ (図10) が主で、南海1号沈船の外面無文の青瓷碗 (図11) より一段階古い様相を示す (註14)。華光礁1号沈船が1162年もしくはその少し後の沈没年代であるとすれば、南海1号沈船は、それよりも一段階後の12世紀第4四半期から13世紀初頭頃に位置づけられ、龍泉窯の外面無文の青瓷碗の年代もその頃の年代が想定される。主にこのタイプの青瓷碗が出土する、この土壙墓 (SK045) の年代もほぼこの頃と考えてよいであろう。

　南宋越州窯の生産年代は南宋初期と想定されており、この土壙墓の年代とは半世紀ほどの差がある。博多出土南宋越州窯青瓷香炉は、前述したように三足が全て欠損しているが、足の付け根は、丁寧に削り落したように見える。おそらく、三足のうちのどれかが欠損してしまったために、他の二足も打ち欠いて平底にして使用を続けたもので、ある程度の使用期間、伝世期間を経て廃棄されたと考えることができるのである。足の破損後に、すぐに廃棄されることなく、しばらくの間使用されたことから見て、日用雑器のように粗略に扱われたものではなかったのであろう。

3. 博多における越州窯青瓷の出土状況

　日本では8世紀末頃から越州窯青瓷の輸入が始まり、博多湾一帯がその最大の受け入れ窓口となった。晩唐・五代の越州窯青瓷が数多く出土するのは、博多遺跡群と入り江を挟んで向かいあう鴻臚館遺跡 (当時の外交施設) やもっと内陸部の大宰府遺跡 (当時の九州地方を管轄した政庁跡) などで、博多遺跡群では晩唐・五代の越州窯青瓷の出土数はそれほど多くない。11世紀になると博多の港湾都市としての機能が高まり、劃花文が施され

た北宋代の越州窯青瓷の出土例がある程度見られるようになる。数は少ないが、北宋後期の越州窯青瓷もある程度出土しており（図12）、晩唐・五代から北宋末期まで、博多に継続的に越州窯青瓷がもたらされていたことがわかる。一方、南宋越州窯青瓷の出土例は現時点で管見に触れたのは、この青瓷香炉のみであることから、越州窯青瓷の輸入は北宋末期に基本的には停止し、この南宋越州窯の香炉は、極めて例外的なものと考えられる。それでは、この南宋越州窯の青瓷香炉はどのようにして博多遺跡に運ばれたのであろうか？次節ではこの問題について考えてみたい。

4. 南宋越窯青瓷の生産と流通

　南宋越州窯青瓷の中国国内での出土は、前述したように杭州と寧波に集中しており、浙江省北部以外の地域ではほとんど確認されていない。越州窯青瓷の生産は、北宋末期で終了したと近年まで考えられていたことからみても、南宋越州窯青瓷の生産量は、北宋の越州窯青瓷よりも遥かに少なかったと推定できる。その流通範囲も北宋の越州窯が中国国内はもとより、東アジアから東アフリカにわたる極めて広い地域に運ばれたのに比べて、浙江北部という極めて狭い地域に限定されていた。

　靖康二年（1127年）に宋王朝（北宋）が金によって滅ぼされた直後に、高宗によって南京（今の河南省商丘）で再興された宋朝（南宋）は、建炎三年（1129）に金軍に追われて南渡した。同年に行宮が杭州に置かれて杭州府は臨安府と改称されたが、間もなく金軍の追撃によって杭州を追われ、江南各地を転々としたのち、紹興2年（1132）には再び杭州に戻った。紹興八年（1138）には杭州に正式な遷都が行われ、紹興十一年（1141）に金との講和が正式に結ばれて、南宋朝はやっと安定期を迎えたのである。

　南宋越州窯の生産は、混乱状態にあった南宋初期の段階で行われたのであり、その製品の流通範囲が南宋朝の拠点であった浙江北部に限定されているのも、この混乱期の状況を反映していると考えられる。紹興十一年（1141）に金との講和が正式に結ばれて、南宋朝が安定期に入ると、南宋越州窯の御用品生産の機能は、杭州に設けられた官窯に引き継がれ、民間用の青瓷生産の拠点は龍泉窯に移って、南宋越州窯には終止符が打たれたのである。

　南宋越州窯の製品は流通範囲が極めて狭く、生産がおこなわれた南宋初期の状況から見て、国外に本格的に輸出されたとは考えられないが、それでは、どのような経緯によって博多出土の南宋越州窯青瓷香炉は日本に運ばれたのであろうか。

　唐・宋・元に日中交流の中国側の窓口は、基本的には寧波であった。榎本渉が作成した『対日交通に利用された中国側港湾（800-1349年）』のリスト（註15）によると、記録に残る中国を発した日本向け船舶53例の内、過半を占める37例が明州（寧波）発で、日本から中

国に向かった船 68 例のうち、37 例が明州（寧波）に、3 例が杭州に入港しており、浙江北部が日本と密接な関係にあったことがわかる。

　宋代に日中間の貿易を担ったのは、主に中国商人であった。中国を拠点として日中貿易にかかわった商人のほか、博多に拠点を置いた中国商人も少なくなく、「博多綱首」と呼ばれて、大宰府や博多周辺の寺社や有力者（権門）と結びついて博多から寧波に渡って盛んに貿易活動をおこなった（註16）。日本人で中国に赴いたのは主に仏僧で、やはり博多から寧波のルートを通る場合が多かった。

　こうした当時の状況から見て、博多出土の南宋越州窯青瓷香炉は、当時日中間を往来した商人（中国商人または博多綱首）か、日本人の仏僧によって日本に運ばれた可能性が高いと考えられる。博多遺跡で発見される南宋初期の中国瓷器は、圧倒的多数が福建北部の閩江流域で生産された白瓷と、広東省北部の潮州窯の白瓷で、他に龍泉窯青瓷や景徳鎮窯青白瓷、閩江下流域の黒釉碗（天目碗）などが少量あるという組成である（註17）。こうした、ある程度まとまった量が出土する中国瓷器は、商人によって貿易商品として運ばれたと考えられる。しかし、南宋越州窯青瓷香炉のようにわずかに 1 点しか発見されていないものは、たとえ商人によって運ばれたものであったとしても、通常の商品とは同列には論じられない。

　前述したように、南宋越州窯の製品は、北宋後期の越州窯青瓷の器形や紋様の系譜を引き継ぐグループ（図 1）と、倣三代青銅礼器などの南宋初期に新たに生み出された器種のグループ（図 2）とに分けられるが、博多出土の南宋越州窯青瓷は、後者のグループに属し、南宋朝の御用品として生産された可能性もある。こうした製品が商人の手を経て日本にもたらされたとすると、ごく少量だけ入手できた特別な商品、または、他者から贈呈された礼品や記念品、自ら使用するための什器、日本での贈呈用の品などさまざまな可能性が推定できる。僧侶によって運ばれたとすると、他者から贈呈品、自らが使用するための什器、帰国後の贈呈用品、帰国後に寺院などで使うための品などの可能性がある。いずれにしても、通常の貿易商品とは一線を画した位置づけをもった特別な扱いを受けた器物であった可能性が高いのである。

5. おわりに

　以上のように、博多出土の南宋越州窯青瓷は、通常の貿易商品として日本に運ばれた器物ではなく、おそらく南宋朝の御用品として生産されたものが何らかの理由で、商人または僧侶によって日本に運ばれたと考えられる。

　ところで、南宋越州窯と前後した時期に、宮廷用の御用品として生産された汝窯（北宋末期）や南宋官窯の青瓷は、海外の遺跡などで出土した例はまったくない。汝窯は、最上

品は宮廷に納められ、次品は民間での売買が認められたとされるが（註18）、民間にあるものが皇室に献上されるなど（註19）、南宋代以降には極めて貴重品として扱われた。また、南宋官窯では、民間に流出することを防ぐために不良品が粉々に砕かれて土坑に一括廃棄されるなど、厳密な管理が行われていた。一方、南宋越州窯青瓷は、博多出土品のように海外に渡ったものもあることから、汝窯や南宋官窯のように大変な貴重品として扱われて、厳密に管理されていたとは思われないのである。

　南宋越州窯の倣青銅礼器の生産は、南宋初期の混乱状況の中で、青銅礼器の不足を補うために、朝廷によって命じられたと考えられるが、その製品は汝窯や南宋官窯に比べて完成度が低く、生産も短期間で終了している。宋代の文献にも「汝窯」「官窯」の名は記載があるが、「南宋越州窯」に相当する窯の名は記録に残されておらず、歴史に残る名窯としての位置は与えられなかったのである。その生産は南宋初期の混乱期に行われた暫定的なもので、製品の扱いや管理も汝窯や南宋官窯のように厳密ではなかったため、日本へ運ばれるという状況が生じ得たのであろう。

註

1. 沈岳明「修内司窯的考古学観察 − 従低岭頭談起」『中国古陶瓷研究』4 輯，紫禁城出版社，1997 年，84 〜 92 頁。
　　浙江省文物考古研究所、北京大学考古文博学院、慈溪市文物管理委員会『寺龍口越窯址』文物出版社，2002 年。

2. 『中興礼書』巻五十九「明堂祭器」記載：“（紹興元年）四月三日…祀天并配位用匏爵陶器，乞令太常寺具数下越州制造，仍乞依見今竹木祭器様制焼造。”（『続修四庫全書』影印北京図書館蔵清蒋氏宝彝堂鈔本，上海古籍出版社，1998 年，822 冊，242 頁）。
　　『中興礼書』巻五十九「明堂祭器」記載：“（紹興四年四月二十七日）同日工部言，据太常寺申，契勘今来明堂大礼正配四位合用陶器，已降指揮下紹興府余姚県焼造”（『続修四庫全書』本，822 冊，243 頁）。

3. 浙江省文物考古研究所、北京大学考古文博学院、慈溪市文物管理委員会『寺龍口越窯址』文物出版社，2002 年，372 頁参照。

4. 金志偉「“御厨”字款越瓷再探」『故宮博物院　院刊』2001 年第 1 期，79 〜 83 頁。
　　金志偉、胡雲法、金軍「南宋宮廷所用越瓷的幾個問題」『浙江省文物考古研究所学刊』第 5 輯，2002 年，72 〜 77 頁。

5. 朱勇偉、陳鋼『寧波古陶瓷拾遺』，寧波出版社，2007 年，見 63 〜 66 頁。ただし、この文献で取り上げられている資料は、正式な調査や発掘によるものではないため、学術的資料として用いるのにはやや問題があり、注意が必要である。

6. 田中克子「貿易陶磁の推移　中国陶磁」『中世都市　博多を掘る』海鳥社，2008 年，112 〜 128 頁。

7. 『博多市埋蔵文化財調査報告書第 560 集　博多 65 −博多遺跡群第 99 次・第 101 次調査報告−』福岡市教育委員会，1998 年，40 頁，第 37 図 -448。

8. 浙江省文物考古研究所、北京大学考古文博学院、慈溪市文物管理委員会『寺龍口越窯址』文物出版社，2002 年，222 頁，図 125-8，223 頁，彩図 302。

9. 浙江省文物考古研究所、北京大学考古文博学院、慈溪市文物管理委員会『寺龍口越窯址』文物出版社，2002 年，222 頁，図 125-9、10、12、13、223 頁，彩図 303、224 頁，彩図 304、305。

第 7 章　中国陶瓷の輸出

10. 『はるかなる陶磁の海路展－アジアの大航海時代』朝日新聞社, 1993 年。
11. 『鹿児島県大島郡宇検村　倉木崎海底遺跡発掘調査報告書』宇検村教育委員, 1999 年。
12. 森田勉、横田賢次郎「大宰府出土の輸入中国陶磁について」『九州歴史資料館研究論集』4, 1978 年, 1 〜 26 頁参照, 25 頁参照。
    田中克子「貿易陶磁の推移　中国陶磁」『中世都市　博多を掘る』海鳥社, 2008, 112 〜 128 頁, 117 頁参照。
13. 中国国家博物館水下考古研究中心『西沙水下考古 1998 〜 1999』科学出版社, 2006 年。
    張威「西沙群島華光礁 1 号沈船遺址　救性発掘」『2007 中国重要考古発現』文物出版社, 2008 年, 173 〜 176 頁, 174 頁参照。
14. 亀井明徳「草創期竜泉窯青磁の映像」『東洋陶磁』Vol. 19, 1992 年, 5 〜 27 頁。
15. 榎本渉「表 1　対日交通に利用された中国側港湾（800-1349 年）」『東アジア海域と日中交流－九〜一四世紀－』吉川弘文館, 2007 年, 30 〜 39 頁。
16. 榎本渉「日宋・日元貿易」『中世都市　博多を掘る』海鳥社, 2008 年, 70 〜 81 頁。
17. 田中克子「貿易陶磁の推移　中国陶磁」『中世都市　博多を掘る』海鳥社, 2008 年, 112 〜 128 頁, 113 〜 117 頁参照。
18. 宋・周煇『清波雑誌』「汝窯宮中禁焼、内瑪瑙末為油、唯供御揀退方許出売，近尤難得。」
19. 宋・周蜜の『武林旧事』には、紹興二十一年（1151）に高宗の寵臣であった張俊が 16 点の汝窯を皇帝（高宗）に献上したという記載がある。

図版出典

図 1、2、6 〜 8 : 浙江省文物考古研究所、北京大学考古文博学院、慈溪市文物管理委員会『寺龍口越窯址』文物出版社, 2002 年。

図 4、12 : 筆者撮影。

図 5、9 :『博多市埋蔵文化財調査報告書第 560 集　博多 65 －博多遺跡群第 99 次・第 101 次調査報告－』福岡市教育委員会, 1998 年。

図 10 : 中国国家博物館水下考古学中心ほか『西沙水下考古学 1998 〜 1999』科学出版社　2006 年。

図 11 :『はるかなる陶磁の海路展－アジアの大航海時代』朝日新聞社　1993 年。

図1 南宋越州窯 寺龍口窯址出土 註8文献より

図2 南宋越州窯（倣三代青銅礼器）
　　寺龍口窯址出土　註8文献より

図3 博多遺跡群位置図

図6 南宋越州窯青瓷香炉
　　寺龍口窯址出土　註8文献より

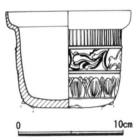

図7 南宋越州窯青瓷香炉
　　寺龍口窯址出土　註8文献より

図5 南宋越州窯青瓷香炉
　　博多99次 SK045 出土
　　註7文献より

図4 南宋越州窯青瓷香炉
　　博多99次 SK045 出土
　　筆者撮影

図8 南宋越州窯青瓷香炉
　　寺龍口窯址出土　註8文献より

第 7 章　中国陶瓷の輸出　　221

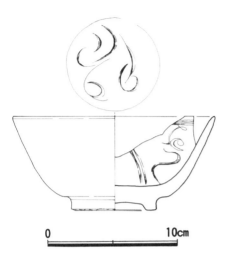

図9　龍泉窯青瓷碗
　　博多99次SK045出土
　　註7文献より

図10　龍泉窯青瓷碗　華光礁1号沈船
『西沙水下考古1998～1999』科学出版社,2006年より

図11　龍泉窯青瓷碗
　　南海1号沈船
　　註10の文献より

図12　越州窯青瓷碗
北宋末期　博多56次出土
福岡市埋蔵文化財センタ
ー保管　筆者撮影

第7章 第5節　12〜14世紀東アジアの陶磁貿易ルート
－福建ルートと寧波ルートをめぐって－

1. はじめに

　日本では、晩唐から清代にかけての膨大な量の福建陶瓷が出土している。その状況から見ると、福建と日本の交易は遅くとも晩唐・五代には開始され、北宋末から南宋初期に本格化し、南宋から元、明初にかけて盛んに行われていたことが推測できる。

　ところが、唐、宋、元の文献記録にある中国を発し日本に向かった船の出航地点を見ると、ほとんどが浙江省・寧波を出航しており、福建と日本との直接的な交易の記録はほとんど残されていない。榎本渉が作成した「対日交通に利用された中国側港湾(800-1349年)」リスト(註1)によると、記録に残る中国を発した日本向け船舶53例の内、出航地が福州の船はわずかに2例で、過半を占める37例が明州(寧波)発、次いで台州が4例、温州が3例と、大多数が浙江発の船で占められている。日本を発して中国に向かった船68例のうち、福建に到着した例は8例であるが、その大部分は漂流によって到達したもので、当初から福建を目的地としていた船は、元代後期に寧波で倭人の動乱があって日本船が寧波に入港できなかった時期(1328年頃)(註2)や元末の動乱期(註3)を除き、ほとんど認められない。一方、日本に来航した出身地が明らかな中国商人11名の記録を見ると、福建出身者が6、浙江3、河南1、広州1で、福建商人が過半を占め、浙江商人がそれに次いでいる(註4)。また、南宋代に泉州の提挙市舶であった超汝道の『諸蕃志』(1225年頃)には、日本(倭国)について「多産杉木、羅木, 長至十四五丈, 徑四尺餘, 土人解為枋板, 以巨艦搬運至吾泉貿易」という記載があり、倭人が大型船で木材を泉州に運んで貿易を行なっていたことがわかる。このように、日本には膨大な量の唐・宋・元の福建陶瓷が運ばれ、多くの福建商人が来日した記録があり、日本商人も福建・泉州に交易に行っていたとされているにもかかわらず、福建と日本の直接交易を示す文献記録はごくわずかしか残されていないのである。

　本節では、日本に運ばれた宋元代の福建陶瓷が、果たしてどのようなルートを通じて輸送されたのか、つまり、文献に多く残る寧波を発するルートによって運ばれたのか、それとも文献記録に残されていない別のルートを通じて運ばれたのかについて、沈没船引揚げ陶瓷や日本各地の遺跡出土陶瓷の分析を通じて考察してみたい。

2. 宋元時期に日本に輸出された福建陶瓷

　福建陶瓷の日本への輸出が始まるのは晩唐から五代の頃である。日本の九州北部の鴻臚館遺跡や大宰府遺跡などで福州西郊にある懐安窯の晩唐・五代の青瓷がかなりの量出土し

ている。しかし、この時期に日本に輸入された中国陶瓷は、越州窯青瓷、邢窯白瓷、長沙窯陶瓷などが主で、福建陶瓷の占める割合は低く、流通範囲も九州北部にほぼ限定されていた。

　北宋に入ると福建陶瓷の日本への輸入は一時途絶えるが、北宋末の11世紀末頃に閩清窯や福州・宦渓窯など福建北部の閩江流域の窯で生産された白瓷の碗、皿が大量に日本に輸入されるようになり、碗、皿のほかに四系壺や水注などもある。この時期には福建白瓷とともに広東北部の潮州窯の白瓷も大量に輸入された。当時の日本の主要な貿易港であった博多では、港の船着場と思われる地点で福建白瓷（図1）と広東白瓷がまとめて大量廃棄された土坑がいくつも発見されている。

　日本の平安時代後期の11世紀後半頃から、博多に中国商人が居住するようになり、「博多綱首」と呼ばれて、日宋間の貿易を盛んに行なった。こうした中国商人の中には前述したように多くの福建出身者が含まれていたと考えられ、大量の福建白瓷は彼らの手によって運ばれたものかもしれない。

　同時期に日本に輸入された陶瓷器は、龍泉窯青瓷、景徳鎮窯青白瓷、南宋越州窯青瓷、磁州窯系陶瓷、定窯白瓷、耀州窯青瓷、などがあるが、量はごくわずかで、福建白瓷と広東白瓷が圧倒的多数を占めていた。

　こうした福建白瓷の大量輸入は南宋初期の12世紀前半まで続くが、12世紀中頃になると白瓷とともに福建で作られた倣龍泉青瓷碗と小皿が大量に輸入されるようになる（図2）。福建の倣龍泉青瓷碗は、外面に櫛目紋、内面に劃花文が施されるものが主で、珠光青瓷または同安窯系青瓷 (註5) と呼ばれている。このタイプの青瓷は福建各地の窯で生産されており、閩南の同安窯が福建の倣龍泉青瓷を代表する中核的な窯とは考えられないため、ここでは同安窯系青瓷の名称は用いないこととする。日本で発見される倣龍泉青瓷は、同安窯の製品はほとんど見られず、閩中の莆田窯の製品が最も近似している (註6)。また、碗の内面中央に「吉」字印刻をもつ倣龍泉青瓷が日本でまれに発見されるが、これは閩南地域の南安窯の製品と考えられる（地図1）。

　12世紀後半には福建の倣龍泉青瓷とともに龍泉窯青瓷が大量に日本に輸入され、量は龍泉窯青瓷のほうが多い。また、福建陶瓷より量は少ないが景徳鎮窯青白瓷も輸入された。

　福建の倣龍泉青瓷の大量輸入は13世紀初頭頃までは続くが、南宋後期の13世紀前半には日本に輸入された中国青瓷の大部分は龍泉窯青瓷に占められるようになる。福建白瓷、景徳鎮窯青白瓷は引き続き輸入が続けられるが、福建白瓷の量は龍泉窯青瓷よりも少なく、景徳鎮窯青白瓷はさらに少量である。

　南宋13世紀後半以降も龍泉窯青瓷が多数を占めるが、福建白瓷と景徳鎮窯青白瓷の輸入は引き続き行なわれた。福建白瓷は口縁部の釉を剥がした口禿白瓷の碗や皿が多量に輸

入されるようになり、14世紀中頃まで輸入が続く。この口禿白瓷の産地はまだ発見されていないが、恐らく閩江流域を中心とした閩北地域と推定される。

　また、13世紀後半から14世紀には閩江流域にある閩清窯や南平・茶洋窯で生産された胎の厚い白瓷碗（図3）（日本ではビロースク・タイプと呼んでいる）や連江窯や莆田窯などで生産された内底部の釉を環形に剥ぎ取った青瓷（中国では青白瓷としている）碗（図4）（日本では今帰仁タイプと呼んでいる）が、琉球諸島（沖縄）に大量に運ばれており、九州の博多などでも少量出土している。

　青瓷・白瓷のほかに、閩南の晋江・磁竈窯の鉢、瓶、洗などの陶器類が12世紀から14世紀の日本各地の遺跡から出土している。特に九州北部では量が多く、日常容器として広く用いられた可能性が高い。また、閩江流域で作られた、建窯（水吉窯）の建盞をはじめとする黒釉碗（天目茶碗）が12世紀前半から14世紀にかけて輸入されて、日本で茶入（抹茶の粉末を入れる容器）として用いられた福州・洪塘窯で生産された褐釉小罐も13世紀から14世紀頃の日本各地の遺跡で発見されている。

　以上のように日本に運ばれた福建陶瓷は、北宋末期から南宋前期には、当時日本に輸入された中国陶瓷の過半を占めていたが、南宋中期に浙江の龍泉窯青瓷の輸入量が急激に増えると、量的には龍泉窯の次の位置を占めるようになり、元代まで同じような状況が継続した。生産地は、白瓷は閩清窯や宦渓窯、茶洋窯など閩江流域の窯、青瓷は莆田窯や連江窯など閩中や閩北の窯が中心であった。日本で茶器として用いられた黒釉碗（天目茶碗）や茶入（褐釉小罐）も多くは閩江流域の製品である。このように、宋元時期に日本に輸出された福建陶瓷は閩北地域の製品が主流であった。一方、閩南地域の製品は晋江・磁竈窯の褐釉と鉛釉陶や南安窯の倣龍泉青瓷などが見られるだけで、東南アジアや西アジアで多く見られる徳化窯の青白瓷や白瓷は、日本ではほとんど出土していない（註7）。

3. 南宋代の福建陶瓷輸出ルート

　北宋末から南宋初期の福建陶瓷の日本への輸出ルートを示す資料は現時点では確認されていないため、まず、南宋中期の日本の沈船遺物を見てみよう。

　日本の奄美大島（西南諸島）・倉木崎海底遺跡で南宋中期の12世紀末から13世紀初頭の沈船遺物と思われる中国陶瓷が大量に発見されている（地図2）（註8）。産地不明のものが多い陶器類を除くと、1593点の瓷器が引揚げられたが、その内訳は、龍泉窯青瓷が1173点（73.6%）、福建・倣龍泉窯青瓷（莆田窯製品）210点（13.2%）（図5）、福建白瓷（閩清窯の製品である可能性が高い）189点（11.9%）（図6）、福建・黒釉碗（天目）1点（0.06%）、景徳鎮窯青白瓷20点（1.2%）である。龍泉窯青瓷と福建瓷器、景徳鎮窯青白瓷の量を比較すると、73.6%：25.1%：1.2%となり、龍泉窯青瓷が全体の約4分の3を占め、福建瓷器

が約4分の1、景徳鎮窯青白瓷は微量といった傾向が認められる。ただし、報告書で産地不明とされている陶器の多くは福建産と思われ、その数量730点を加えると、龍泉窯青瓷と福建陶瓷の破片数はほぼ同数となり、輸送量としては、龍泉青瓷と福建陶瓷に大きな差はなかった可能性もある。

　倉木崎海底遺跡とほぼ同時期の中国陶瓷が大量に発見された福岡・博多遺跡群祇園駅出入口1号土坑（井戸）（註9）からは、龍泉窯青瓷192点（碗135、盤29、磔27、香炉1）、福建・倣龍泉窯青瓷91点（碗1、磔90）、福建・黒釉碗（天目）3点、福建白瓷3点（四耳壺）、景徳鎮窯青白瓷13点（碗5、磔6、小壺2）が出土している。龍泉：福建：景徳鎮の割合は、64％：32％：4％であり、龍泉窯青瓷が約3分の2、福建瓷器が約3分の1、景徳鎮窯青白瓷は微量という、倉木崎海底遺跡の瓷器とよく似た比率を示している。なお、ここでも40点前後の壺、鉢などの陶器が出土しており、その多くは福建産と思われる。この数量を加えると、龍泉窯青瓷と福建陶瓷の数量はかなり近いものとなる。

　九州南部の貿易拠点と考えられている鹿児島・持躰松遺跡では、II期（12世紀中頃から12世紀後半）とされた195点の中国瓷器のうち、龍泉青瓷が66.1％、福建瓷器が33.9％（内訳：青瓷26.7％、白瓷7.2％）であり（註10）、龍泉窯青瓷と福建瓷器の出土比率が、倉木崎海底遺跡、博多遺跡群祇園駅出入口1号土坑と近似している。

　こうした龍泉窯青瓷、福建瓷器、景徳鎮窯青白瓷の組み合わせは、日本各地の同時代の遺跡で確認されているが、日本の南部に位置する琉球諸島（沖縄）でも同じような組成が認められている。南宋代の琉球諸島の中国陶瓷は、日本の九州を経て流入したとする見解が亀井明徳によって示され（註11）、有力な説とされてきた（註12）。一方、金沢陽は、倉木崎海底遺跡の分析や琉球諸島周辺の海流と季節風の考察から、福建から琉球諸島を経て九州に至る航路が存在した可能性を論じている（註13）。さらに、福建から琉球諸島に向かう途中に位置する台湾本島では、近年まで宋代の中国陶瓷はほとんど発見されておらず、中国陶瓷分布の空白地域とされていたが、最近報告された台湾北部の大坌坑遺跡では、日本や琉球諸島で出土するのと同じ莆田窯の倣龍泉青瓷や閩江流域の白瓷、徳化窯の白瓷などが龍泉窯青瓷や景徳鎮窯青白瓷とともに出土したことが確認されており（註14）、福建から台湾北部を経て、琉球諸島を北上して九州に至るという陶瓷輸送路が存在した可能性をあらためて検討する必要が生じている。

　次に、日本の状況と比較するために福建から東南アジア方面に向かった沈船の状況を見てみよう。

　広東沖で発見された南海I号沈船（12世紀末・南宋中期）（註15）や西沙諸島の華光礁I号沈船（12世紀中葉・南宋前期）（註16）では龍泉窯青瓷や景徳鎮青白瓷とともに福建産の倣龍泉青瓷、青白瓷、白瓷、黒釉碗（天目）、磁竈窯の褐釉や鉛釉陶器が発見されており、

量的には福建陶瓷が最も多い。福建の青白瓷は、徳化窯や安溪窯など閩南の製品が多数を占めている。華光礁Ⅰ号沈船では、閩北の松溪窯の櫛目紋青瓷（註17）と閩南の南安窯の倣龍泉青瓷がともに発見されているほか、閩江下流で作られたと思われる白瓷水注などもあり、福建内の広い範囲の窯の製品が、他地域の龍泉窯や景徳鎮窯の製品とともに一つの船に積み込まれていた。

　引揚げられた陶瓷器から見て、これらの沈船は泉州から出航したと考えられている。泉州から出航した船に、福建陶瓷だけでなく遠隔地の龍泉や景徳鎮の製品が大量に積まれていたことは、決して奇異なことではなく、龍泉青瓷や景徳鎮製品を福建に運ぶルートが存在したと考えられている。福建に接した浙江南部に位置する龍泉窯から青瓷の港への輸送路は、龍泉溪から甌江を下って温州に向かう道と、龍泉から山を越えて福建に抜け、閩江の支流を下って閩江に入り、福州に至る道の二つがあったことが陳万里、金沢陽などによって指摘されている（註18）。また、李知宴はこの二つの道のほかに、龍泉から泉州に至る内陸のルートもあったとしている（註19）。また、南宋の『陶記』（蔣祈）には景徳鎮窯の青白瓷が福建地域にも流通したとの記載があり、龍泉窯青瓷と景徳鎮青白瓷が福建陶瓷とともに泉州でこれらの貿易船に積み込まれた可能性は極めて高いのである。近年出版された『中国出土瓷器全集11　福建』（註20）では、福建出土の数多くの龍泉窯青瓷や景徳鎮窯青白瓷が紹介されており、福建地域でこの二つの窯の製品が幅広く流通したことを知ることができる。

　南海Ⅰ号沈船や華光礁Ⅰ号沈船とほぼ同時期の日本各地の遺跡から発見される主な中国陶瓷は、龍泉窯青瓷、閩江流域と閩中地域の福建青瓷・白瓷・黒釉瓷（天目）、閩南の褐釉瓷や鉛釉陶（磁竈窯）、産地不明の陶器類、少量の景徳鎮青白瓷といった内容である。前述したように、福建製品は閩北・閩中地域の製品が主で、閩南地域の製品は磁竈窯製品を除くと極めて少ない。東南アジアまたは西アジア向けの貿易船である南海Ⅰ号沈船や華光礁Ⅰ号沈船との顕著な差異は、日本では徳化窯の青白瓷や白瓷がほとんど見られないことである。徳化窯は閩南で最も規模の大きい瓷器生産地であり、その製品は東南アジアから西アジア、アフリカ東部にかけての地域で大量に発見されている。日本で発見される福建瓷器は主に閩江流域と閩中地域の製品が中心となり、徳化窯系の瓷器がほとんど見られないことから、日本向けの船の出発地は閩南の泉州ではなく、閩北の都市・福州であった可能性が考えられる。おそらく、東南アジア・西アジアへの陶瓷輸出は泉州を拠点とし、日本への輸出は福州を拠点として行なわれたのであろう。

　なお、磁竈窯製品が、閩南の製品でありながら、かなりの量が日本にもたらされた背景は、以下のように考えられる。

　福建地域では、青瓷や白瓷を生産する宋・元代の瓷器窯は、ほぼ全域にわたって膨大な

数が確認されているが、大型の壺や甕、洗や鉢などの日用雑器を生産する窯は瓷器窯に比べて少なく、磁竈窯や福州・洪塘窯、漳浦窯などが知られる程度である。これらの中でも磁竈窯は生産規模や生産量が大きく、中心的な存在で、その製品は福建地域の国内需要を満たすだけでなく、世界中に輸出された。福建地域最大の日用雑器窯と言っても過言ではない磁竈窯の製品は、福建省内で幅広く流通したと考えられ、福州に運ばれたその製品が、閩北・閩中の瓷器とともに日本に運ばれたと推定することができる。

　このように、倉木崎の沈船の出港地は、福州である可能性が極めて高い。目的地は日本の九州であったと思われるが、その航路の途中の奄美大島で沈没したのか、漂流して奄美大島に流れ着いて沈没したのかは不明である。この船の本来予定されていた航行ルートについては、いくつかの可能性が考えられる (註21)。

　①福州を出発して寧波（明州）に寄港し、東シナ海を横断して日本の九州（恐らく博多）に向かう。

　②福州を出発して寧波（明州）に寄港し、東行して琉球諸島に渡り、列島に沿って北上し、九州に向かう。

　③福州を出発して、中国沿岸に沿って北上し、東シナ海を横断して日本の九州（恐らく博多）に向かう。

　④福州を出発して東行して、琉球諸島に達し、列島に沿って北上し、九州に向かう。

　①と②は寧波への寄航を想定しているが、これは南宋代に中国から日本に向かう船は、寧波の市舶司で公憑を受ける必要があったことによる。12世紀後半の『乾道四明図経』（巻一）において「南則閩広、東則倭人、北則高句麗、商舶往来、物貨豊衍」と記されたように、明州は福建や広東（閩広）とも航路で結ばれており、また、前述したように宋代に日本との間を往来した中国商人の多くは福建人であり、彼らは福建から寧波（明州）に向かい、そこで公憑を受けて日本に向かったとされている (註22)。寧波から日本への航路は、宋元時期には主に①のルートが使われており、倉木崎の沈船が②のルートを意図的に使おうとした可能性はかなり低い。そのため、この沈船が寧波に寄航してから日本に向かったのであるとすれば、何らかの原因で①の航路からはずれて漂流した結果、奄美大島に流れ着いて沈没した可能性が高いと考えられる。

　③④の航路の場合には、この船は市舶司の公憑を受けない密貿易船ということになる。③は、基本的には①と近い航路である。寧波に寄航しないで、東シナ海を横断する航路を想定したが、文献上にはまったくこうした航路を利用した記録は残されていない。④についても文献記録はないが、前述したように台湾北部、琉球諸島一帯で倉木崎の沈船と近似した様相をもつ中国陶瓷の出土が確認されており、この航路の存在の可能性は否定できな

い。

　以上の点から、倉木崎の沈船の航路は①の寧波経由もしくは④の琉球諸島経由の可能性が高いと考えられるが（地図2）、そのどちらであったかは現時点では特定できない。この問題については、次節で元代の輸送ルートについて考察した後に、改めて考えてみたい。

3. 南宋代の福建陶瓷輸出ルート

　まず、元代に日中間の交通路として最も多く利用された寧波から博多のルートを通じて運ばれた福建陶瓷の様相を見てみよう。このルートによる確実な例として挙げられるのは韓国・新安沈船である。

　新安沈船は、韓国西南端の全羅南道新安郡沿海において1976年に発見され、同年から1984年にかけて1一次にわたる引き揚げ調査が実施された（註23）。全長約28m、幅約9mの木造帆船の船体と、陶磁器20679点、金属製品729点、銅銭約28tなど多彩な遺物が引き揚げられた。木簡（荷札）の記載から、中国慶元（浙江省寧波）を至治3年（1323）に出港し日本・博多に向かう途中に難破したことが明らかである（地図2）。

　新安沈船で発見された陶磁器は大部分が中国陶磁で、龍泉窯青瓷が2万点あまりの全陶瓷器の約5分の3の12000点余りを占め、次いで景徳鎮の白瓷、青白瓷などが約4分の1の5300点余りを占める。福建製品の占める割合はそれほど高くないようであるが（註24）、閩清窯の白瓷碗・皿（図7）（註25）や閩江流域で生産されたと思われる芒口白瓷碗（図8）（註26）、建盞（註27）、南平・茶洋窯の黒釉小碗（図9）（註28）、徳化窯褐釉碗（図10）（註29）、福州・洪塘窯の褐釉小壺（茶入）（図11）（註30）など、福建各地のさまざまな窯の製品と器種がある。このうち、建窯で生産された建盞は、南宋末にはすでに生産を停止していたもので、内面に使用されたことを示す擦痕があることから、骨董品または中古品を買い集めて船に積んだと考えられている。

　陶瓷器では、ほかに華北の磁州窯系陶瓷、江西省・吉州窯と贛州窯の製品、江蘇省・宜興窯褐釉四耳壺、浙江省・金華鉄店村窯倣鈞瓷、杭州・老虎洞窯元代青瓷、広東省・石湾窯褐釉四耳壺、高麗青磁、日本瀬戸窯製品などが引揚げられている。

　「至治三年（1323）」銘の木簡と「慶元路」銘の青銅錘から、この船は1323年に慶元（寧波）を出航し、「東福寺公用」「東福寺公物」銘などの木簡（荷札）から、京都・東福寺の造営料を得るための貿易船としての性格を持ち、「釣寂庵」「筥崎（箱崎宮）」など博多の寺社名の記された木簡（荷札）から博多が目的地の一つと推定されている。近年、久保智康は新安沈船の金属器の一部が高麗製である可能性と、同船から高麗青瓷が発見されていることから、高麗に寄航後、博多に向かう途中で沈没した可能性を指摘しているが（註31）、杭州や寧波で高麗青瓷の出土が見られること（註32）や南宋代に寧波が高麗朝との交流の窓

第7章　中国陶瓷の輸出　　　229

口になっていたことを考えると、これらの高麗製品が寧波で新安船に積み込まれた可能性
は決して少なくないのである。

　また、新安沈船で発見された福建北部産の陶瓷器が少なくないことから、その出航地は
福州ではないかという説が陳擎光によって示されたことがある（註33）。しかし、近年報告
された杭州・南宋太廟の元代文化層（TM第3・2層）からは福建陶瓷がかなりの量出土し
ていることから（註34）、杭州など浙江北部に福建陶瓷の流通が及んでいたことは明らかで
あり、福建陶瓷の存在を根拠に福州発の船と考えることはできない。南宋太廟遺跡の元代
文化層からは、龍泉窯青瓷、景徳鎮窯製品、福建陶磁のほかに磁州窯系陶瓷、江西省・吉
州窯製品と贛州窯製品、宜興窯褐釉四耳壺、浙江省・金華鉄店村窯倣鈞瓷、定窯白瓷など
が出土しており、その内容は新安沈船で発見された陶瓷器の生産地と一致する点が多い。
南宋朝の首都であった杭州は、元代にも華南最大の都市として繁栄し、中国南部の政治・
経済の中心であった。南宋太廟遺跡の元代文化層出土遺物の様相から、全国各地の陶磁器
が杭州に運ばれて消費されていたことがわかり、各地の製品が杭州に集まる流通システム
が確立していたことがわかる。また、正式な考古発掘による資料ではないが、新安沈船の
出航地である寧波市内でも杭州出土陶瓷と同じような産地の製品が出土している（註35）。
寧波と杭州は運河で結ばれており、杭州に流通した全国各地の陶瓷器が、運河を通じて寧
波に運ばれてその一部が日本向けの船に積み込まれたと考えてよいであろう（表1）。なお、
新安沈船の陶瓷器は、大部分が龍泉窯青瓷と景徳鎮製品で占められており、他の産地の製
品は少量である。龍泉窯青瓷と景徳鎮製品は輸出向けの商品として大量に寧波に運ばれて
いたと考えられるが、福建陶瓷をはじめとする他の窯の製品は、輸出向けの商品として杭
州や寧波に運ばれたのではなく、国内消費のために杭州や寧波で流通したものの一部が輸
出にまわされた可能性も考えられる。

　新安沈船と同時代の日本国内の遺跡で出土する中国陶瓷は、龍泉窯青瓷が最も多く、次
いで福建陶瓷と景徳鎮窯瓷器とが一定量を占める。博多や京都、鎌倉など当時の大都市で
は、磁州窯系陶瓷、吉州窯製品、贛州窯製品、宜興窯褐釉四耳壺、浙江・金華鉄店村窯倣鈞瓷、
広東・石湾窯褐釉四耳壺など新安沈船で発見された各産地の陶瓷器が少量ではあるが出土
しており、新安船に積み込まれていた陶瓷器の組み合わせが、当時日本に輸入された中国
陶瓷の標準的な組成を示していると考えられる。

　日本出土品や新安沈船の陶瓷器の比率を見ると、元代には、南宋代に比べて福建陶瓷の
占める割合が明らかに低下していることから、この時期の日本向けの陶瓷輸出路は、福建
ルートではなく、寧波から九州に向かうルートが主流であったと考えられる。しかし、前
節で指摘した、南宋代に存在した可能性のある福州から琉球諸島を経て日本に至るルート
とほぼ同じルートが元代にも存在した可能性がある。琉球諸島では、13世紀後半から14

世紀の遺跡で、前述した閩清窯の白瓷（ビロースク・タイプ）や連江窯の青瓷（青白瓷）（今帰仁タイプ〈今帰仁類型〉）が出土する。このタイプの白瓷、青瓷は、博多など日本本土でも出土することもあるが、琉球諸島での出土例の方がはるかに多い。こうしたことから、この時期に福州から琉球諸島を経て九州に至るルートを通じた貿易は何らかの形で行なわれていたと考えられている（註36）。また、明代初期の1372年には中山王察度が明朝への朝貢（進貢）を始め、このルートを通じた明と琉球との貿易が始まることから見て、その前段階の宋元期に、この交易ルートが使われ始めていた可能性は高いのである。なお、琉球からの朝貢が始まった当初、明朝の指定した入域港は、当時アジア最大の貿易港であった泉州であった。しかし、1472年に入域港は福州に変更され、それ以後は常に福州が琉球との交流の窓口となった。こうした背景には、琉球との交流に福州の方が便利であることがあったと思われ、明時代初期に正式な朝貢が始まる前には福州地域との交流が行われていた可能性を窺わせる。

　次に比較のため、同時代の福建・泉州を通じた陶瓷貿易について見てみよう。

　南宋代から引き続き、元代においても東南アジアや西アジアに向けた陶瓷輸出の最大の拠点は泉州であった。東南アジアや西アジアでは、龍泉窯青瓷、景徳鎮製品（白瓷、青花など）とともに、福建・徳化窯白瓷、泉州東門窯や莆田窯などで生産された粗製の青瓷、晋江・磁竈窯製品（褐釉、鉛釉）などが数多く発見されている。広東・石湾窯の褐釉罐なども見られることから、泉州を出航して広州を経て東南アジアに向かう船や、広州から出港した船もあったのであろう。筆者は2007年にペルシア湾のキーシュ島（Kish　基什島）とマフルーバーン遺跡（Mafruban）で中国陶瓷の調査を行なったが、元代陶瓷についてはどちらの遺跡でも龍泉窯青瓷が過半を占め、次に量が多いのは福建の白瓷（図12）、青瓷（図13）で、景徳鎮の白瓷や青花瓷器は少量であった。新安沈船の陶瓷組成と比較すると、龍泉窯が過半を占める点は共通しているが、福建瓷器と景徳鎮瓷器の割合が逆転して、福建陶瓷の占める割合が高くなっている（註37）。これは、東南アジアや西アジアへの陶瓷器輸出が主に福建・泉州を拠点として行なわれたため、泉州に近い福建省内で輸出目的に生産された陶瓷器が大量に船積みされたためと考えられる。一方、新安沈船の福建陶瓷の場合は、杭州や寧波市内の遺跡で出土する福建陶瓷や中国各地の窯の製品と同様に、輸出目的ではなく国内流通として杭州や寧波に運ばれたものの一部が、貿易商人に買い取られて船積みされたものであるため少量に留まったのであろう。なお、新安沈船には、磁州窯、吉州窯など中国各地の窯の製品が含まれているが、東南アジア・西アジアなどで発見される元代の中国陶瓷は龍泉、福建、景徳鎮、広東の製品にほぼ限定されており、磁州窯系など他の窯の製品が出土すること極めて稀である。これは、泉州からの陶瓷輸出は、輸出のために泉州に大量に集積された龍泉窯、福建、景徳鎮窯の製品にほぼ限定されていたが、華

南第一の都市・杭州に近い寧波では、輸出用に大量集積されていた龍泉窯と景徳鎮窯瓷器だけでなく、国内流通によって集まった中国各地の陶瓷器が入手可能であり、その一部が日本向けの船に積まれたのであろう。

　以上のような、泉州と寧波から輸出された元陶瓷の組成の違いに留意しながら、南宋中期に日本にもたらされた福建陶瓷についてもう一度考えてみたい。南宋中期の奄美大島・倉木崎の沈船や日本各地の遺跡出土の中国陶瓷は、龍泉窯青瓷が最も多く、次いで福建陶瓷、その次に少量の景徳鎮窯瓷器という組み合わせが一般的である。この比率は、元代に泉州から東南アジアや西アジアに輸出された中国陶瓷の組成にかなり近い状況を示しており、寧波を出航した新安沈船の、二分の一が龍泉窯青瓷、三分の一が景徳鎮窯瓷器で占められる様相とは大きく異なる。もちろん、元代と南宋では時代背景が異なり、単純に比較することはできないが、日本で南宋中期の福建陶瓷が多量に出土する状況は、これらの福建陶瓷の多くが、福建を出航した船で日本に運ばれた可能性を示唆していると考えたい。

　なお、龍泉青瓷が過半を占めるという状況は、南宋・元の中国陶瓷を出土する世界各地の遺跡で共通する状況であり、南宋から元代にかけて莫大な量の龍泉青瓷が中国から輸出され続けていたことがわかる。元代龍泉窯青瓷を大量に積んだ沈船は、新安沈船のほか、インドネシアで発見されたトゥバン（Tuban）沈船がよく知られているが、近年また新たな沈船の調査例が報告された。2006年に福州南方の平潭で発見された大練島1号沈船からは、300点を超える元代龍泉窯青瓷が発見された（註38）。他の窯の製品はまったく見つかっていないため、積載された陶瓷器は、龍泉青瓷のみと推定される。この船の性格については、福州を出港した外貿船との考え方もあるようだが、これまで発見されている宋・元代の外貿船は、一つの窯の製品だけを積み込んでいる例はほとんどないことから（註39）、外貿船ではなく、国内輸送の船と考えられる。福州を出航したのであれば、福建陶瓷が少しは積まれていてもよいはずであるが、龍泉窯青瓷しか発見されていないことから、龍泉窯青瓷の主要な積み出し港である温州を出航して、陶瓷輸出の最大の拠点である泉州に向かっていた可能性が高いと考えられる。海路によって陶瓷器の国内輸送を行なったと推定されている沈船の例は、渤海湾で発見された綏中三道崗元代沈船があり（註40）、この船からも元代磁州窯製品のみが発見されている。このような海路による遠距離輸送によって各地の陶瓷器が運ばれたほか、河路、陸路などさまざまな交通路によって、各地の産地から泉州や寧波など主要な海港都市に膨大な量の陶瓷器が運ばれて集積され、さらに外貿船へと積み込まれて、海外へと運ばれたのであろう。

4. おわりに

　宋・元代に中国から日本に至る主要なルートは、寧波から九州に向かう道であったこと

は文献研究で明らかにされている（註41）。しかし、日本での福建陶瓷（特に閩北地域の製品）の出土量の多さを見ると、福州を発するルートが存在し、しかもかなり重要な役割を果たした可能性を無視できないのである。このルートには、福州→寧波→博多と福州→琉球諸島→九州の二つの航路が想定されるが、恐らくこの両者が共存したのではないかと思われる。文献には後者のルートの存在を示す記録は無いが、この地域の中国陶瓷の分布状況から見ると、その存在の可能性は決して低くないであろう。

　また、元代においては、寧波から輸出される中国陶瓷と泉州から輸出される中国陶瓷に組成の差が認められ、寧波からの輸出品には龍泉窯青瓷、景徳鎮窯白瓷を中心に華北、華南各地の窯の製品が少量ではあるが含まれるが、泉州からの輸出陶瓷は、龍泉窯青瓷、景徳鎮窯白瓷、福建産陶瓷が大部分を占め、他産地の製品は極めて少ない点を指摘したことも重要である。

註

1. 榎本渉「表 1 対日交通に利用された中国側港湾（800-1349 年）」『東アジア海域と日中交流－九～一四世紀－』吉川弘文館,2007 年,30 ～ 39 頁 。
2. 榎本渉『東アジア海域と日中交流－九～一四世紀－』吉川弘文館,2007 年,131 ～ 132 頁。
3. 榎本渉『東アジア海域と日中交流－九～一四世紀－』吉川弘文館,2007 年,189 ～ 192 頁。
4. 森克己「第十五章　日宋貿易に活躍した人々」『続・日宋貿易の研究』国書刊行会,1975 年,250 ～ 253 頁。
5. 李輝柄「福建同安窯調査紀略」『文物』1974 年第 11 期,80 ～ 84 頁。
6. 亀井明徳は 1995 年に、日本出土のいわゆる同安窯系青瓷の中に、莆田窯の製品と非常に近い一群があると指摘している。
　亀井明徳『福建古窯跡出土陶瓷器の研究』都北印刷出版,1995 年,67 頁。筆者も同意見であり、特に小皿（楪）は、日本出土品と近似している。
7. 日本でも博多などで、徳化窯に近似した底部を型で作った白瓷が出土するが、その多くは莆田窯製品と考えられる。
8. 『鹿児島県大島郡宇検村　倉木崎海底遺跡発掘調査報告書』宇検村教育委員会,1999 年。
9. 池崎譲二「博多遺跡群祇園駅出入口 1 号土坑　－竜泉窯・同安窯系青磁」『季刊　考古学』第 75 号,雄山閣,2001 年,44 ～ 45 頁。
10. 宮下貴浩「第Ⅴ章　中世前期の持躰松遺跡～まとめにかえて～」『持躰松遺跡第 1 次調査』金峰町教育委員会,1998 年,p64-71。なお、持躰松遺跡では景徳鎮窯の青白瓷が 17 点以上出土している（上記報告書,第 33 図）が、陶瓷器組成の比率には含まれていないようである。
11. 亀井明徳「南西諸島における貿易陶磁器の流通経路」『上智アジア学』第 11 号,上智大学アジア文化研究所,1993 年,11 ～ 45 頁.
　亀井明徳「琉球陶磁貿易の構造的理解」『専修人文論集』(60),1997 年,41 ～ 66 頁。
12. 田端幸嗣「琉球諸島における貿易陶磁器の受容に関して」『人類史研究』第 12 号,2000 年 10 月,33 ～ 45 頁.
13. 金沢陽「倉木先"沈船"考」『鹿児島県大島郡宇検村　倉木先海底遺跡発掘調査報告書』宇検村教育委員会,1999 年,40 ～ 49 頁。

14. 王淑津、劉益昌「大坌坑遺址出土十二至十七世紀外来陶瓷器」『2008 年台湾考古工作会報　会議論文及工作報告』中央研究院歴史語言研究所, 2009 年 3 月, 275 ～ 292 頁。

　　王淑津、劉益昌「大坌坑遺址出土十二至十四世紀中国陶瓷」『福建文博』2010 年第 1 期, 45 ～ 61 頁。

15. 『はるかなる陶磁の海路展－アジアの大航海時代』朝日新聞社, 1993 年。

　　中国国家博物館水下考古研究中心『西沙水下考古 1998 ～ 1999』科学出版社, 2006 年。

16. 中国国家博物館水下考古研究中心『西沙水下考古 1998 ～ 1999』科学出版社, 2006 年。

17. 福建北部の松渓窯は、浙江の龍泉窯と極めて近い位置にあり、その製品は倣龍泉青瓷とするよりも、龍泉青瓷の範疇に含めた方が適切である。

18. 陳万里「龍泉西南北三郷之古代窯基」『瓷器與浙江』1946。

　　金沢陽「浙江省慶元県諸窯について－閩江水系搬出の龍泉窯系青瓷－」『青山考古』第 20 号, 青山考古学会, 2003 年 5 月, 73 - 84 頁。

19. 李知宴「龍泉青磁の発展と輸出」『貿易陶磁研究』No. 2, 日本貿易陶磁研究会, 1982 年, 27 - 36 頁。

20. 『中国出土瓷器全集 11　福建』科学出版社, 2008 年.

21. 初期の遣唐使船は、朝鮮半島の沿岸から黄海を横断して中国に向かう航路をとることがあったが、宋代には一般的には使われていなかったため、黄海を横断する航路は除外した。

22. 榎本渉『東アジア海域と日中交流－九～一四世紀－』吉川弘文館, 43 頁。

23. 『新安海底遺物』資料編 I II III、総合編　韓国文化広報部・文化財管理局, 1981 - 1988 年。

24. 報告書では、福建陶瓷と明確に分類されていないものが多く、数量などは明らかでないが、景徳鎮製品よりは圧倒的に少ないと考えられる。

25. 文化財庁　国立海洋遺物展示館『新安船　白瓷・其他遺物』2006 年。白瓷No. 26, 27, 76, 78, 79.

26. 文化財庁　国立海洋遺物展示館『新安船　白瓷・其他遺物』2006 年。白瓷No. 41-49.

27. 建窯（水吉窯）では、南宋末に建盞の生産を終了し、青白磁の生産に移行していることと、新安沈船発見のすべての建盞の内底部に長期間使用されたことを示す擦痕があ
　　ることから、新安沈船の建盞は骨董または中古品と考えられる。
　　文化財庁　国立海洋遺物展示館『新安船　青瓷・黒釉』2006 年, No. 38 ～ 45。

28. 文化財庁　国立海洋遺物展示館『新安船　青瓷・黒釉』2006 年, 黒釉No. 50。

29. 文化財庁　国立海洋遺物展示館『新安船　青瓷・黒釉』2006 年, 黒釉No. 46 ～ 47.

30. 文化財庁　国立海洋遺物展示館『新安船　青瓷・黒釉』2006 年, 黒釉No. 27 ～ 30.

31. 久保智康「新安沈船に積載された金属工芸品－その性格と新安船の回航性をめぐって－」『九州と東アジアの考古学－九州大学考古学研究室 50 周年記念論文集』2008 年 5 月, 597 - 615 頁。

32. 小林仁「中国出土高麗青瓷考」『中国古陶瓷研究』第 14 輯, p563 - 585.

　　杭州市文物考古所『南宋恭聖仁烈皇后宅遺址』文物出版社　2009 年, 142 頁、ほか.

33. 陳擎光「元代福建北部及其隣近地区所輸出的陶瓷器－試論新安沈船以福州為出口港」『故宮学術季刊』第 6 巻　第 3 期』国立故宮博物院, 1989 年, 1 ～ 38 頁.

34. 杭州市文物考古所『南宋太廟遺址』文物出版社, 2007 年, 彩版 38, 50, 51, 52, 54, 57, 115 - 120, 125, 140, 141 ほか。ただし、報告では大部分の福建陶瓷が「未定窯口（窯不明）」と表示されている。

35. 朱勇偉、陳鋼『寧波古陶瓷拾遺』寧波出版社, 2007 年。

36. 亀井明徳「琉球陶磁貿易の構造的理解」『専修人文論集』(60) 1997 年, 41 ～ 66 頁, 42 頁。

　　田中克子「第 5 節　2. 生産と流通」『13 ～ 14 世紀の琉球と福建』熊本大学文学部, 2009 年, 137 ～ 143 頁。

　　四日市康博「ユーラシア交易圏からアジア間交易圏へ－宋元期における海域交流の拡大とその後の変容－」『第 54 回国際東方学者会議（ICES）シンポジウムIV「近千年の中国における大地と社会の変貌－自然・景観・人口・交流などを中心として－」予稿集』2009 年, 99 ～ 125 頁, 115 頁。

37. 森達也「伊朗波斯湾北岸幾個海港遺址発現的中国瓷器」『中国古陶瓷研究』第 14 輯, 紫禁城出版社, 2008 年, 414 ～ 429 頁。

38. 平潭大練島元代沈船遺址水下考古隊「平潭大練島Ｉ号沈船遺址水下考古発掘収穫」『福建文博』2008年，第1期,21 〜 25頁.

39. 金沢陽も一つの窯の製品を運ぶ船は国内の輸送船である可能性が高いとしている。
　　金沢陽「宋・元沈船搭載陶磁器についての若干の考察」『青山考古』第14号,1996年.

40. 張威主編『綏中三道崗元代沈船』科学出版社2001年.

41. 榎本渉「明州市舶司と東シナ海海域」『歴史学研究』756,2001年，をはじめ、多くの研究がある。

図版出典

図1、2：田中克子「貿易陶磁の推移　中国陶磁」『中世都市　博多を掘る』海鳥社,2008,112 〜 128頁。

図3、4：那覇市立壺屋焼博物館『陶磁器に見る　大交易時代の沖縄とアジア』那覇市教育委員会1998年

図5、6：『鹿児島県大島郡宇検村　倉木崎海底遺跡発掘調査報告書』宇検村教育委員会1999年。

図7、8：韓国・文化財庁　国立海洋遺物展示館『新安船　白瓷・其他遺物』2006年。

図9 〜 11：韓国・文化財庁　国立海洋遺物展示館『新安船　青瓷・黒釉』2006年。

図11、12：筆者撮影

第 7 章　中国陶瓷の輸出　　　　　　　　　　　　　　　　　235

図1 博多出土福建白瓷（11世紀末-12世紀前期）

図2 博多出土福建青瓷（12世紀後半）

図3 沖縄出土福建白瓷（ビロースク・タイプ）

図4 沖縄出土福建青瓷（今帰仁タイプ）

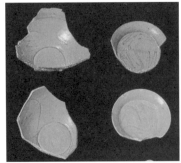

図5 倉木崎海底遺跡発見の福建青瓷

図6 倉木崎海底遺跡発見の福建白瓷

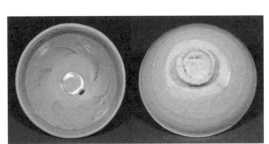

図7 新安沈船発見の福建白瓷（閩清窯）

図9 新安沈船発見の黒釉小碗（茶洋窯）

図10 新安沈船発見の褐釉碗（徳化窯）

図8 新安沈船発見の福建白瓷

図11 新安沈船発見の黒釉小壺（洪塘窯）

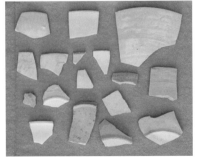

図12 イラン・キーシュ島発見の福建白瓷（元代）　図13 イラン・キーシュ島発見の福建青瓷（元代）

第 7 章　中国陶瓷の輸出

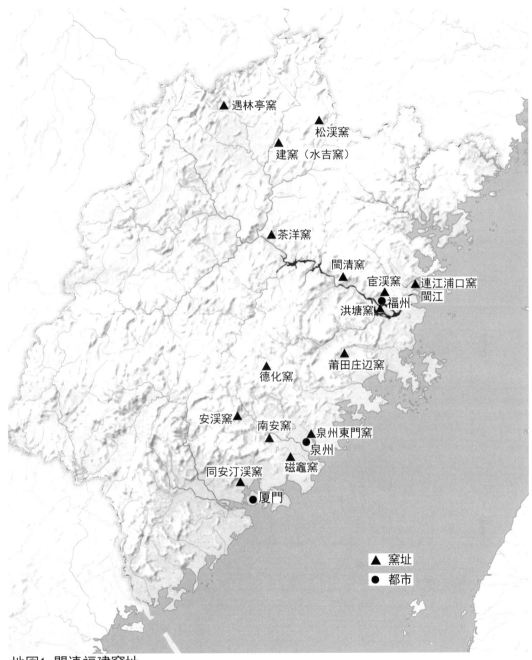

地図1　関連福建窯址

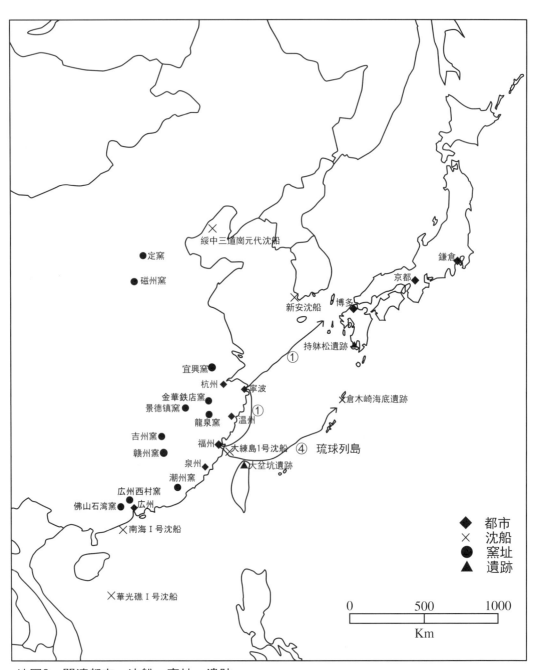

地図2　関連都市、沈船、窯址、遺跡

第 7 章　中国陶瓷の輸出

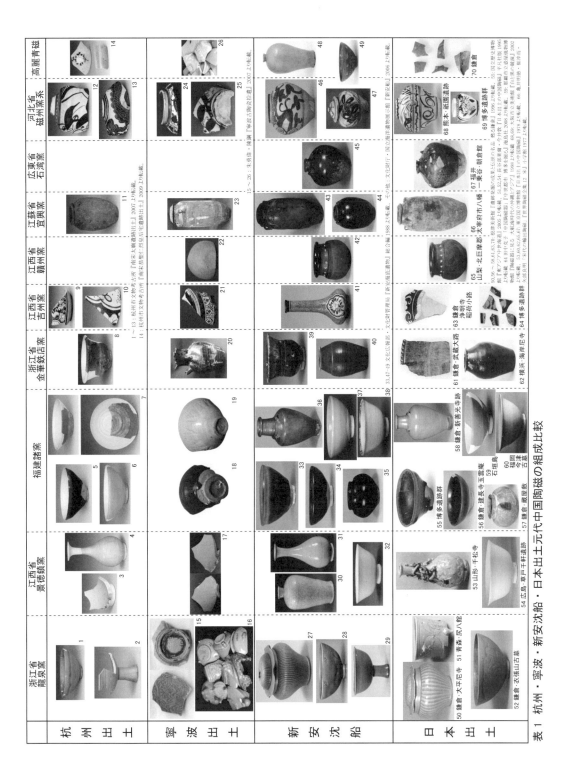

表 1　杭州・寧波・新安沈船・日本出土元代中国陶磁の組成比較

第8章　青瓷輸出の終焉－15世紀後半から17世紀の中国貿易陶瓷

1. はじめに

　近年、中国沿海部や東南アジアでは中国陶瓷を積載した沈没船の発見が相次いでおり、また、景徳鎮窯、龍泉窯、福建南部の諸窯での窯址調査も急激に進展している。

　ここでは、こうした新資料を紹介しながら15世紀後半から17世紀の中国の貿易陶瓷にかかわる幾つかの問題について考え、さらに青瓷輸出の終焉期の様相について考えてみたい。

2. 15世紀後半〜16世紀前半

　日本で出土する15〜16世紀の景徳鎮窯製品と龍泉窯青瓷の分類・編年は、小野正敏氏と上田秀夫氏によって確立され[註1]、現在でも大きな修正を必要とはしていないが、ここでは最近発見された窯址や沈船資料の新資料を紹介して、これまでの編年との整合性を確認してみたい。

　近年発見された15世紀後半から16世紀前半の様相をよく示す例が、フィリピンのレナ沈船（レナ・カーゴ）と福建・平潭大練島海域牛屎礁引揚げ遺物である。

　フィリピンのパラワンで発見されたレナ沈船は、中国、ベトナム、タイ、ミャンマーなどの陶瓷器が共伴して引揚げられており、中国陶瓷と東南アジア陶瓷の共伴関係を知る上で重要な沈船資料である。中国陶瓷には、景徳鎮窯の青花、白瓷、五彩、龍泉窯青瓷、褐釉四耳壺などがあり、沈没年代は、景徳鎮窯の青花瓷器と龍泉窯青瓷の特徴から15世紀後半から末頃と推定されている[註2]。

　福建・大練島牛屎礁引揚げ遺物は、正式な水中調査資料ではなく、漁民が引揚げたものが福建博物院に納められたものであるが、状況から見て一艘の沈船の積荷と考えて問題ない。発見された陶瓷器は641点で、すべてが景徳鎮窯の製品である。器種は碗・皿が主であり、大部分は青花瓷器で、わずかに白瓷や藍釉などの単彩釉瓷器と五彩（紅緑彩）瓷器が含まれている[註3]。紀年資料は発見されていないが、青花碗・皿の形態から見て、15世紀末から16世紀前半に位置づけられる。

　①景徳鎮窯青花、白瓷、五彩

　レナ沈船と牛屎礁引揚げ遺物を比較すると、15世紀後半から16世紀前半の景徳鎮産輸出陶瓷の器形と文様の変化を明らかにすることができる。ここでは特に碗と盤・小皿を中心に、その変化をまとめてみよう。

レナ沈船及び牛屎礁引揚げ遺物の景徳鎮窯製品の碗の器形は、端反形と直口形に二分できる。

レナ沈船の端反碗は、腰の部分が大きく膨らむ形態（図1-1）（以下、「端反碗Ⅰ類」とする）と腰の膨らみが小さくいもの（図1-2）（以下、「端反碗Ⅱ類」）に二分することが可能で、端反碗Ⅱ類はⅠ類よりも高台径が小さく、体部側面の立ち上がりの傾斜度が強い傾向が認められる。端反碗Ⅰ類は、小野分類の染付碗B群に相当するが、Ⅱ類に相当するものは小野分類には見当たらない。小野氏は染付碗B群を第Ⅰ期の指標とし、その実年代は、15世紀前葉から後葉を想定している。この年代はレナ沈船の沈没想定年代に重なるものであり、矛盾はない。

島牛屎礁引揚げ遺物では、端反碗Ⅰ類は姿を消し、端反碗Ⅱ類が主流となり（図1-3）、青花のほかに、白磁や藍釉瓷でも同じ器形のものがある。Ⅱ類よりもやや器高が低くなったもの（図1-4）（端反碗Ⅱ-B類）や口縁端部の反りが短く急で、高台がやや八字形にひらく形態（図1-5）（端反碗Ⅱ-C類）などもある。同時期の日本出土品を分類した小野氏の染付碗C・D群では端反碗はあまり意識されていないが、島牛屎礁引揚げ遺物によってこの時期にも端反碗が作られていたことが確認できる。

端反碗は、15世紀後半にそれまで主流であった腰の張る器形の端反碗Ⅰ類に加えて腰の張りが弱い端反碗Ⅱ類が加わり、16世紀前半になると端反碗Ⅰ類が姿を消して、端反碗Ⅱ類が主流になるという変化が確認でき、時代が下がるに従って腰部の張りが弱くなる傾向が伺えるのである。

文様は、レナ沈船の端反碗Ⅰ類では多種多様な文様構成が見られるが、体部外面の下部に元代のラマ式蓮弁からの系譜を引く幅広の蓮弁文帯をもつものが主となる。しかし、島牛屎礁引揚げ遺物の端反碗Ⅱ・Ⅱ-B・Ⅱ-C類では、この手の幅広の蓮弁文帯は姿を消し、如意頭文（または雲気文）を連続する文様帯か、この部分に文様帯をもたないものが主流となる。なお、レナ沈船の青花碗（端反碗、直口碗ともに）は、文様の書き込みが丁寧でほぼ全面に施文される精品と、文様が粗く描かれて白地を多く残す粗製品（図2-2）に分けることができる。

直口碗は、レナ沈船では一種類の形態のみで、体部は丸みを持ちながら斜めに立ち上がる器形のもののみである（図2-1）（直口碗Ⅰ類）。牛屎礁引揚げ遺物では、直口碗は二器種に分けられ、レナ沈船のものとほぼ同形の直口碗Ⅰ類（図2-3）と、器高が低いもの（図2-4）（直口碗Ⅱ類）がある。牛屎礁引揚げ遺物の直口碗Ⅰ類（図2-3）は、体部下半に蕉葉文が巡っているが、これは小野分類で染付碗C群の代表的な器種とされる「蓮子碗」である。レナ沈船の直口碗Ⅰ類では、蕉葉文が巡るものはなく、牛屎礁引揚げ遺物の段階にこの蕉葉文をもつ直口碗Ⅰ類が出現したと考えられる。なお、同形・同文様の青花蕉葉文

第8章　青瓷輸出の終焉－15世紀後半から17世紀の中国貿易陶瓷－　　243

碗は、四川省平部・朱氏墓（正徳七年・1512年葬）からの例（図3）があり（註4）、16世紀前半を中心とした年代が想定できる。

　盤は、口縁が鍔状になって端部に稜花形の削りが施される稜花盤と口縁が外にひらく端反盤、口縁が直立する直口盤に大別できる。

　レナ沈船では、稜花盤はすべて青花で、口径33cm前後のものが主で、口径38cm前後の大形品が少数含まれる。口縁の鍔状部分の幅は狭く、稜花の削りは数が多く、細かい（図4）。牛屎礁引揚げ遺物の稜花盤は白瓷で、口径の鍔状部分の幅が広く、体部には鎬状の線彫りが施される（図5）。小野編年では牛屎礁引揚げ遺物と同形の白瓷鍔皿は、第Ⅲ期（16世紀後葉）に増加するとされているが、生産開始は16世紀前半にまで遡ることがわかる。

　端反盤は、レナ沈船では、口径から、①：口径39cm前後（図6）、②：31cm前後、③：25cm前後、④：19cm前後、⑤：15cm前後、⑥：12cm前後の6つのグループに大別できる。①～③の25cm以上のグループは、文様が盤面全体に緻密に描かれた上質品が主となり、④～⑥の20cm以下の小形品には、外側に無文帯を配して、中央のみに文様を描くものが見られる（図7）。このタイプは呉須の発色が悪く、文様も雑に描かれ、素地の白瓷の色も灰色かがっていることから、粗製品と考えられる。

　牛屎礁引揚げ遺物の端反盤は報告されているのは口径12cmの青花盤と口径23.5cmの五彩盤の2点のみで（図8）、レナ沈船の③と⑥のグループに相当する大きさである。五彩盤は、高台は細いが、端部の釉は雑に剥ぎ取られていて、丁寧な処理は施されていない。

　直口盤は、レナ沈船では、(1)：46cm（図9）、(2)：31cm前後、(3)：25cm前後、(4)：19cm前後の4つのグループがあり、(2)が大多数を占める（図10）。この内、(2)、(3)、(4)は端反盤の②、③、④の大きさとほぼ一致し、これらの口径が当時の景徳鎮窯の盤の規格サイズであったことがわかる。大多数の直口盤は、文様が盤面いっぱいに比較的精緻に描かれているが、小形品（口径20.1cm）には、外側に無文帯を配して中央のみにやや粗く文様を描く製品が見られる。このタイプは、呉須の発色が悪く、白瓷素地も灰色がかっていて、粗製品と考えてよいであろう（図11）。

　牛屎礁引揚げ遺物の直口盤は報告されているのは口径23.2cmの青花盤1点のみで（図12）、外側に無文帯を配して中央のみに文様を描き、白地を多く残した文様構成となっており、レナ沈船の粗製品に近い。

　碁笥底小皿は、レナ沈船では、口径12cm前後のものと10cm前後のものとの2種類があり、前者は緻密な文様が描かれた比較的上質な製品（図13）で、後者は文様も単純で呉須・白瓷素地の発色が悪い粗製品である（図14）。牛屎礁引揚げ遺物には、口径10cmの碁笥底小皿があり、レナ沈船の粗製品に近い特徴をもっている（図15）。碁笥底小皿は小野分類では染付皿C群とされ、第Ⅱ期（15世紀後葉～16世紀前葉）に特徴的な遺物とされているが、

レナ沈船と牛屎礁引揚げ遺物に共通して見られることから年代的には小野分類の年代観と矛盾しない。

以上、景徳鎮製品の碗・盤・小皿についてレナ沈船と牛屎礁引揚げ遺物の比較を行なったが、レナ沈船では、小野分類の第Ⅰ期（15世紀前葉～後葉）の指標となる染付碗B群と第Ⅱ期（15世紀後葉～16世紀前葉）の指標である染付碗C群（まだ蓮子碗は出現せず、その祖形と思われる）・染付皿D群が共存し、第Ⅰ期と第Ⅱ期の両時期の様相が認められるが、第Ⅰ期からⅡ期への過渡期に相当すると考えれば大きな矛盾はない。

②龍泉窯青瓷

レナ沈船では、龍泉窯青瓷の盤、碗、杯、壺などが引揚げられているが、牛屎礁引揚げ遺物には青瓷はまったく含まれていないため、景徳鎮製品のように15世紀後半と16世紀前半の比較はできないが、まず、レナ沈船の龍泉窯青瓷の状況を紹介したい。

碗は、身が深く、外面に線彫りの細蓮弁が施されるもの（青瓷碗Ⅰ類）（図16）、身が浅く、外側面にⅠ類よりは幅の広い線彫りの細蓮弁が施されるもの（青瓷碗Ⅱ類）（図17）がある。後者は、報告書では広東製とされている。

青瓷碗Ⅰ類は、蓮弁の先が連続した弧形に描かれ、弁先と蓮弁の縦線とは連続しない。見込み中央には印花文字文が施され、そのまわりに劃花で捻り花文が描かれている。山梨・新巻本村出土の「顧氏」文碗（註5）に非常に近いが、蓮弁の先が弧状になっていて、剣先状の刻みが加えられている新巻本村出土とは若干異なる点がある。亀井明徳氏は明代青瓷碗分類で、このタイプをB-2類と分類し、その使用年代の中心は16世紀前半であるが、日本への輸入は15世紀後半まで遡り得るとしている（註6）。上田分類では青瓷碗B‐Ⅳ類、小野分類では青瓷蓮弁文碗B'群（註7）に相当し、15世紀後半の年代が与えられている。中国の紀年墓資料では、江西省淮安・王鎮夫墓（弘治九年・1496年葬）からの出土品（図18）（註8）がよく似ているが、こちらは蓮弁の先と側面が繋がっており、亀井氏の分類のB‐1類（蓮弁の輪郭が片切彫り・15世紀前半に比定）に近い特徴も有している。ただし、蓮弁の輪郭線は片切彫りではなくて線彫りであり、弁の先端もB-1類に見られる剣先形ではなく、弧状であり、B-2類と同時期の丁寧な作りの製品と考えた方が良いだろう。

青瓷碗Ⅱ類に関しては、報告書では広東製とあるが、その根拠は示されていない。明代に倣・龍青瓷を生産した窯は、筆者が把握している範囲では、景徳鎮窯、江西省臨安・吉安窯、福建北部の建陽・童遊鎮碗窯と象山窯、福建中部の閩清・義窯、福建南部の平和・五寨、南靖・金山村窯、広東省の恵陽窯、廉江窯などがあるが、江西、福建、広東一帯にはもっと多くの産地があると思われる。この内、景徳鎮窯、江西省臨安・吉安窯の倣・龍泉青瓷については後述するが、他の窯の倣・龍泉青瓷についてはまだほとんど研究が進

第8章　青瓷輸出の終焉－15世紀後半から17世紀の中国貿易陶瓷－　　　245

んでおらず、青瓷碗Ⅱ類の産地の特定は現時点では難しい。

　盤は、直口盤、折縁盤、端反盤、稜花盤がある。盤の口径は、器形にかかわらず、45cm前後、36cm前後、30cm前後、21cm前後、13cm前後、11cm前後にグルーピングが可能である。この大きさは前述した景徳鎮窯製品の盤のグルーピングとほぼ一致し、生産地の枠を超えた盤の規格サイズが存在したことがわかる。

　盤の形態や文様は、15世紀前半に位置づけられる首里城京の内SK01出土品と近似し、あまり時代差を感じさせないが、全体的に印花による文様が鈍く、劃花文も精緻さを失っており、粗製化の傾向が認められる（図19）。

　日本の遺跡でよく発見される口径11～13cm前後の小形の稜花盤（稜花皿）には精品（図20）と粗質（図21）の2種類があり、精品（青瓷稜花皿Ⅰ類）は盤面の中央に「顧氏」銘の印花が施され、口縁の内側には魚鱗文、その外側に櫛目の波状文が巡らされる。口縁の稜花の突出部分はあまり尖らず波状に近い。釉の発色はあざやかな緑で、製品の質は悪くないが、文様、器形は退化が進んでいる。「顧氏」銘印から見て15世紀後半以降に位置づけられる。稜花皿の粗製品（青瓷稜花皿Ⅱ類）は、胎土が黒ずんでいるためか釉の発色が灰色がかり、稜花の部分の造形が雑で、文様も見込み中央に簡単な花文、口縁の内側に櫛目の波文が施される程度である。同じ大きさの同器種の製品に精粗が見られることは、レナ沈船の青花端反盤の小形品、青花碁笥底小皿、青花端反碗、青花直口碗など小形器種に共通して見られる傾向で、当時の中国貿易陶磁の小品には精粗のランク分けがあったことを物語っている。

　ところで、レナ沈船より時代が下がる15世紀末から16世紀前半の年代が想定される牛屎礁引揚げ遺物には龍泉窯青瓷は1点も含まれていない。9世紀から15世紀の中国陶瓷が発見されている沈没船で外貿船（外航船）と考えられる船は、基本的には一つの窯の製品だけを積載していることはなく、かなり離れた地域のいくつかの窯の製品を混載しているのが普通である（註9）。この点から見て牛屎礁引揚げ遺物は、外貿船の積載品ではなく、景徳鎮の製品を輸出港まで運ぶ国内輸送船であったと考えることもできる。しかし、16世紀というのは龍泉窯青瓷の生産と輸出が急激に低下し、景徳鎮製品が貿易陶磁の主流となる時期であり、牛屎礁引揚げ遺物の船は龍泉窯青瓷を積載していない外貿船であった可能性も考えられるのである。16世紀前半の沈船の例は現時点では他には確認されていないため比較検討を行なうことはできないが、16世紀中頃から後半と推定されているフィリピン・サンイシドロ沈船の中国瓷器は、多数の漳州窯青花のほかには、わずかな景徳鎮窯製品と産地不明の青瓷小壺1点のみで龍泉窯青瓷は発見されていないようである（註10）。それ以降の沈船では、龍泉窯青瓷の発見例はなく、16世紀前半を境に龍泉窯青瓷が貿易陶磁の役割を終えたと考えられるのである。日本の16世紀代の遺跡では龍泉窯青瓷の出土例は少

なくないが、それらにはレナ沈船引揚げの龍泉窯青瓷と共通する特徴が認められ、15世紀代または16世紀初頭頃までのうちに日本に運ばれたものが16世紀前半まで使われて廃棄された可能性も考える必要がある。なお、筆者は、16世紀に入ると龍泉窯青瓷の輸出量は急速に低下して、それに替わって景徳鎮窯で生産された青瓷の輸出が増えるのではないかと考えており、以下この問題について述べてみたい。

③景徳鎮窯の倣・龍泉青瓷

　日本ではあまり景徳鎮窯で倣・龍泉青瓷が生産されていたことは注目されていないが、景徳鎮では元代から清代まで龍泉窯青瓷を写した青瓷を盛んに生産している（註11）。また、江西省南部の吉安市臨江窯でも明代に景徳鎮窯の製品とよく似た倣・龍泉青瓷を生産している（註12）。

　2005年に北京市の西部で発見された毛家湾瓷器坑は、明代の磁器破片100万点以上が出土し大きな話題となったが、ここからも少なくない数の景徳鎮窯の倣・龍泉青瓷が本歌の龍泉窯青瓷とともに出土しており、明代に中国内で景徳鎮窯の倣・龍泉青瓷が流通していたことが確認されている（註13）。また、レナ沈船でも産地不明と報告されている青瓷盤（図22）（報告書：№.282〜284）は景徳鎮窯または臨江窯の製品と考えられ、倣・龍泉青瓷が龍泉窯青瓷とともに海外に輸出されていたことが明らかである。

　景徳鎮窯と臨江窯の倣・龍泉青瓷は、胎土が白色で、釉が龍泉窯青瓷よりもやや明るい、または淡いことが特徴である。元代から明代中期（15世紀）までのものは、龍泉窯青瓷の特徴を非常によく写しており、写真などで識別できない場合が多い。高台内などに青瓷釉でなく透明釉を施すものもあり、その場合には比較的簡単に識別が可能である（図23・レナ沈船・報告書：№.283など）。龍泉窯製品にはない器形で、景徳鎮窯の青花と共通する器形のものが一部にあり、その場合には識別が比較的簡単である。日本でこれまで龍泉窯青瓷とされてきた青瓷の中に、景徳鎮窯の製品が含まれていることもある。例を挙げれば、博多遺跡で出土し、元代の龍泉窯青瓷とされている青瓷盤（図24）（註14）は、明代・16世紀前半の景徳鎮窯の倣・龍泉青瓷である可能性が高いと考えている。

　また、16世紀中頃に位置づけられて瓷器埋納遺構である博多遺跡群第124次調査SK236（註15）からは高台内に透明釉をかけた景徳鎮窯の所謂、裏白の青瓷菱皿、捻花形皿、香炉とともに、青白瓷とされる菊皿（報告書153〜156）と青瓷菊皿（157〜160）が出土しているが、これらも恐らく景徳鎮の青瓷であり、ここで出土している青瓷は、1点の龍泉窯青瓷皿を除きすべて景徳鎮窯産で占められている。また、16世紀代の遺跡からまれに出土する哥窯写しの青瓷の多くも景徳鎮窯の製品である。SK236の例から、遅くとも16世紀中頃には、龍泉窯青瓷の輸出は極めて減少し、青瓷の多くは景徳鎮窯製品で占められる

ようになっていたことがわかり、さらに、牛屎礁引揚げ遺物の様相から類推すると、龍泉窯青瓷の輸出が激減した時期は、16世紀初頭にまで遡る可能性も十分に考えられるのである。

3. 16世紀後半

16世紀後半には、景徳鎮窯の製品では饅頭心碗（小野分類の染付碗E）が出現し、福建南部の漳州窯の青花、白瓷が新たに貿易陶磁に加わる。

饅頭心碗の出現時期は、前に触れた博多遺跡群第124次調査SK236の瓷器セットの中にこの形態の碗が含まれることなどから、遅くとも16世紀中頃には遡ることがわかる。饅頭心碗は16世紀後半の日本各地の遺跡で数多く出土するが、この時期の沈船資料でこの形の碗が出土した例は確認されていない。最も時代の下がる例は1613年沈没のビッテ・レウ号 (註16) で発見されたやや身の浅い碗であり、この時期まで生産されていた可能性がある。

漳州窯青花の早い時期の例は、フィリピン・サンイシドロ沈船の引揚げ遺物で、16世紀中頃に位置づけられている (註17)。この沈船で発見された青花は、輪郭線をとらずダミ筆で太く描いた文様のものが主体で、大形の盤などは平和県・五寨二瓏窯の製品と近似するが (註18)、小形の碗、皿は南靖県・東坑内村窯の出土品 (註19) と非常によく似ている。この沈船とほぼ同時期とされる博多遺跡群第124次調査SK236で出土した青花碁笥底小皿には精粗の二種類があり、精品は景徳鎮窯（報告書123～142）、粗質品（報告書105～113）は漳州窯の製品と報告されている。しかし、前述したレナ沈船（15世紀後半）の景徳鎮窯青花碁笥底小皿に精・粗の二種類があったことや、漳州窯とされたものの底部の火色の出方から見て (註20)、この二種類の差異は景徳鎮窯の製品の中での精粗の差と考えた方が適切かもしれない。

初期の漳州窯青花に見られるダミ筆で太く描いた文様は、1600年沈没のサン・ディエゴ号 (註21) の花瓶や四耳壺に見られるが、盤などは文様の輪郭線をとる文様に変化しており、16世紀末には文様が精緻になる傾向が始まっていたことが伺える。

4. 17世紀前半

16世紀末頃から17世紀前半にかけて生産された芙蓉手の青花瓷器（カラック・ウェア）は、その特徴から当然のように景徳鎮窯の製品とされてきたが、景徳鎮の地域内で生産地点が確認されたのは比較的最近のことである。1992年に香港大学馮平山博物館で開催された「景徳鎮出土五代至清初瓷展」の際に出版された図録『景徳鎮出土瓷器』で2点の芙蓉手盤の写真が初めて掲載された (註22) のちも、生産地点はあまりはっきりしなかったが、2002年 (註

23) と 2004 年（註24）に景徳鎮陶瓷学院教授の曹建文氏らによって景徳鎮市内各地の 10 箇所の窯で芙蓉手青花瓷器の生産が確認されたことが報告され（図 25）、明代後期には市内のあちこちで普遍的に生産されていたことが明らかにされた。その内の一箇所である景徳鎮市街北部の観音閣で、2007 年 9 月から 12 月にかけて北京大学と江西省文物考古研究所、景徳鎮陶瓷考古研究所の共同発掘調査が実施され、明代後期の工房跡と膨大な量の瓷器片が発見された。瓷器片の多くは 17 世紀前半の芙蓉手を中心とした盤、鉢、碗などであったが、16 世紀後半に盛行した饅頭心碗も出土している。1613 年に沈没したビッテ・レウ号では、景徳鎮の芙蓉手タイプの青花に混じって少数の饅頭心碗が発見されたことは前述したが、両者が同時期に生産されていた可能性が窯址の調査でも明かとなったのである。

　17 世紀前半の景徳鎮窯輸出陶瓷と漳州窯製品については、1600 年沈没のサン・ディエゴ号、1613 年のビッテ・レウ号、1640 年代のハッチャー・ジャンクなどの引揚げ資料によってこれまでに詳細な研究が行なわれてきたので敢えて繰り返さないが、ここでは最近発見された該期の沈船資料をいくつか紹介しておきたい。

　西沙諸島で発見された北礁 3 号沈船は、1999 年に調査が行なわれ、153 点の陶瓷器が採集された。陶瓷器は景徳鎮窯の青花と漳州窯の青花からなり、景徳鎮窯の製品には芙蓉手タイプの碗があるが、漳州窯青花には芙蓉手は認められず、1600 年沈没のサン・ディエゴ号に近い様相をもっている（図 26）（註25）。

　ビン・トゥアン（Binh Thuan）沈船は、ベトナム・ビン・トゥアン省の沿海で発見され、2001 年から 2002 年にかけて調査が行なわれた。船体は 23.4m の中国式のジャンクで、漳州窯の青花、白瓷、五彩のほか広東・石湾窯の褐釉四耳壺などが引揚げられた（註26）。引揚げ資料の一部は現在ベトナムの国立歴史博物館に所蔵されているが、一部は 2004 年にオーストラリアでオークションにかけられた（註27）。沈船の年代は、1613 年沈没のビッテ・レウ号に近い年代と推定される。

　萬暦号（Wanli）は、マレーシアの沿海で 2003 年に発見され、2004 年から 2005 年にかけて調査が行なわれた（註28）。船体は長 18 ｍで、フィリピンとインドの木材で作られたヨーロッパ式の船であったと考えられている。船は爆発して沈没したようで、約 10 トンの陶瓷片が引揚げられたが、完形に近いものは数千点のみであった。調査者は、オランダ船に攻撃を受けて沈没したポルトガル船と推定している。引揚げられた陶瓷器は、景徳鎮窯の芙蓉手青花が中心で、沈没年代は 1613 年のビッテ・レウ号と 1640 年代のハッチャー・ジャンクの間の 1620 年代から 30 年代頃と推定される。

　これら 3 件の沈船は、1600 年のサン・ディエゴ号、1613 年のビッテ・レウ号、1640 年代のハッチャー・ジャンクによって明らかにされた 17 世紀前半の景徳鎮窯輸出陶瓷と漳州窯製品の変遷を補強する資料として大きな意味がある。

第8章　青瓷輸出の終焉－15世紀後半から17世紀の中国貿易陶瓷－　　　249

5．17世紀後半

　清朝は、台湾に拠点を置いた鄭氏政権への対抗策として、順治十八年（1661）に遷界令を出してから、康熙二十三年（1684）に展界令を出すまでの間、海禁政策をとった。その影響のためか、17世紀前半の沈船は前述したように数多く発見されているにもかかわらず、17世紀中頃から後半にかけての沈船は、福建・東山冬海沈船など鄭氏政権にかかわる軍船と思われる例の他にはほとんど発見されていない。

　1684年に清朝が展界例を出して海禁政策を解除した以後の沈船は比較的多く、陶瓷貿易に関しては遷界令がかなり大きな影響を及ばしたと考えることができる。

　ベトナム南部で発見されたブンタオ沈船（コンダオ沈船とする場合もある）は海禁政策が解かれた直後の　1690年代に沈没したと推定されており、再び活発化した中国陶瓷貿易の様相を知る上で重要な意味を持っている。沈没年代は、同船から発見された墨に「庚午」の干支銘が浮彫りにされており、17世紀後半の庚午年は康熙三九年（1690年）にあたることから1690年代と推定されている（註29）。

　同沈船から引揚げられた陶瓷器には、景徳鎮窯の青花、漳州窯の青花、徳化窯の白瓷などがあり、福建製品が半数以上を占めている（註30）。景徳鎮青花は、17世紀前半に見られた芙蓉手の意匠は姿を消し、清朝・康熙年代の輸出陶磁の緻密な文様構成が既に確立している。漳州窯の青花は、桐葉文盤、山水文盤、端反碗、直口碗などがある（図27）。同じ特徴をもった青花は、詔安・朱暦窯や雲霄・火田窯（註31）、五寨・通坑内窯（註32）、霞寨・官峰窯（註33）などで生産されている。これらの青花は、16世紀後半から続いてきた粗い削りの高台に大粒の砂目が付くといった漳州窯独特の特徴をもった陶瓷器の最後の姿を示している。18世紀に入ると、徳化で始まった高台部の仕上げが漳州窯よりもっと丁寧な（註34）、上質の青花瓷器の生産技術が福建東南部一帯に広がり、漳州窯独特の粗い作りの陶瓷器は姿を消してしまうのである。

　17世紀末のブンタオ沈船で発見された徳化窯製品は白瓷のみで（図28）、この段階では徳化窯の青花はまだ本格的な生産が始まっていないようである。徳化窯の白瓷は、17世紀前半の沈船ではまったく発見されておらず、ブンタオ沈船の時期に徳化窯製品の本格的な輸出が始まった可能性が高い。徳化窯は福建南部を代表する大規模な窯業地であり、宋代から元、明、清と継続的に陶瓷生産を行なっている。宋・元にはその製品は泉州を通じて盛んに輸出されたが、明代に福建南部の主要な輸出港が泉州から漳州に移動したことを契機に製品の輸出量は低下し、福建南部の貿易陶磁生産は漳州窯が中心となった。17世紀末のブンタオ沈船の段階で徳化窯製品の輸出が再開するのは、遷界令が福建南部の窯業に大きな影響を与えたためではないかと考えられる。遷界令は、山東から広東沿岸の30里（約15km）以内の地帯に住む住民を内陸部に移住させ、海外との交流、つまり鄭氏政権との交

流を断つことを目的としたもので、どの程度実行されたかは疑問視されることもあるが、鄭氏政権の影響の強い福建南部ではかなり厳しく実施された可能性が高い。漳州窯の多くの窯は、海岸線から比較的近い場所に位置しており、かなり大きな影響を受けたと考えられる。また、漳州窯製品は中国国内で流通することはほとんどなく、主に輸出向けに生産されていたため、海禁政策は生産に大きな打撃を与えたと推定される。一方、徳化窯は海岸線からずいぶん内陸部に入った位置にあり、また、明代を通じて製品の輸出は低調で、主に国内向け製品を生産していたと思われ遷界令の影響はあまり大きく受けなかった可能性が高い。そのため、遷界令が解かれて陶瓷器輸出が再開された際に、生産力の低下した漳州窯の製品を補填するかのように製品輸出を再び開始したのではないだろうか。

18世紀に入ると徳化窯では本格的に青花瓷器生産を開始し、短期間に上質の青花を焼くようになった。18世紀以降の徳化窯青花瓷器には底部を型作りした粗製品と、高台を丁寧に仕上げた上質品がある。消費地遺跡出土品を分類する際には、前者は識別が簡単であるが、後者の上質品は景徳鎮製との区別が困難なことが少なくない。徳化窯の胎は景徳鎮窯よりも白く、胎土の珪酸分（ガラス質感）が高いものが多いが、この基準も必ずしもすべての資料に当てはまるわけではなく、識別の基準が現状では確立されていない。これまで日本の江戸時代の遺跡から出土した青花瓷器分類で景徳鎮窯とされているものの中に徳化窯の製品が混じっている可能性は少なくないのである。沈船資料でも両者の識別がはっきりしないものが多く、今後両窯の製品の識別基準を明確化することが非常に重要である。

18・19世紀の徳化窯は、景徳鎮窯に比肩するほどの貿易陶磁の生産地となり、その製品は世界中に輸出すされただけでなく、国内でも幅広く受容された。徳化窯の技術は、隣接する安渓だけでなく、南にやや離れた漳州地区一帯に広がり、明代後期に栄えた漳州窯を飲み込んで、徳化窯系とでも呼ぶべき窯業地帯を生み出したのである。日本ではあまり清代の徳化窯の研究は行なわれていないが、18・19世紀の中国貿易陶瓷を考える上では避けて通れない分野であり、筆者自身の今後の研究課題としていきたい。

6. おわりに

以上、15世紀後半から17世紀の中国輸出陶瓷にかかわる最近の資料を紹介した。特に重要な点は、龍泉窯青瓷の輸出は16世紀初頭頃に終息し、それ以後に輸出された青瓷は主に景徳鎮窯の倣・龍泉窯青瓷によって占められていることを指摘したことである。また、17世紀後半に福建の貿易陶瓷生産の中心が漳州窯から徳化窯へと移行する原因、18・19世紀の徳化窯の重要性などについても言及した。

註

1. 小野正敏「15 ～ 16 世紀の染付碗、皿の分類と年代」『貿易陶磁研究』No. 2, 1982 年, 71‐88 頁。
   小野正敏「出土陶磁よりみた一五、一六世紀における画期の素描」『Museum』416 号, 東京国立博物館, 1985 年, 20 ～ 28 頁。
   上田秀夫「15 ～ 16 世紀の青磁碗の分類について」『貿易陶磁研究』No. 2, 1982 年, 55 ～ 70 頁。

2. Franck Goddio, Stacey Pierson, Monique Crick, 2000, *Sunken Treasure: Fifteenth Century Chinese Ceramics from the Lena Cargo*, Periplus, London.
   Franck Goddio, Monique Crick, Peter Lam, Stacey Pierson, Rosemary Scott, 2002, *Lost at Sea, The strange route of the Lena Shoal junk*, Periplus, London.

3. 曾偉希「福建博物院新近収蔵一批出水明代瓷器」『福建文博』2008 年第 1 期, 92 ～ 94 頁。
   森達也「福建沖の沈没船」『東アジアの海とシルクロードの拠点　福建』海のシルクロードの出発点” 福建” 展開催実行委員会, 2008 年, 106 ～ 107 頁, 124 ～ 131 頁。

4. 四川省文管会ほか「四川平武明王璽家族墓」『文物』1989 年第 7 期, 1 ～ 42 頁, 図版肆 −1。

5. 小野正敏「山梨県東八代郡一宮町新巻本村出土の陶磁器」『貿易陶磁研究』No. 1, 1981, 47 ～ 55 頁, PL. 1-1, 2。

6. 初出は、亀井明徳「日本出土の明代青磁碗の変遷」『鏡山猛先生古希記念・古代文化論攷』1980 年。本稿では、再録された、亀井明徳「第三章　日本出土の明代青磁碗の変遷」『日本貿易陶磁史の研究』同朋社, 1986 年, 320 頁、上段 1 行目‐8 行目、329 頁下段 6 行目～ 330 頁上段 17 行目、を引用した。

7. 小野正敏「出土陶磁よりみた一五、一六世紀における画期の素描」『Museum』416 号, 東京国立博物館, 1985 年, 20‐28 頁。

8. 江西省淮安県博物館「淮安県明代王鎮夫婦合葬墓清理簡報」『文物』1987 年第 3 期, 1 ～ 15 頁。

9. 金沢陽「宋・元沈船搭載陶磁器についての若干の考察」『青山考古』第 14 号, 1997 年, 青山考古学会, 43 ～ 53 頁, 5 頁の 4 ～ 15 行目。

10. 小川光彦、宮城弘樹、宮田絵津子、森隆、森本朝子、フィリピン国立博物館考古部「フィリピン・サンイシドロ沈船の陶磁器」『貿易陶磁研究』No. 21, 2001 年, 90 ～ 105 頁。

11. 江西省文物考古研究所、景徳鎮民窯博物館『景徳鎮湖田窯址』下, 文物出版社, 2007 年, 彩版 165。

12. 江西省文物考古研究所ほか「江西吉安市臨江窯遺址」『考古学報』1995 年第 2 期, 243 ～ 273 頁。

13. 北京市文物研究所『毛家湾明代瓷器坑考古発掘報告』科学出版社, 2007 年, 170 ～ 182 頁。

14. 国立歴史民俗博物館編『東アジア中世海道』毎日新聞社, 2005 年, 90 頁, Ⅱ-43「元との貿易でもたらされた青磁や白磁　13 ～ 14 世紀（博多出土）」写真の左下。

15. 福岡市埋蔵文化財調査報告書第 758 集『博多 87』福岡市教育委員会, 2004 年, 16 ～ 48 頁。

16. C.L van der Pijl-Ketel, 1982, *The Ceramic Load of the Vitte Leeuw (1613)*, Rijks Museum, Amsterdam. p146-147.

17. 小川光彦、宮城弘樹、宮田絵津子、森隆、森本朝子、フィリピン国立博物館考古部「フィリピン・サンイシドロ沈船の陶磁器」『貿易陶磁研究』No. 21, 2001 年, p90‐105。

18. 福建博物館『漳州窯』福建人民出版社, 1997 年。

19. 漳州市博物館で筆者実見。

20. 福岡市埋蔵文化財調査報告書第 758 集『博多 87』福岡市教育委員会, 2004 年, 36‐37 頁。

21. Jean-Paul Desroches, Gabriel Casal, Franck Goddio, 1996, *Treasures of the SAN DIEGO*, National Museum of the Philippines. p354-357.

22. 『景徳鎮出土陶瓷』香港大学馮平山博物館, 1992 年, No. 328, 329。

23. 曹建文「尋覓已久的景徳鎮克拉克瓷窯址被発現」『中国文物報』2002 年 4 月 17 日号。

24. 曹建文、羅易扉「克拉克瓷器在景徳鎮窯址的発現」『文物天地』2004 年第 12 期, 41 ～ 45 頁。

25. 中国国家博物館水下考古研究中心『西沙水下考古 1998 ～ 1999』科学出版社, 2006 年, 150 ～ 184 頁。

26. 中国広西文物考古研究所ほか『越南出水陶瓷』科学出版社, 2009 年, 169 〜 192 頁。

27. Christie's Australia, 2004, *The Binh Thuan Shipwreck*.

28. 中国嘉徳国際拍売有限公司『明萬暦号、清迪沙如号海撈陶瓷』嘉徳四季 04, 2005 年。

29. 阿部百里子「ベトナム海域の沈没船と陶磁器」『考古学ジャーナル』No. 464, 2000 年。

30. Christie's Amsterdam, 1992, The Vung Tau Cargo.
    野上建紀「コンダオ沈没船 - 青花・徳化窯白磁」『季刊 考古学』第 75 号, 2001 年, 雄山閣, 74 〜 75 頁。

31. 福建博物館『漳州窯』福建人民出版社, 1997 年。25 頁：図 14-2、139 頁：図版 16 - 5。

32. 平和県博物館の陳列で筆者実見。

33. 平和県博物館の陳列で筆者実見。

34. 18 世紀以降の徳化窯の粗製青花は、底部を型押し成形で作るものが多いが、上質品は景徳鎮窯と同じような丁寧な高台の削りとなる。

図版出典

図 1-1、1-2、2-1、2-2、4、6、7、9 〜 11、13、14、16、17、19 〜 21、23：Franck Goddio, Monique Crick, Peter Lam, Stacey Pierson, Rosemary Scott, 2002, Lost at Sea, The strange route of the Lena Shoal junk, Periplus, London.

図 1-3、1-4、1-5、2-3、2-4、5、8、12：『東アジアの海とシルクロードの拠点　福建』海のシルクロードの出発点"福建"展開催実行委員会 2008 年。

図 3：四川省文管会ほか「四川平武明王璽家族墓」『文物』1989-7, p1-42, 　図版肆 -1。

図 15：曾偉希「福建博物院新近収蔵一批出水明代瓷器」『福建文博』2008-1, p92-94。

図 18：江西省淮安県博物館「淮安県明代王鎮夫婦合葬墓清理簡報」『文物』1987-3, p1-15。

図 24：国立歴史民俗博物館編『東アジア中世海道』毎日新聞社, 2005 年, p90, Ⅱ -43「元との貿易でもたらされた青磁や白磁　13 〜 14 世紀（博多出土）」写真の左下。

図 25：曹建文、羅易扉「克拉克瓷器在景徳鎮窯址的発現」『文物天地』2004-12, p41-45。

図 26：中国国家博物館水下考古研究中心『西沙水下考古 1998 〜 1999』科学出版社, 2006 年, p150-184。

図 27 〜 28：中国広西文物考古研究所ほか『越南出水陶瓷』科学出版社, 2009 年, p169-192。

第8章　青瓷輸出の終焉－15世紀後半から17世紀の中国貿易陶瓷－

1　端反碗Ⅰ類

2　端反碗Ⅱ類

レナ沈船（15世紀後半）

牛屎礁引揚げ遺物（16世紀前半）

3　端反碗Ⅱ類

4　端反碗Ⅱ-B類

5　端反碗Ⅱ-C類

図1　青花端反碗の分類

1　直口碗Ⅰ類

2　直口碗Ⅰ類（粗質）

レナ沈船（15世紀後半）

牛屎礁引揚げ遺物（16世紀前半）

3　直口碗Ⅰ類

4　直口碗Ⅱ類

図2　青花直口碗の分類

図3　四川省平部・朱氏墓出土
　　　（正徳七年・1512年葬）

図4　青花稜花盤　口径32.7cm
　　　レナ沈船

254

図5　白磁稜花盤　牛屎礁引揚げ遺物

図7　青花端反盤　口径18.7cm　レナ沈船

図6　青花端反盤　口径38.7cm
　　　レナ沈船

図8　五彩端反盤　牛屎礁引揚げ遺物

図9　青花直口盤　口径47cm　レナ沈船

図11　青花直口盤　口径20.1cm　レナ沈船

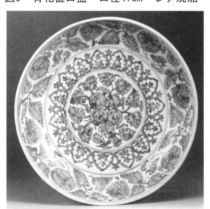

図10　青花直口盤　口径32.3cm　レナ沈船

図12　青花直口盤　牛屎礁引揚げ遺物

第8章　青瓷輸出の終焉－15世紀後半から17世紀の中国貿易陶瓷－　　　255

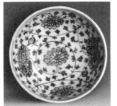
図13　青花碁笥底小皿　レナ沈船

図16　青瓷碗Ⅰ類　レナ沈船

図14　青花碁笥底小皿　レナ沈船

図17　青瓷碗Ⅱ類　レナ沈船

図15　青花碁笥底小皿　牛屎礁引揚げ遺物

図18　江西省淮安・王鎮墓出土
　　　（弘治九年・1496年葬）

図19　青瓷盤　口径44.7cm　レナ沈船

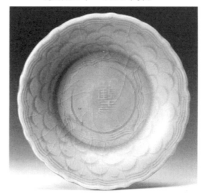
図20　青瓷稜花盤　レナ沈船

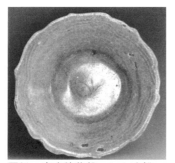
図21　青瓷稜花盤　レナ沈船

図22　青瓷盤（倣・龍泉）　レナ沈船

図23　青瓷盤（倣・龍泉）　レナ沈船
図24　青瓷盤　博多出土

図25　芙蓉手青花　景徳鎮出土

図26　青花盤　西沙・北礁3号沈船

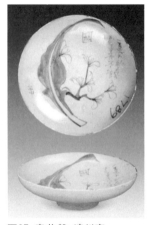

図27　青花盤　漳州窯　ブンタオ沈船
図28　白瓷合子　徳化窯　ブンタオ沈船

結　語

　越州窯、耀州窯、汝窯、南宋官窯、龍泉窯と、中国を代表する青磁窯の製品について述べてきたが、最後に、本書の第1章から第6章で断片的に考察した各窯の製品の編年や技術的な影響の関係について、全体を通してまとめておきたい（「図1　越州窯・耀州窯・汝窯・南宋官窯・龍泉窯の影響関係図」参照）。また併せて唐代後半期から元・明代に至る中国青瓷の発展史を概観しておきたい。

　江南では唐代に入ると、浙江省北部の慈渓市上林湖を中心とした越州窯で実用性と美しさを兼ね備えた上質の青瓷が作られるようになり、青瓷生産の主流が副葬用の明器から実用的な製品へと移り始めた。晩唐期（8世紀末から10世紀初）になると越州窯青瓷は海外にも輸出されるようになり、日本、韓国、東南アジア、西アジア、アフリカなど世界中に運ばれて、世界各地の窯業に影響を与えた。

　唐時代末期の9世紀末になると越州窯青瓷の品質はさらに高まり「秘色（ひしょく、または、ひそく）」と呼ばれる最上質の青瓷が作られるようになった。

　晩唐期の秘色青瓷は玉の質感の再現を目指したためか、文様はまったく見られないが、五代から北宋初期（10世紀後半）になると金銀器の模様を写した緻密な劃花文が施されるようになり、玉の質感と金銀器の装飾を併せ持った秘色青瓷が誕生し、越州窯青瓷の最盛期を迎えた。

　唐王朝が滅亡し五代十国時代になると、越州窯のある浙江省北部が十国の一つである「呉越国」の領域となった。このような状況下で、唐代に都・長安にさまざまな粗製の陶磁器を供給していた耀州窯（唐代の耀州窯は黄堡窯と呼ぶこともある）が、越州窯青瓷の代替品となりうる上質な青瓷生産を志向するようになったと考えられる。耀州窯は五代後期には褐色の粗い胎土の上に白化粧土をかけた上に天青色釉を施した、上質な青瓷の生産を開始し、北宋初期（10世紀後半）には、白色の胎土の上に美しい天青色釉をかけたこれまでにない独特の雰囲気の上質の青瓷を生産するようになった。このタイプの青瓷はかつて宋代の文献記録にある「東窯（とうよう）」の製品ではないかという説がかつて小山富士夫によって示されたため、今日でも「東窯」タイプという名で呼ばれることがある[註1]。浮彫り風の刻花文が施されたものが特に優れていて、遼墓での出土例が多い。

　東窯タイプを生産したことから、耀州窯が五代に天青色の青瓷を生産したとされる「柴窯」ではないかという説が最近中国の学者によって盛んに言われているが、柴窯そのものの存在を疑問視する意見もあり、まだはっきりしたことは明らかでない[註2]。

　北宋代に入ると、中国全土に数多くの窯が出現し、当時の社会をリードした文人の美意

識に適った美しい釉色、緊張感のあるフォルム、繊細な装飾などが揃った最上の陶瓷器が各地で生み出された。

越州窯青瓷は、北宋初期には劃花文を施した秘色青瓷など上質の製品を生産したが、北宋中期以降に次第に品質が低下し、良質な青瓷生産の中心は華北の耀州窯や汝窯に移っていった。

耀州窯では、東窯タイプの青瓷生産は北宋前期の短期間で終わり、北宋中期には、耀州窯特有の灰白色の緻密な胎土が使われるようになり、釉もやや黄色みを帯びたオリーブグリーンに変化する。この釉色の変化は、この頃から薪にかわって石炭燃料の使用が一般的になったことが原因と考えられている。また、流麗な刻花文が多用されるようになり、北宋後期には碗や盤の内面全体に陶範(型)をあてて文様を施す印花文も使われるようになった。

この頃から、河南省の多くの窯で耀州窯の影響を受けた青瓷が生産されるようになり、黄河中流域一帯に耀州窯系青瓷の生産地が拡がる。その原因は、北宋朝が首都を河南省中部の開封に置き、政治の中心が陝西から河南地域に移ったことによると考えられる。この時期に開封を中心とする河南省一帯に、首都およびその周辺へ陶磁器を供給する生産地が数多く成立したが、それらの主要な製品として耀州窯系青瓷・磁州窯系陶瓷などが生産されたのである。なお、耀州窯系青瓷の生産地の拡大以後も、耀州窯はその中心的位置を占め続け、河南諸窯に比べて上質の青瓷を生産して他窯に影響を与え続けた。また、量は少ないが、韓国、日本、東南アジア、西アジア、北アフリカでも出土例が確認されており、海外にも輸出されたことがわかる。

しかし、北宋末期の11世紀末から12世紀初頭になると、隆盛をほこった耀州窯も河南諸窯への影響力が弱まり、華北の青瓷生産の中心的な位置から外れていった。替って青瓷生産の中心となるのが河南省宝豊県清涼寺窯＝汝窯である。

汝窯(清涼寺窯)は、もともと耀州窯系青瓷や磁州窯系陶器の生産を主体としていたが、北宋後期に中国青瓷の最高峰として知られる汝窯天青釉青瓷の生産を開始した。

汝窯天青釉青瓷の特徴である美しい空色の天青釉と全面施釉された外底面に残る微少な目跡は、五代・耀州窯青瓷の特徴と近似している。また焼成技術も、素焼きと薪燃料の使用といった点が五代の耀州窯と共通する。両者には年代的に50年近くの開きがあり、直接的な影響は考えられないが、復古的な意識で五代の天青釉青瓷の模倣が行なわれ、その技術が再現されて汝窯青瓷が生み出された可能性が高いのである。

汝窯天青釉青瓷では戦国・漢頃の青銅礼器や唐・宋に流行した金銀器や西方から渡来したガラス器やなどを写した器種が新たに生み出された。汝窯の素焼き・天青釉などの技術と青銅礼器写しなどの意匠は、宋朝の南遷に伴って開かれた南宋官窯に引き継がれていっ

た。

　一方、五代から北宋初期に最盛期を迎えた越州窯は、北宋後期には技術が衰え始め、南宋初期に南宋官窯青瓷の前身に位置づけられる粉青色釉の上質の青瓷（低嶺頭類型と呼ばれる、寺龍口窯などで生産を確認）を生産したのを最後に急激に衰退し、替って南宋の都・臨安（杭州）に設けられた南宋官窯と浙江省南部の龍泉窯が南宋代の華南の青瓷生産の中心となった。

　南宋官窯は、古くから知られている郊壇官窯のほか、近年修内司官窯であると確認された老虎洞窯の二ヶ所が発見されている。老虎洞窯では伝統的な江南の窯である龍窯とともに、華北の饅頭窯が発見されており、それまで江南では行なわれてこなかった素焼き技術が用いられていることから、明らかに華北の窯業技術の導入が窺えるのである。もちろんすべての技術が華北から伝えられたのではなく、本焼成は江南の龍窯を用い、また汝窯では使われることのなかった黒い胎土を用いて、紫口鉄足（口縁部の釉が薄い部分は胎土の黒い色が透けて紫色になり、高台の無釉部分は黒色の胎土が見えるという意味）と呼ばれる南宋官窯独特の雰囲気の青瓷を作り上げた。また、「薄胎厚釉」と呼ばれる薄い胎土の上に釉を厚くかける技術が確立した。これは、複数回にわけて釉掛けを行なう「多層施釉」の技法によるもので、この技法は汝窯では認められず、南宋官窯の段階で初めて認められる。

　南宋官窯で生産された青瓷の器種は、汝窯から引き継いだものが多く、碗や皿などの実用器種のほか、汝窯で生み出された戦国・漢の青銅礼器や唐・宋のガラス・金銀器を模倣した器種を生産した。さらに加えて、商・周の青銅礼器を写した器種の生産が始まり、青瓷による礼器生産が本格的に開始された。南宋官窯青瓷の生産は、老虎洞窯（修内司窯）では12世紀中頃から南宋末まで継続して行われていた可能性が高く、元代になっても同じ場所で南宋官窯風の青瓷生産が続けられた。

　浙江省南部に位置する龍泉窯は、越州窯や越州窯系の甌窯の影響により開窯し、北宋代から独自の特徴を持った青瓷生産を開始した。南宋代の12世紀後半になるとその製品は海外に盛んに輸出された。なお、北宋末期から南宋初期の龍泉窯青瓷碗は、外面に櫛目文を施すものが主流であるが、この意匠は北宋代の耀州窯青瓷碗の影響によると思われる。北宋代の耀州窯青瓷は中国全土の遺跡で発見されており、その流通範囲は華北地域にとどまらず、中国全土に及んでおり、その意匠や技術は全国各地の陶磁生産地に影響を与えた。

　南宋前期の龍泉窯青瓷は、技術や意匠は越州窯系の流れの中に位置づけられるものであったが、12世紀末から13世紀初頭頃に、南宋官窯の影響を強く受けて、「多層施釉技法」が導入されて「薄胎厚釉」の粉青色青瓷を生産するようになった。これにより製品の質が大きく高まり、龍泉窯は中国最大の青瓷生産地に発展した。粉青色青瓷は、汝窯・南宋官

窯で作られた青銅礼器や唐・宋のガラス・金銀器を模倣した器種と近似した製品が主で、日本では「砧青瓷」と呼ばれて特に珍重されている。なお、龍泉の大窯や渓口窯では南宋官窯の製品と近似した黒胎の青瓷が確認されており、龍泉窯でも宮廷用の青瓷が生産された可能性が高いと考えられている。また、龍泉窯では南宋官窯の影響を受けた「薄胎厚釉」の粉青色青瓷の生産が始まったのちも、越州窯の系譜を引き継いだ「厚胎薄釉」の青瓷を粗製の大量生産品として生産し続けた。

　南宋代の華南では海に面して陶磁器の輸出に適した浙江、福建、広東などの地域で莫大な数の窯が開かれ、特に福建では龍泉窯青瓷の粗製の模倣品が多くの窯で生産され、その製品の多くは海外に輸出された。

　このように南宋前期に華北からもたらされた汝窯天青色釉青瓷に源を発する技術と意匠が、それまで越州窯系の技術が中心であった江南の青瓷生産技術を変質させ、大きく発展させたのである。また、華北では汝窯の技術が鈞窯に引き継がれ、金・元代に大きく開花した。

　以上のように、中国青瓷の意匠・技術は唐代から南宋代にかけて、江南の越州窯から中原の耀州窯へ、耀州窯から汝窯へ、汝窯から再び江南の南宋官窯と龍泉窯へと続いており、当時の政治状況の大きな影響を受けながら、極めてダイナミックな展開を示したのである。

　元代になると新しい支配者のモンゴル人やイスラーム教徒の好みを反映して、中国陶瓷は大きく変質していった。龍泉窯青瓷は、器形が大型化し、貼花（貼付文様）や劃花などの文様が多く使われるようになる。同時に砧青瓷に見られた美しい粉青色の釉色も次第に緑が濃いものに変化し、南宋代の砧青瓷に見られた器形の厳しさも失われていった。一方、生産量は増大し、輸出量も飛躍的に伸び、東アジアから中近東、アフリカ東岸までの広大な地域に元代中期以降の龍泉窯青瓷の遺品が数多く残されている。

　南宋代に官窯が置かれた老虎洞窯では、元代にも青瓷生産が続けられ、南宋官窯風青瓷が生産されており、南宋官窯青瓷に対する憧れが、元代にも引き継がれていたことがわかる。その製品の一部は「哥窯」と呼ばれる青瓷である可能性が高い。

　明代前期には龍泉窯に宮廷用の御用瓷器の生産が命ぜられ、同時代の景徳鎮青花とまったく同意匠の大盤や鉢、水注、瓶など上質の青瓷が生産され、一部は鄭和の艦隊によって使節の礼品として国外にも運ばれたと考えられる。しかし、この時期を境に瓷器の主役の座は次第に景徳鎮窯の青花（染付）が占めるようになっていった。青花瓷器と五彩瓷器の技術が高度に発達していったのに対して、龍泉窯青瓷の技術や意匠は明代中期以降に徐々に低下し、16世紀初頭を最後に海外への輸出も終わり、やがて陶瓷生産の舞台から姿を消してしまう。明代末期には、景徳鎮窯で生産された倣龍泉青瓷が輸出の主流を占めるが、清代になると景徳鎮窯の倣龍泉青瓷の生産と輸出も低調化する。清代の景徳鎮では宋代の

製品を写した青瓷が生産されていたが、それはあくまでも復古的な意識で行われたもので、少量生産にとどまり、青瓷が再び中国陶瓷の主流となることはなかったのである。

註

1.　小山富士夫『支那青磁史考』文中堂出版 1943 年 , 178 ～ 189 頁。

2.　謝明良「耀州窯遺址五代青瓷的年代問題－従所謂『柴窯』談起」『故宮学術季刊』第 16 巻第 2 期 , 53 ～ 78 頁。

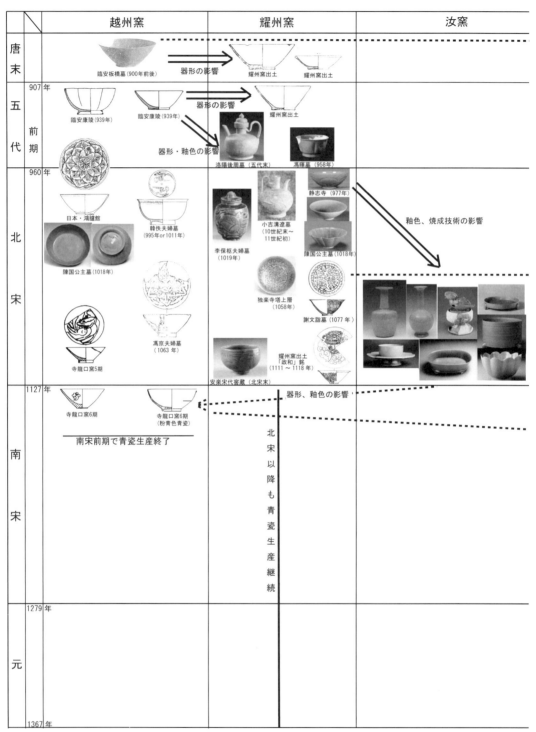

図1 越州窯・耀州窯・汝窯・南宋官窯・龍泉窯の影響関係図

	南宋官窯	龍泉窯

越州窯、甌窯系の青瓷生産

907年

960年

器形と施文（櫛目文）が影響

1127年

器形、釉色、焼成技術（素焼）の影響

老虎洞窯（修内司窯）出土品

華光礁1号沈船（1160年代）

南海1号沈船（1200年前後）

器形、釉色、焼成技術の影響

四川・遂寧窖蔵（13世紀中頃）

万声

千声

鎌倉・今小路西（13世紀末）　　鎌倉・今小路西（13世紀末）

1279年

新安沈船（1323年）　　老虎洞窯出土品

元代後期頃までに青瓷生産終了

新安沈船（1323年）

明代に続く

参考文献

日本語

愛知県陶磁資料館編『シンポジウム「宋・元時代の龍泉窯青磁を考える」資料集』愛知県陶磁資料館 , 1999 年。

愛知県陶磁資料館編『中国陶磁の展開』愛知県陶磁資料館 , 2004 年。

朝日新聞社『はるかなる陶磁の海路展－アジアの大航海時代』朝日新聞社 , 1993 年.

朝日新聞社編『封印された南宋陶磁展　図録』朝日新聞社 , 1998 年。

阿部百里子「ベトナム海域の沈没船と陶磁器」『考古学ジャーナル』No. 464, ニュー・サイエンス社 , 2000 年。

池崎譲二「博多遺跡群祇園駅出入口 1 号土坑－竜泉窯・同安窯系青磁」『季刊　考古学』第 75 号 , 雄山閣 , 2001 年 , 44、45 頁。

和泉市久保惣記念美術館編『千声・万声と龍泉窯の青磁』展図録 , 和泉市久保惣記念美術館 , 1996 年。

出光美術館『地下宮殿の遺宝－中国河北省定州北宋塔基出土文物展－』出光美術館 , 1997 年。

今井敦『青磁　中国の陶磁第 4 巻』平凡社 , 1997 年。

上田秀夫「15 ～ 16 世紀の青磁碗の分類について」『貿易陶磁研究』No. 2, 日本貿易陶磁研究会 , 1982 年 , 55 ～ 70 頁。

宇検村教育委員会編『倉木崎海底遺跡発掘調査概報』宇検村教育委員会 , 1998 年。

榎本渉『東アジア海域と日中交流－九～一四世紀－』吉川弘文館 , 2007 年。

榎本渉「表 1　対日交通に利用された中国側港湾（800-1349 年）」『東アジア海域と日中交流－九～一四世紀－』吉川弘文館 , 2007 年 , 30 ～ 39 頁。

榎本渉「日宋・日元貿易」『中世都市　博多を掘る』海鳥社 , 2008, 70 ～ 81 頁。

岡野智彦「ペルシャ湾岸の貿易陶磁出土遺跡の現況」『貿易陶磁研究』No. 16, 日本貿易陶磁研究会 , 1996 年。

沖縄県教育委員会編『首里城跡－京の内跡発掘調査報告書（Ⅰ）』沖縄県教育委員会 , 1998 年。

小川光彦、宮城弘樹、宮田絵津子、森隆、森本朝子、フィリピン国立博物館考古部「フィリピン・サンイシドロ沈船の陶磁器」『貿易陶磁研究』No. 21, 日本貿易陶磁研究会 , 2001 年 , 90 ～ 105 頁。

小野正敏「山梨県東八代郡一宮町新巻本村出土の陶磁器」『貿易陶磁研究』No. 1, 日本貿易陶磁研究会 , 1981 年。

小野正敏「15 ～ 16 世紀の染付碗、皿の分類と年代」『貿易陶磁研究』No. 2, 日本貿易陶磁研究会 , 1982 年 , 71 ～ 88 頁。

小野正敏「出土陶磁よりみた一五、一六世紀における画期の素描」『Museum』416 号 , 東京国立博物館 , 1985 年 , 20 ～ 28 頁。

河野真知郎ほか『今小路西遺跡（御成小学校内）発掘調査報告書』鎌倉市教育委員会 , 1990 年。

橿原考古学研究所付属博物館編『貿易陶磁－奈良・平安の中国陶磁－』財団法人　由良大和古文化協会 , 1993 年。

金沢陽「宋・元沈船搭載陶磁器についての若干の考察」『青山考古』第 14 号 , 青山考古学会 , 1997 年 , 43 ～ 53 頁。

金沢陽「倉木先"沈船"考」『鹿児島県大島郡宇検村　倉木先海底遺跡発掘調査報告書』宇検村教育委員会 , 1999 年 , 40 ～ 49 頁。

金沢陽「浙江省慶元県諸窯について－閩江水系搬出の龍泉窯系青磁－」『青山考古』第 20 号 , 青山考古学会 , 2003 年 , 73 ～ 84 頁。

亀井明徳「日本出土の越州窯陶磁器の諸問題」『九州歴史資料館研究論集』1, 1975 年。

亀井明徳「日本出土の明代青磁碗の変遷」『鏡山猛先生古稀記念・古代文化論攷』鏡山猛先生古稀記念論集刊行会 , 1980 年。

亀井明徳「第三章　日本出土の明代青磁碗の変遷」『日本貿易陶磁史の研究』同朋社 , 1986 年。

亀井明徳「草創期竜泉窯青磁の映像」『東洋陶磁』Vol. 19, 東洋陶磁学会 1992 年 , 5 ～ 27 頁。

亀井明徳「南西諸島における貿易陶磁器の流通経路」『上智アジア学』第 11 号 , 上智大学アジア文化研究

所 , 1993 年 , 11 〜 45 頁。

亀井明徳「唐代玉璧高台の出現と消滅時期の考察」『貿易陶磁研究』No. 13, 日本貿易陶磁研究会 , 1993 年 , 86 〜 126 頁。

亀井明徳『福建古窯跡出土陶瓷器の研究』都北印刷出版 , 1995 年。

亀井明徳「琉球陶磁貿易の構造的理解」『専修人文論集』60, 専修大学学会 , 1997 年 , 41 〜 66 頁。

亀井明徳「和好賞瓺の青瓷　試論」『専修大学人文科学年報』第 28 号 , 専修大学人文科学研究所 , 1998 年。

亀井明徳「13 世紀竜泉窯出土の青瓷」『シンポジウム「宋・元時代の龍泉窯青磁を考える」資料集』愛知県陶磁資料館 , 1999 年。

九州歴史資料館編『大宰府史跡　昭和 49 年度発掘調査概報』九州歴史資料館 , 1975 年。

九州歴史資料館編『大宰府史跡　昭和 56 年度発掘調査概報』九州歴史資料館 , 1982 年。

金寅圭「韓国出土の中国磁器」『貿易陶磁研究』No. 19, 日本貿易陶磁研究会 , 1999 年 , 147 〜 164 頁。

久保智康「新安沈船に積載された金属工芸品－その性格と新安船の回航性をめぐって－」『九州と東アジアの考古学－九州大学考古学研究室 50 周年記念論文集』九州大学考古学研究室 50 周年記念論文集刊行会 , 2008 年 , 597 〜 615 頁。

国立歴史民俗博物館編『東アジア中世海道』毎日新聞社 , 2005 年。

小林仁「汝窯の謎－澄泥為范の系譜」『国際シンポジウム北宋汝窯青磁の謎にせまる』論文集 , 大阪市東洋陶磁美術館 , 2010 年 , 90 〜 96 頁。

小山冨士夫『支那青磁史稿』文中堂 , 1943 年。

堺市教育委員会編「堺環濠都市遺跡（SKT82 地点）発掘調査報告」『堺市文化財調査報告第 34 集』堺市教育委員会 , 1990 年。

禚振西「耀州窯歴代青磁の工芸上の特色」『耀州窯』朝日新聞社 , 1997 年 , 147 〜 151 頁。

太宰府市教育委員会編『大宰府条坊跡Ⅲ　太宰府市の文化財第 8 集』太宰府市教育委員会 , 1984 年。

田中克子「博多遺跡群出土陶磁に見る福建古陶磁（その二）福建省閩江流域、及び以北における窯跡出土陶磁」『博多研究会誌』第 10 号 , 博多研究会 , 2002 年 , 33 〜 55 頁。

田中克子「貿易陶磁の推移　中国陶磁」『中世都市　博多を掘る』海鳥社 , 2008, 112 〜 128 頁。

田中克子「第 5 節　2. 生産と流通」『13 〜 14 世紀の琉球と福建』熊本大学文学部 , 2009 年 , 137 〜 143 頁。

田中克子、横田賢次郎「大宰府・鴻臚館出土の初期貿易陶磁の検討」『貿易陶磁研究』No. 14, 日本貿易陶磁研究会 , 1994 年 , 97 〜 113 頁。

田端幸嗣「琉球諸島における貿易陶磁器の受容に関して」『人類史研究』第 12 号 , 人類史研究会 , 2000 年 , 33 〜 45 頁。

鄭良謨「新安発見陶磁器の種類と諸問題」『東洋陶磁』Vol. 10・11, 東洋陶磁学会 , 1984 年 , 15 〜 20 頁。

出川哲朗「遂寧窖蔵出土の龍泉窯青磁と新安沖沈船及び日本伝世品との比較」『封印された南宋陶磁展図録』朝日新聞社 , 1998 年 , 122 〜 126 頁。

鄭国珍、栗建安、田中克子「福州懐安窯貿易陶磁研究」『博多研究会誌』第 7 号 , 博多研究会 , 1999 年 , 137 〜 196 頁。

東京国立博物館編『日本出土の中国陶磁』東京美術 , 1978 年。

常盤山文庫中国陶磁研究会『常盤山文庫中国陶磁研究会報 5　青磁「東窯」』公益財団法人　常盤山文庫 , 2013 年。

長岡京市埋蔵文化財センター編「右京第 246 次（7ANJSH 地区）調査略報」『長岡京市埋蔵文化財センター年報　昭和 61 年度』, 1988 年。

中島恒次郎「大宰府条坊跡 34SK215」『季刊　考古学』第 75 号 , 雄山閣出版 , 2001 年 , 30、31 頁。

日経新聞社『英国デヴィット・コレクション中国陶磁展』日経新聞社 , 1980 年。

野上建紀「コンダオ沈没船 - 青花・徳化窯白磁」『季刊　考古学』第 75 号 , 2001 年 , 雄山閣 , 74 〜 75 頁。

長谷部楽爾「新安出土の青磁について」『東洋陶磁』Vol. 10・11, 1984 年 , 103 〜 106 頁。

参考文献

馮先銘「新安海底沈船引揚げ陶磁器に関連した問題に対する検討」『東洋陶磁』Vol.10・11,1984年,27
〜32頁。

福岡市教育委員会編『博多19』福岡市埋蔵文化財報告書第247集,福岡市教育委員会,1991年。

福岡市教育委員会編『博多20』福岡市埋蔵文化財報告書第248集,福岡市教育委員会,1991年。

福岡市教育委員会編『福岡市鴻臚館跡Ⅰ発掘調査概報』福岡市埋蔵文化財調査報告書第270集,福岡市教
育委員会,1991年,16〜17頁。

福岡市教育委員会編『福岡市鴻臚館跡Ⅱ』福岡市埋蔵文化財調査報告書第315集,福岡市教育委員会,1991
年。

福岡市教育委員会編『博多48』福岡市埋蔵文化財調査報告書第397集,福岡市教育委員会,1995年。

福岡市教育委員会編『博多65－博多遺跡群第99次・第101次調査報告－』博多市埋蔵文化財調査報告書
第560集,福岡市教育委員会,1998年。

福岡市教育委員会編『博多87』福岡市埋蔵文化財調査報告書第758集,福岡市教育委員会,2004年。

藤岡了一「越州窯の壺－御物四耳壺其他」『陶磁』12巻1号,1939年,11〜18頁。

松村雄蔵「越州古窯址探査記」『陶磁』8巻5号,1936年,13〜29頁。

馬淵和雄ほか『小町2丁目345番地－2地点遺跡　雪ノ下教会改築に伴う埋蔵文化財発掘調査報告』1985年。

馬淵和雄「中世食器の地域性－付1・鎌倉」『国立歴史民俗博物館研究報告第71集』1997年,311〜330頁。

馬淵和雄「中世鎌倉における貿易陶磁の諸問題」『日本貿易陶磁研究会第20回研究集会資料集』,1999年。

三上次男『陶磁の道』岩波新書,1969年。

丹生川村教育委員会『尾崎城跡発掘調査報告書（第一・二次調査)』丹生川村教育委員会,1993年。

宮崎市定「宋代における石炭と鉄」『東方学』13,1957年。

宮下貴浩「第Ⅴ章　中世前期の持躰松遺跡〜まとめにかえて〜」『持躰松遺跡第1次調査』金峰町教育委員
会,1998年。

向荏柄遺跡調査団編『鎌倉市2階堂　向荏柄遺跡発掘調査報告書』鎌倉市教育委員会,1985年。

森克己「第十五章　日宋貿易に活躍した人々」『続・日宋貿易の研究』国書刊行会,1975年,p250-253。

森田勉「毛彫のある二・三の青磁について」『古文化談叢』6,九州古文化研究会,1979年,169〜176頁。

森田勉「九州地方から出土する越州窯青磁の様相」『考古学ジャーナル』211号,ニュー・サイエンス社,1982
年,15〜21頁。

森田勉、横田賢次郎「大宰府出土の輸入中国陶磁について」『九州歴史資料館研究論集』4,九州歴史資料
館,1978年,1〜26頁。

森達也「耀州窯の窯構造・工房・窯道具」『耀州窯』朝日新聞社,1997年,162〜168頁。

森達也「晩唐期越州窯青磁の劃花文について」『楢崎彰一先生古希記念論文集』真陽社,1998年,478〜
487頁。

森達也「遂寧窖蔵出土陶磁の年代について」『封印された南宋陶磁展　図録』朝日新聞社,1998年,127〜
132頁。

森達也「シンポジウム「宋・元時代の龍泉窯青磁を考える」について」『陶説』558号,日本陶磁協会,1999年。

森達也「宋・元代竜泉窯青磁の編年的研究」『東洋陶磁』Vol.29,東洋陶磁学会,2000年3月。

森達也「唐代晩期越州窯青磁碗の二つの系譜－玉璧高台碗と輪高台碗－」『金大考古』第34号,金沢大学
考古学研究室　2000年,1〜3頁。

森達也「宋・元代窖蔵出土陶瓷と竜泉窯青瓷の編年観について」『貿易陶磁研究』No.21,日本貿易陶磁研
究会,2001年。

森達也「ペルシアと中国－陶磁器、金属器、ガラスに見る東西交流－」,『陶説』650号,日本陶磁協会,
20〜26頁。

森達也「福建沖の沈没船」『東アジアの海とシルクロードの拠点　福建』海のシルクロードの出発点"福建"
展開催実行委員会,2008年,106〜107頁。

森達也「福建の古窯址、沈没船、北苑茶園」『陶説』第 668 号 , 2008 年 , 32 〜 41 頁。

森達也「杭州・老虎洞窯出土青瓷の編年について」,『愛知県陶磁資料館研究紀要 15』2010 年 , 69 〜 93 頁。

森達也「アジアの海を渡った龍泉青磁」『九大アジア叢書　モノから見た海域アジア史』四日市康博編 , 九州大学出版会 2008 年。

矢部良明「宋代青磁の展開」『世界陶磁全集 12』小学館 , 1978 年 , 179 〜 222 頁。

矢部良明「元代の青磁」『世界陶磁全集 13』小学館 , 1981 年。

山本信夫「大宰府における 13 世紀中国陶磁の一群」『貿易陶磁研究』No. 10, 日本貿易陶磁研究会 , 1990 年 , 83 〜 112 頁。

山本信夫「統計上の土器－歴史時代土師器の編年研究によせて－」『乙益重隆先生古希記念　九州上代文化論集』1990 年。

山本信夫「北宋期越州窯系青磁の検討」『大宰府陶磁器研究-森田勉氏追悼論文集』1995 年 , 181 〜 197 頁。

山本信夫「九州地方の消費地遺跡から見た宋・元時代の龍泉窯青磁」『シンポジウム「宋・元時代の龍泉窯青磁を考える」資料集』愛知県陶磁資料館 , 1999 年。

山本信夫・山村信榮「中世食器の地域性－九州・南西諸島」『国立歴史民俗博物館研究報告第 71 集』1997 年 , 237 〜 310 頁。

弓場紀知「北宋初期の紀年銘をもつ越州窯青瓷をめぐって」『出光美術館紀要第 1 号』1995 年 , 136 〜 147 頁。

横田賢二郎、森本朝子、山本信夫「新安沈船と大宰府・博多の貿易陶磁器－森田勉氏の研究成果によせて－」『貿易陶磁研究』No. 9, 日本貿易陶磁研究会 , 1989 年 , 13 〜 45 頁。

四日市康博「ユーラシア交易圏からアジア間交易圏へ－宋元期における海域交流の拡大とその後の変容－」『第 54 回国際東方学者会議（ICES）シンポジウムⅣ「近千年の中国における大地と社会の変貌－自然・景観・人口・交流などを中心として－」予稿集』2009 年 , 99 〜 125 頁。

米内山庸夫「南宋官窯の研究 1 〜 29」『日本美術工芸』159 〜 196, 1952 〜 55 年。

米内山庸夫「越窯の研究 1 〜 14」『陶説』10 〜 43, 日本陶磁協会 , 1954 年〜 56 年。

米内山庸夫「南宋官窯の発見」『世界陶磁全集』10　河出書房 , 1956 年 , 280 頁。

読売新聞ほか『中国陶磁の至宝　英国デイヴィッド・コレクション展』読売新聞 , 1998 年

李知宴「龍泉青磁の発展と輸出」『貿易陶磁研究』No. 2, 日本貿易陶磁研究会 , 1982 年 , 27 〜 36 頁。

李知宴「新安海底文物の発見から龍泉窯青磁の発展を見る」『東洋陶磁』Vol. 10・11, 1984 年 , 137 〜 146 頁。

中国語

易立「試論五代宋初耀州窯青瓷的類型與分期－以墓葬、塔基出土物為中心」『考古與文物』2009 年第 2 期 , 81 〜 92 頁。

袁華「浙江徳清出土南宋紀年墓文物」『南方文物』1992 年第 2 期 , 25、26 頁。

黄岡地区博物館　英山県博物館「湖北英山三座宋墓的発掘」『考古』1993 年第 1 期 , 29 〜 36 頁。

汪慶正主編『越窯、秘色瓷』上海古籍出版社 , 1996 年。

汪慶正、范冬青、周麗麗『汝窯的発現』上海人民美術出版社 , 1987 年。

汪慶正「老虎洞南宋修内司官窯遺址的重要発現及其相関諸問題」『上海博物館　集刊』第 8 期 , 2000 年 , 368 〜 380 頁。

王紅武「陝西宝鶏県県功公社陳家咀大隊出土一批宋代文物」『文物』1981 年第 8 期 , 89 頁。

汪済英「記五代呉越国的別－官窯－浙江上虞県窯前窯址」『文物』1963 年第 1 期 , 43 〜 49 頁。

王淑津、劉益昌「大坌坑遺址出土十二至十七世紀外来陶瓷器」『2008 年台湾考古工作会報　会議論文及工作報告』中央研究院歴史語言研究所　2009 年 3 月 , 275 〜 292 頁。

王淑津、劉益昌「大坌坑遺址出土十二至十四世紀中国陶瓷」『福建文博』2010 年第 1 期 , 45 〜 61 頁。

王守功ほか「荷沢古沈船出土元代青花瓷」『文物天地』2011 年第 1 期 , 76 〜 81 頁。

王有泉「北京密雲冶仙塔塔基清理簡報」『文物』1994 年第 2 期 , 58 〜 61 頁。

王友忠「浙江青田県前路街元代窖蔵」『考古』2001 年第 5 期, 93 ～ 96 頁。

河南省文物考古研究所編『北宋皇陵』中州古籍出版社 1997 年。

河南省文物研究所、蜜県文物保管所「蜜県五虎廟北宋馮京夫婦合葬墓」『中原文物』1987 年第 4 期, 77 ～ 89 頁。

河南省文物考古研究所「宝豊清凉寺汝窯址的調査与試掘」『文物』1989 年第 11 期, 1 ～ 14 頁。

河南省文物考古研究所「宝豊清凉寺汝窯址第二、三次発掘簡報」『華夏考古』1992 年第 3 期, 140 ～ 153 頁。

河南省文物考古研究所「宝豊清凉寺汝窯遺址的新発現」『華夏考古』, 2001 年第 3 期, 21 ～ 28 頁。

河南省文物考古研究所「宝豊清凉寺汝窯址 2000 年発掘簡報」『文物』, 2001 年第 11 期, 4 ～ 22 頁。

河南省文物考古研究所『宝豊清凉寺汝窯』大象出版社, 2008 年。

河南省文物考古研究所『禹州鈞台窯』大象出版社, 2008 年。

河南省文物考古研究所『汝窯与張公巷窯出土瓷器宝豊清凉寺汝窯』科学出版社, 2009 年。

河北省文物局『定州文物蔵珍』嶺南美術出版社, 2003 年。

河北省文物研究所「河北定興元代窖蔵文物」『文物』1986 年第 1 期, 89 ～ 91 頁。

韓巍「宋代倣古製作的"様本"問題」,『宋韻―四川窖蔵文物輯粋』, 中国社会科学出版社, 2006 年。

咸陽市文物考古研究所『五代馮暉墓』重慶出版社, 2001 年。

邱永生ほか「江蘇徐州大山頭元代紀年画像石墓」『考古』1993 年第 12 期, 1093 ～ 1098 頁。

曲利平「鷹潭宋代紀年墓葬」『南方文物』1996 年第 4 期, 10、11 頁。

金志偉「"御厨"字款越瓷再探」『故宮博物院　院刊』2001 年 1 期, 79 ～ 83 頁。

金志偉　胡雲法　金軍「南宋宮廷所用越瓷的幾個問題」『浙江省文物考古研究所　学刊』第五輯, 浙江省文物考古研究所, 2002 年, 72 ～ 77 頁。

金祖明「浙江余姚青瓷窯址調査報告」『考古学報』1959 年第 3 期, 107 ～ 120 頁。

金柏東ほか「浙江泰順元代窖蔵瓷器」『文物』1986 年第 1 期, 94 頁。

黄漢傑、曽偉希「福建南平窖蔵銅器」『南方文物』1998 年第 2 期, 29 ～ 36 頁。

呉煒「江蘇儀征胥浦発現唐墓」『考古』1991 年第 2 期, 187 ～ 190 頁。

杭州市文物考古所、臨安市文物館「浙江臨安五代呉越国康陵発掘簡報」『文物』2000 年第 2 期, 4 ～ 34 頁。

杭州市文物考古所「杭州老虎洞南宋官窯址」,『文物』2002 年第 10 期, 4 ～ 31 頁。

杭州市文物考古所『南宋太廟遺址』文物出版社, 2007 年。

杭州市文物考古所『南宋恭聖仁烈皇后宅遺址』文物出版社, 2009 年。

貢昌「浙江東陽南市搭出土青瓷」『考古』1985 年第 1 期, 96 頁。

江西省文物考古研究所、景徳鎮民窯博物館『景徳鎮湖田窯址』文物出版社, 2007 年。

江西省文物考古研究所ほか「江西吉安市臨江窯遺址」『考古学報』1995 年第 2 期, 243 ～ 273 頁。

江西省淮安県博物館「淮安県明代王鎮夫婦合葬墓清理簡報」『文物』1987 年第 3 期, 1 ～ 15 頁。

広西文物考古研究所ほか『越南出水陶瓷』科学出版社, 2009 年。

黄冬梅「江西樟樹元紀年墓出土文物」『南方文物』1996 年第 4 期, 12 ～ 14 頁。

衢州市文管会「浙江衢州市南宋墓出土器物」『考古』1983 年第 11 期, 1004 ～ 1011 頁。

呉高彬『義烏文物精粋』文物出版社, 2003 年。

呉水存「江西九江発現元代青花瓷器」『文物』1992 年第 6 期, 94、95 頁。

権奎山「第六章　分期與年代」『寺龍口越窯址』文物出版社, 2002 年, 334 ～ 352 頁。

国家文物局主編『中国文物精華大辞典　陶磁巻』上海辞書出版社・商務印書館（香港）, 1995 年。

国家文物局編『1998 中国重要考古発現』文物出版社 1999 年, 97 ～ 101 頁。

国家文物局編『2001 中国重要考古発現』文物出版社 2002 年, 127 ～ 132 頁。

小林仁「中国出土高麗青瓷考」『中国古陶瓷研究』第 14 輯中国古陶瓷学会, 2008 年, 563 ～ 585 頁。

湖北省文物管理委員会「武昌卓刀泉両座南宋墓葬的清理」『考古』1964 年第 5 期, 237 ～ 241 頁。

慈渓市博物館編『上林湖越窯』科学出版社, 2002 年。

四川省文物管理委員会「南宋虞公著夫婦合葬墓」『考古学報』1985 年第 3 期, 383 ～ 401 頁。

四川省文物管理委員会「四川省簡陽県東渓園芸場元墓」『文物』1987 年第 2 期, 70 ～ 87 頁。

四川省文管会ほか「四川平武明王璽家族墓」『文物』1989 年第 7 期, 1 ～ 42 頁。

謝基梁「江西万安窖蔵出土青銅器」『江西文物』1991 年第 1 期, 110 ～ 111 頁。

謝純龍「上林湖地区的青瓷分期」『東方博物』第 4 輯, 1999 年, 88 ～ 107 頁。

謝明良「記黒石号(Batu Hitam)沈船中的中国陶瓷器」『美術史研究集刊 13』国立台湾大学芸術史研究所, 2002 年, 1 ～ 60 頁。

謝明良「耀州窯遺址五代青瓷的年代問題－従所謂『柴窯』談起」『故宮学術季刊』第 16 巻第 2 期, 国立故宮博物院（台湾）, 1998 年, 53 ～ 78 頁。

上海人民美術出版社＋美乃美『中国陶瓷全集 4 越窯』美乃美, 1981 年。

上海博物館考古部「浙江龍泉安仁口古瓷窯址発掘報告」『上海博物館集刊』第 3 期, 1986 年。

重慶市博物館・栄昌県文化館「重慶市栄昌県宋代窖蔵瓷器」『四川考古報告集』文物出版社, 1998 年, 406 ～ 413 頁。

朱伯謙「浙江両処塔基出土宋青花瓷」『文物』1980-4, 1 ～ 3 頁。

朱伯謙「解説」『中国陶瓷全集 4』越窯美乃美 1981 年, 165 ～ 186 頁。

朱伯謙「龍泉青磁簡史」『龍泉青磁瓷研究』文物出版社, 1989 年, 1 ～ 37 頁。

朱伯謙「龍泉大窯古瓷窯遺址発掘報告」『龍泉青瓷研究』文物出版社, 1989 年, 38 ～ 67 頁。

朱伯謙主編『龍泉窯青瓷』藝術家出版社（台湾）, 1999 年。

朱伯謙「龍泉窯」『龍泉窯青瓷』藝術家出版社（台湾）, 1999 年。

朱伯謙、王士倫「浙江省龍泉青瓷窯址調査発掘的主要収穫」『文物』1983 年第 1 期。

朱勇偉、陳鋼『寧波古陶瓷拾遺』寧波出版社, 2007 年。

紹興市文物管理委員会「紹興上竈官山越窯調査」『文物』1981 年第 10 期, 43 ～ 47 頁。

庄文彬「四川遂寧金魚村南宋窖蔵」『文物』1994 年第 4 期, 4 ～ 31 頁。

沈一東「南宋官窯陶質祭器探索」,『東方博物』第 24 輯, 2007 年, 16 ～ 23 頁。

沈岳明「修内司官窯的考古学観察－従低嶺頭談起」『中国古陶瓷研究』4, 紫禁城出版社, 1997 年, 84 ～ 92 頁。

沈岳明「龍泉窯大窯楓洞岩窯址」『2006 年　全国考古十大新発現』文物出版社, 2007 年。

沈岳明「楓洞岩窯址発掘的主要収穫和初歩認識」『竜泉大窯楓洞岩窯址出土瓷器』, 文物出版社, 2009 年, 1 ～ 6 頁。

新疆博物館「新疆伊犁地区霍城県出土的元青花瓷等文物」『文物』1979 年第 8 期。

秦大樹「拾遺南海　補欠中土－談井里汶沈船的出水瓷器」『故宮博物院　院刊』2007 年 6 期, 紫禁城出版社, 91 ～ 101 頁。

秦大樹「宋代官窯的主要特点－兼談元汝州青瓷器」『文物』2009 年第 12 期。

遂寧市博物館等「四川遂寧金魚村南宋窖蔵」『文物』1994 年第 4 期, 1 ～ 28 頁。

西安市文物保護考古所「西安市長安区郭杜鎮清理的三座宋代李唐王朝後裔家族墓」『文物』2008 年第 6 期, 36 ～ 53 頁。

成都市文物考古研究所、彭州市博物館「彭州宋代青銅器窖蔵」『2004 成都考古発現』科学出版社, 2006 年, 392 ～ 432 頁。

成都文物考古研究所、遂寧市博物館『遂寧金魚村南宋窖蔵』文物出版社 2012 年。

薛尭「江西南城、清江和永修的宋墓」『考古』1965 年第 11 期, 571 ～ 576 頁。

浙江省軽工業庁ほか編『龍泉青瓷』文物出版社　1966 年。

浙江省博物館、杭州市文管会「浙江臨安晩唐銭寛墓出土天文図及〝官〞字款白瓷」『文物』1979 年第 12 期, 18 ～ 23 頁。

浙江省博物館編『浙江紀年瓷』文物出版社　2000 年。

浙江省文物管理委員会「浙江鄞県古瓷窯址調査報告」『考古』1964 年第 4 期, 182 ～ 187 頁。

浙江省文物管理委員会「杭州、臨安五代墓中的天文図和秘色瓷」『考古』1975 年第 3 期, 186 ～ 194 頁。

参考文献　　　　271

浙江省文物管理委員会「浙江臨安板橋五代墓」『文物』1975 年第 8 期, 66 〜 72 頁。

浙江省文物考古所「杭州三台山五代墓」『考古』1984 年第 11 期, 1045 〜 1048 頁。

浙江省文物考古研究所、浙江省博物館『晩唐銭寛夫婦墓』文物出版社, 2012 年。

浙江省文物考古研究所、慈渓市文物管理委員会「浙江慈渓市越窯石馬弄窯址的発掘」『考古』2001 年第 10
期, 59 〜 72 頁。

浙江省文物考古研究所、慈渓市文物管理委員会「慈渓上林湖荷花芯窯址発掘簡報」『文物』2003 年第 11 期, 4
〜 25 頁。

浙江省文物考古研究所、上虞県文物管理所「浙江上虞鳳凰山古墓発掘報告」『浙江省文物考古研究所　学
刊　建所十周年記念』科学出版社, 1993 年。

浙江省文物考古研究所、北京大学考古文博学院、慈渓市文物管理委員会「浙江慈渓寺龍口窯址発掘簡報」『文
物』2001 年第 11 期, 23 〜 42 頁。

浙江省文物考古研究所、北京大学考古文博学院、慈渓市文物管理委員会『寺龍口越窯址』文物出版社 2002 年。

陝西省考古研究院ほか『法門寺考古発掘報告』文物出版社, 2007 年。

陝西省考古研究所『陝西銅川耀州窯』科学出版社, 1965 年。

陝西省考古研究所『唐代黄堡窯址』文物出版社, 1992 年。

陝西省考古研究所『五代黄堡窯址』文物出版社, 1997 年。

陝西省考古研究所　耀州窯博物館『宋代耀州窯址』文物出版社, 1998 年。

陝西省法門寺考古隊「扶風法門寺搭唐代地宮発掘簡報」『文物』1988 年第 10 期, 1 〜 26 頁。

曾偉希「福建博物院新近収蔵一批出水明代瓷器」『福建文博』2008 年第 1 期, 92 〜 94 頁。

桑堅信「杭州市発現元代瓷器窖蔵」『文物』1989 年第 11 期, 22 〜 27 頁。

曹建文「尋覓已久的景徳鎮克拉克瓷窯址被発現」『中国文物報』2002 年 4 月 17 日号。

曹建文、羅易扉「克拉克瓷器在景徳鎮窯址的発現」『文物天地』2004 年第 12 期, 41 〜 45 頁。

荘良有『宋元紀年青白瓷』荘万里文化基金会・香港, 1998 年。

蘇州市文管会、呉県文管会「蘇州七子山五代墓発掘簡報」『文物』1981 年第 2 期, 37 〜 45 頁。

蘇州市文物保管委員会「蘇州虎丘雲岩搭発現文物内容簡報」『文物』1957 年第 11 期, 38 〜 45 頁。

孫新民「汝窯的発現与研究」,『汝窯与張公巷窯出土瓷器宝豊清涼寺汝窯』, 科学出版社, 2009 年, 153 〜
155 頁。

孫新民　郭木森『汝窯瓷　鑑定與鑑賞』江西美術出版社, 2005 年。

中国嘉徳国際拍売有限公司『明萬暦号、清迪沙如号海撈陶瓷』嘉徳四季 4, 2005 年。

中国珪酸塩学会編『中国陶瓷通史』文物出版社, 1982 年。

中国社会科学院考古研究所『偃師杏園唐墓』科学出版社, 2001 年。

中国社会科学院考古研究所蒙古工作隊　内蒙古文物考古研究所「内蒙古扎魯特旗浩特花遼代壁画墓」『考古』
2003 年第 1 期, 3 〜 14 頁。

中国社会科学院考古研究所、浙江省文物考古研究所、杭州市園林文物局『南宋官窯』中国大百科全書出版
社, 1996 年。

中国陶瓷全集編集委員会編『中国陶瓷全集 6　唐　五代』上海人民美術出版社, 2000 年。

中国陶瓷全集編集委員会編『中国陶瓷全集 8　宋（下）』上海人民美術出版社, 1999 年。

張威主編『綏中三道崗元代沈船』科学出版社, 2001 年.

張威「西沙群島華光礁 1 号沈船遺址　救性発掘」『2007 中国重要考古発現』文物出版社, 2008 年, 173 〜
176 頁。

張玉藍「関于老虎洞窯的幾個問題」『東方博物』第 14 輯, 2005 年, 93 〜 99 頁。

張玉藍「杭州市発現元代鮮于枢墓」『文物』1990 年第 9 期, 22 〜 25 頁。

張剣「洛陽安楽宋代窖蔵瓷器」『文物』1986 年第 12 期, 69 〜 71 頁。

張啓明「四川閬中県出土宋代窖蔵」『文物』1984 年第 7 期, 85 〜 90 頁。

張秀夫、田淑華、成長福「河北平泉県小吉溝遼墓」『文物』1982 年第 7 期, 50 ～ 53 頁。

張北超「湖南桃江発現竜泉窯瓷器窖蔵」『文物』1987 年第 9 期, 21 ～ 24 頁。

朝陽市博物館「朝陽市発現元代窖蔵瓷器」『文物』1986 年第 1 期, 92・93 頁。

朝陽地区博物館「遼寧朝陽姑営子遼耿氏墓発掘報告」『考古学集刊』3, 中国社会科学出版社, 1983 年, 168 ～ 195 頁。

鎮江博物館「江蘇鎮江唐墓」『考古』1985 年第 2 期, 131 ～ 148 頁。

陳擎光「元代福建北部及其隣近地区所輸出的陶瓷器－試論新安沈船以福州為出口港」『故宮学術季刊』第 6 巻第 3 期, 国立故宮博物院 (台湾) 1989 年, 1 ～ 38 頁。

陳万里「越器之史的研究」『越風』創刊号 1935 年。

陳万里『越器圖録』中華書局 1936 年。

陳万里『瓷器與浙江』中華書局 1946 年。

陳万里「龍泉西南北三郷之古代窯基」『瓷器與浙江』1946 年.

陳万里『中国青瓷史略』上海人民出版社, 1956 年。

陳万里『陶瓷考古文集』紫禁城出版社・両木出版社, 1990 年。

陳芳妹「宋古器物学的興起与宋倣古銅器」『国立台湾大学美術史研究集刊』10 期, 2001 年, 37 ～ 160 頁。

陳芳妹「再現三代－従故宮宋代倣古銅器説起」『千禧年宋代文物大展』国立故宮博物院 (台北), 2001 年, 293 ～ 320 頁。陳芳妹「追三代於鼎彝之間－宋代従「考古」到「玩古」的転変」『故宮学術季刊』第 23 巻 1 期, 国立故宮博物院 (台北), 2005 年, 267 ～ 332 頁。

陳黎清「峨眉山市夢目鎮出土宋代窖蔵」『四川文物』1990 年第 2 期, 41・42 頁。

鄭建華「越窯青瓷装焼工芸的初歩総結」『東方博物』第 2 輯, 1998 年, 88 ～ 95 頁。

定県博物館「河北定県発現両座宋代塔基」『文物』1972 年第 8 期, 39 ～ 51 頁。

程如峰「合肥市発現明代瓷器窖蔵和唐代邢窯瓷」『文物』1978 年第 8 期, 51 ～ 53 頁。

丁祖春「四川省什邡県出土的宋代瓷器」『文物』1978 年第 3 期, 93 ～ 96 頁。

天津市歴史博物館考古隊ほか「天津薊県独楽寺塔」『考古学報』1989 年第 1 期, 83 ～ 119 頁。

董貽安主編『寧波文物集粋』華夏出版社, 1996 年。

鄧禾穎、唐俊傑『南宋史研究叢書南宋官窯』杭州出版社, 2008 年。

唐漢三ほか「内蒙赤峰大営子元代瓷器窖蔵」『文物』1984 年第 5 期, 89 ～ 93 頁。

唐金裕「陝西省略陽県出土的宋瓷」『文物』1976 年第 11 期, 84、85 頁。

唐俊傑「南宋郊壇下官窯与老虎洞官窯的比較研究」『南宋官窯文集』文物出版社 2004 年, 168 ～ 199 頁。

唐俊傑「祭器、礼器、"邵局"─関於南宋官窯幾個問題」, 『故宮博物院院刊』2006 年第 6 期, 45 ～ 60 頁。

唐俊傑「関於修内司窯的幾個問題」『文物』2008 年第 12 期, 61 ～ 68 頁。

杜正賢　主編『杭州老虎洞窯址瓷器精選』文物出版社, 2002 年。

杜葆仁「耀州窯的窯炉和焼成技術」『文物』1987 年第 3 期, 32 ～ 37 頁。

内蒙古文物考古研究所ほか「遼耶律羽之墓発掘簡報」『文物』1996 年第 1 期, 4 ～ 32 頁。

内蒙古自治区文物考古研究所　哲里木盟博物館『陳国公主墓』文物出版社, 1993 年。

南京市博物館ほか「江蘇南京市唐家凹明代張雲墓」『考古』1999 年第 10 期, 27 ～ 30 頁。

寧波市文物考古研究所「浙江寧波市祖関山家地的考古調査和発掘」『考古』2001 年第 7 期, 40 ～ 46 頁。

潘行栄「元集寧路故城出土的窖蔵絲織物及其他」『文物』1979 年第 7 期, 32 ～ 36。

符永才、顧章「浙江南田海島発現唐宋遺物」『考古』1990 年第 11 期, 1048 ～ 1050 頁。

馮永謙「葉茂台遼墓出土的陶瓷器」『文物』1975 年第 12 期, 40 ～ 48 頁。

馮永謙ほか「遼寧建昌普査中発現的重要文物」『文物』1983 年第 9 期, 66 ～ 72 頁。

福建博物館『漳州窯』福建人民出版社, 1997 年。

平潭大練島元代沈船遺址水下考古隊「平潭大練島 I 号沈船遺址水下考古発掘収穫『福建文博』2008 年第 1 期, 21 ～ 25 頁。

参考文献

北京市文物研究所「元鉄可父子墓和張弘綱墓」『考古学報』1986 年第 1 期,95 ～ 113 頁。

北京市文物工作隊「遼韓逸墓発掘報告」『考古学報』1984 年第 3 期,361 ～ 381 頁。

北京市文物研究所『毛家湾明代瓷器坑考古発掘報告』科学出版社,2007 年。

彭国善『遼代陶瓷的考古学研究』吉林大学出版社,2003 年。

方杰「浙江紹興繆家橋井発掘簡報」『考古』1964 年第 11 期,558 ～ 560 頁。

香港大学馮平山博物館編『景徳鎮出土陶瓷』香港大学馮平山博物館,1992 年。

明堂山考古隊「臨安県唐水邱氏墓発掘報告」『浙江省文物考古所学刊』文物出版社,1981 年,94 ～ 104 頁。

森達也「越窯青瓷碗的両個体系－玉璧底碗和圏足碗」『浙江省文物考古研究所　学刊』第 5 輯,浙江省文物考古研究所,2001 年,140 ～ 144 頁。

森達也「論耀州窯青瓷製瓷技術的伝播与影響」『中国耀州窯国際学術討論会文集』耀州窯博物館,2005 年,131 ～ 134 頁。

森達也「伊朗波斯湾北岸幾個海港遺址発現的中国陶瓷」『中国古陶瓷研究』第 14 輯,中国古陶瓷学会,2008 年,414 ～ 429 頁。

森達也「日本出土的南宋越窯青瓷－博多遺址的青瓷香炉」『故宮文物　月刊』332 号,国立故宮博物館（台湾）,2010 年,66 ～ 73 頁。

楊后礼「江西永新発現元代瓷器窖蔵」『文物』1983 年第 4 期,47 ～ 49 頁。

耀州窯博物館　陝西省考古研究所　銅川市考古研究所『立地坡・上店耀州窯址』三秦出版社,2004 年。

余家棟ほか「江西楽安発現元代瓷器窖蔵」『文物』1989 年第 1 期,75 ～ 78 頁。

余佩瑾　陳玉秀編『大観　北宋汝窯特展』国立故宮博物院,2006 年。

洛陽市文物工作隊「洛陽発現一座后周墓」『文物』,1995 年第 8 期,4 ～ 67 頁。

洛陽文物考古隊「洛陽后梁高継蟾墓発掘簡報」『文物』1995 年第 8 期,52 ～ 60 頁。

藍之庸『探尋逝去的王朝　耶律羽之墓』内蒙古大学出版社 2004 年。

李家治主編『中国科学技術史陶瓷巻』科学出版社 1998 年。

李輝柄「調査浙江鄞県窯址的収穫」『文物』1973 年第 5 期,30 ～ 40 頁。

李輝柄「福建同安窯調査紀略」『文物』1974 年第 11 期,80 ～ 84 頁.

李輝丙「遂寧窖蔵瓷器浅議－兼談成都附近県市窖蔵瓷器」『文物』1994 年第 4 期,29 ～ 31 頁。

李輝柄　主編『故宮博物院文物珍品全集 31　晋唐瓷器』商務印書館,1996 年。

李輝柄　主編『故宮博物院文物珍品全集 33　両宋瓷器（上、下）』商務印書館,1996 年。

李輝柄「修内司窯的正名及相関問題」」『故宮博物院院刊』1996 年第 1 期,45 ～ 52 頁。

陸明華「四川遂寧出土陶磁器と窖蔵の年代問題の検討」『シンポジウム「宋・元時代の龍泉窯青磁を考える」資料集』愛知県陶磁資料館,1999 年。

陸明華「長沙窯有関問題研究」『中国古陶瓷研究』第 9 輯,中国古陶瓷学会,2003 年。

栗建安編『中国出土瓷器全集 11　福建』科学出版社,2008 年。

栗建安「我国沈船遺址出水的龍泉窯瓷器」『中国古陶瓷研究・龍泉窯研究』故宮出版社,2011 年。

李作智「呼和浩特市東郊出土的幾件元代瓷器」『文物』1977 年第 5 期,75 ～ 77 頁。

李喜寛「有関南宋后期官窯的幾個問題」『故宮博物院院刊』2009 年第 3 期,6 ～ 23 頁。

李文信「義縣清河門遼墓発掘報告」『考古学報』第八冊 1954 年,163 ～ 202 頁

李民挙「宋官窯論稿」『文物』1994 年第 8 期,47 ～ 51 頁。

遼寧省文物考古研究所「阜新遼蕭和墓発掘簡報」『文物』2005 年第 1 期,33 ～ 50 頁。

劉興「江蘇丹徒元代窖蔵瓷器」『文物』1982 年第 2 期,25 ～ 27 頁。

劉裕黒・熊琳「江西高安県発現青花、釉裏紅等瓷器窖蔵」『文物』1982 年第 4 期,58 ～ 69 頁。

林士民「勘察浙江寧波唐代古窯的収穫」『中国古代窯址調査発掘報告書』文物出版社 1984 年,15 ～ 21 頁。

林士民「浙江寧波市出土一批唐代瓷器」『文物』1976 年第 7 期,60 ～ 61 頁。

林士民「談越窯青瓷中的秘色瓷」『越窯、秘色瓷』上海古籍出版社 1996 年,7 ～ 9 頁。

林士民「浙江寧波和義路遺址発掘報告」『東方博物』浙江省博物館 1997 年 , 243 ～ 280 頁。

寧波市文物考古研究所「浙江寧波和義路遺址発掘報告」『東方博物』杭州大学出版社 , 1997 年 , 243 ～ 280 頁 .

林士民『青瓷與越窯』上海古籍出版社 , 1999 年。

魯樹泉「青神発現宋代窖蔵瓷器」『四川文物』1989 年第 1 期。

韓国語

国立中央博物館編『新安海底文物』国立中央博物館 , 1977 年。

文化広報部文化財管理局編『新安海底遺物　資料編 I 』韓国・文化広報部文化財管理局　1981 年。

文化広報部文化財管理局編『新安海底遺物　資料編 II 』韓国・文化広報部文化財管理局　1984 年。

文化広報部文化財管理局編『新安海底遺物　資料編 III 』韓国・文化広報部文化財管理局　1985 年。

文化広報部文化財管理局編『新安海底遺物　総合篇』韓国・文化広報部文化財管理局　1988 年。

文化財庁、国立海洋遺物展示館編『新安船　白瓷・其他遺物』国立海洋遺物展示館 , 2006 年。

文化財庁、国立海洋遺物展示館編『新安船　青瓷・黒釉』国立海洋遺物展示館 , 2006 年。

文化財庁、国立海洋遺物展示館『新安船』国立海洋遺物展示館 , 2006 年。

欧文

C.L van der Pijl-Ketel, 1982, *The Ceramic Load of the Vitte Leeuw (1613)*, Rijks Museum, Amsterdam. p146-147.

Christie's Australia, 2004, *The Binh Thuan Shipwreck*.

Christie's Amsterdam, 1992, *The Vung Tau Cargo*.

David Whitehouse, 1968, *Excavations at Siraf: First Interim Report*, Iran, vol.6, pp.1-22.

David Whitehouse, 1969, *Excavations at Siraf: Second Interim Report*, Iran, vol.7, pp.39-62.

David Whitehouse, 1970, *Excavations at Siraf: Third Interim Report*, Iran, vol.8, pp.1-18.

David Whitehouse, 1971, *Excavations at Siraf: Forth Interim Report*, Iran, vol.9, pp.1-17.

David Whitehouse, 1972, *Excavations at Siraf: Fifth Interim Report*, Iran, vol.10, pp.63-87.

David Whitehouse, 1974, *Excavations at Siraf: Sixth Interim Report*, Iran, vol.12, pp.1-30.

David Whitehouse, 1972, *Some Chinese and Islamic Pottery from Siraf, Pottery and Metalwork in Tang China*, London, pp.30-34.

Franck Goddio, Stacey Pierson, Monique Crick, Sunken, 2000, S*unken Treasure: Fifteenth Century Chinese Ceramics from the Lena Cargo*, Periplus, London.

Franck Goddio, Monique Crick, Peter Lam, Stacey Pierson, Rosemary Scott, 2002, *Lost at Sea, The strange route of the Lena Shoal junk*, Periplus, London.

Jean-Paul Desroches, Gabriel Casal, Franck Goddio, 1996, *Treasures of the SAN DIEGO*, National Museum of the Philippines. p354-357.

Michael Flecker, T*he Archaeological Excavation of 10th Century, Intan Shipwreck*, BAR International Series 1047, 2002.

Nguyen Dinh Chien, 2002, *The Ca Mau Shipwreck 1723-1735*, The National Museum of Vietnamese History, Ha Noi.

Regina Krahl 2010, Shipwrecked: *Tang Treasures and Monsoon Winds*, Smithsonian Institution.

あとがき

　本書は、平成 23 年度に金沢大学に提出した博士学位論文『中国青瓷の研究－編年と流通－』に一部加筆した内容となっている。中国青瓷のうち、特に 8 世紀後半から 12 世紀の越州窯青瓷と 13・14 世紀の龍泉窯青瓷に焦点を置いて、その詳細な編年構築をするとともに、これら二つの窯の技術・意匠系譜を明らかにするために、関連する耀州窯、汝窯、南宋官窯などの技術系譜の考察を行った。

　「第 1 章　問題の所在」では、まず研究資料としての中国陶瓷の特性を①保存性、②斉一性、③階層性、④広域流通、⑤意匠的影響、⑥技術的影響、⑦文様・器形における嗜好・美意識の表現に分けて簡単にまとめ、さらに本論文での研究内容と目的を明らかとした。

　「第 2 章　越州窯青瓷の編年」では、8 世紀後半から 12 世紀前半にわたる越州窯青瓷の編年を詳細に検討した。編年の基軸には青瓷碗の支焼技法や形態の変化を基にした時期区分を置き、約 4 世紀にわたる期間を、10 世紀前半を堺に大きく 2 時期に区分し、さらにそれぞれを 4 つの小期に分けて、全体で 8 つの小期に細分した。碗以外の器種もこの時期区分にあわせて器形や支焼技術の変化を明確化した。

　「第 3 章　五代・北宋耀州窯青瓷の編年」では、五代から北宋、金代に互る耀州窯青瓷の編年を、紀年墓や窖蔵出土の一括資料などを中心に確立し、これまで五代とされた一群の青瓷が北宋前期まで時代が下がることなどを明らかにした。また、五代耀州窯青瓷では、暗灰色の素地に白化粧土をかけ、その上に青瓷釉をかける技術が主流であったが、北宋初期の段階に灰白胎土の上に直接青瓷釉を施す技術へと移行し、さらに北宋前期に焼成が薪燃料から石炭燃料へと移行し、オリーブグリーンの北宋耀州窯青瓷の様式が確立したことを明確にした。

　「第 4 章　汝窯と南宋官窯－技術と器種の比較－」では、耀州窯の技術や意匠の影響を受けて創生された宋代青瓷の最高峰である汝窯天青釉青瓷が、宋王朝の南遷によって創設された南宋官窯に大きな影響を与え、さらに龍泉窯などの民窯や海外の高麗青瓷にまで影響を及ぼし、東アジアの陶瓷器生産の大きな画期を生み出したことを明らかとした。特に、汝窯と南宋官窯で古代の青銅礼器を写した新たな器種が生み出され、その後の中国陶瓷の器種構成の中で極めて重要な位置を占めたという問題の定義は重要である。北宋の汝窯では戦国後期や漢代の青銅器の模倣を主に行い、南宋官窯になってから商周代の古い青銅礼器の模倣が始められたことを明らかとした。

　「第 5 章　南宋官窯（老虎洞窯）出土青瓷の編年」では、近年修内司窯である証拠が発

見された杭州・老虎洞窯で発見された廃棄坑から一括出土した青瓷を分析し、この地で南宋前期から元代まで継続的に青瓷生産が行われていた可能性を指摘した。ただし、この分析は現時点で発表されている資料のみを用いた不十分なもので、本報告の出版を待って再度分析する必要がある。

「第6章　宋・元代龍泉窯青瓷の編年」では、宋代中期から大発展をとげ、元代には景徳鎮窯とともに中国を代表する窯業生産地となった龍泉窯を取り上げた。四川省の窖蔵から一括して大量に出土した資料や、日本の出土品、韓国・新安沈船の引き上げ品など、大量の一括資料を比較し、13世紀初頭から14世紀中頃までの龍泉窯青瓷の器形や焼成技術の変化を、①南宋後期（13世紀初頭から1260頃）、②南宋末・元初期（1260年頃から13世紀末）、③元中期（14世紀前半）、④元後期（14世紀中頃）の四段階に区分して、粉青色青瓷（砧青瓷）の出現から、元様式の大形器種の出現までの過程を明らかとした。

第2章で詳細な編年を行った越州窯と第6章で取り上げた龍泉窯の製品は盛んに海外に輸出され、その遺品は世界中で確認されている。本書で試みた、両窯の製品の詳細な編年は、中国国内はもとより、海外に渡ったこれらの陶瓷器を研究し、東西交流や技術交流などの研究のための基礎的な資料認識のために有用となることが期待される。また、単に編年作業をおこなうだけでなく、越州窯から南宋後期の龍泉窯への技術や意匠の展開が連続的に発展したものではなく、両窯の技術・意匠の間には耀州窯、汝窯、南宋官窯といった多くの窯が介在しており、中国大陸の南北を通じた、ダイナミックな技術・意匠伝播によって繋がれていたことを明らかにし、中国陶瓷史の大きな流れを考えるうえで重要な問題提起を行ったと考えている。

「第7章　中国青瓷の輸出」では、第1章から第6章で構築した青瓷の編年を基に、唐から元代にかけての中国陶瓷器輸出港の変遷を明らかにし、中国陶瓷の輸出ルートや生産地の変遷について考察を行なった。第1節では、中国陶瓷の輸出港と輸出陶瓷生産地の変遷を概観し、第2節ではペルシア湾北岸での調査で得られた資料とともに当該地での中国陶瓷の流通状況を概観した。第3節では日本における龍泉窯青瓷の出土状況を概観し、第4節では中国以外で初めて発見された博多出土の南宋越州窯青瓷について考察した。第5節では特に宋・元代の中国陶瓷の日本への輸出ルートについて考察し、寧波と博多をつなぐルートだけでなく、南宋代に既に福建、琉球列島、九州を結ぶ貿易ルートが存在した可能性を指摘した。また、元代においては、寧波から輸出される中国陶瓷と泉州から輸出される中国陶瓷に組成の差が認められ、寧波からの輸出品には龍泉窯青瓷、景徳鎮窯白瓷を中心に華北、華南各地の窯の製品が少量ではあるが含まれるが、泉州からの輸出陶瓷は、龍泉窯青瓷、景徳鎮窯白瓷、福建産陶瓷が大部分を占め、他産地の製品は極めて少ない事を指摘した。

「第 8 章　青瓷輸出の終焉－ 15 世紀後半から 17 世紀の中国貿易陶瓷」では、15 世紀末から 17 世紀の中国貿易陶瓷の生産と輸出について考察し、中国青瓷輸出の終焉期の状況を明らかにした。龍泉窯青瓷の輸出は 16 世紀初頭を境に急速に衰退し、替わって輸出された青瓷の大部分は、景徳鎮窯の倣龍泉窯青瓷であったことを指摘した。

本書の各章を構成する論文は、十数年前に発表したものも含まれており、本来ならば新資料を加えて大幅に校訂すべきであったが、実際には最小限の加筆に留まっている。特に南宋代初期の龍泉窯の勃興と南宋官窯との関係、汝窯と張公巷の関係などについては、近年研究の大きな進捗が見られ、本来ならばその内容を本書に反映すべきであったが、現時点ではどちらも正式な報告がなされておらず、ほとんど触れることができなかった。今後さらに研究を進め、本書の不足部分を補い続けていく所存である。

最後になったが、博士論文の御指導をいただいた佐々木達夫先生、高濱秀先生はじめ、ご指導・ご鞭撻をいただいた皆様に感謝申し上げたい。

なお、本書の出版は日本学術振興会・科学研究費補助金「研究成果公開促進費（学術図書）」（課題番号 265100）の交付を受けた。

初出一覧　　＊本書の各章の基礎となった既発表論文は以下のとおりである。

「第 2 章　越州窯青瓷の編年」

　　森達也「唐代晩期越州窯青磁碗の二つの系譜－玉璧高台碗と輪高台碗－」『金大考古』
　　第 34 号，金沢大学考古学研究室，2000 年 12 月，1 ～ 3 頁。

　　森達也「晩唐期越州窯青磁の劃花文について」『楢崎彰一先生古希記念論文集』真陽社，
　　1998 年 3 月，478 ～ 487 頁。

　　森達也「越窯青瓷碗的両個体系－玉璧底碗和圏足碗」『浙江省文物考古研究所　学刊第 5
　　輯』，浙江省文物考古研究所，2001 年 10 月，140 ～ 144 頁。

「第 3 章　五代、北宋耀州窯青瓷の編年」

　　森達也「中国・耀州窯青瓷の系譜的研究」『鹿島美術研究　年報』第 20 号鹿島美術財団，2003
　　年 11 月，317 ～ 326 頁。

　　森達也「論耀州窯青瓷製瓷技術的伝播與影響」『中国耀州窯国際学術論文集』耀州窯博
　　物館編，2005 年，131 ～ 134 頁。

「第 5 章　南宋官窯（老虎洞窯）出土青瓷の編年」

　　森達也「杭州・老虎洞窯出土青瓷の編年について」『愛知県陶磁資料館研究紀要 15』
　　2010 年，69 ～ 93 頁。

「第 6 章　宋・元代龍泉窯青瓷の編年」

　　森達也「宋・元代竜泉窯青磁の編年的研究」『東洋陶磁』VOL.29　東洋陶磁学会

　　森達也「宋・元代窖蔵出土陶瓷と竜泉窯青瓷の編年観について」『貿易陶磁研究』No.21,
　　日本貿易陶磁研究会，2001 年，28 ～ 41 頁。

「第 7 章第 2 節　ペルシア湾発見の中国陶瓷」

　　森達也「伊朗波斯湾北岸幾個海港遺址発現的中国陶瓷」『中国古陶瓷研究　第 14 輯』
　　中国古陶瓷学会編，紫禁城出版社，2008 年，414 ～ 429 頁。

「第 7 章第 3 節　日本出土の龍泉窯青瓷」

　　森達也「日本出土的龍泉窯青瓷」『故宮文物　月刊』311 号（台湾）2009 年，20 ～ 27 頁。

「第 7 章第 4 節　日本出土の南宋越州窯青瓷」

　　森達也「日本出土的南宋越窯青瓷－博多遺址的青瓷香炉」『故宮文物　月刊』332 号（台
　　湾）2010 年，66 ～ 73 頁。

「第 7 章第 5 節　12 ～ 14 世紀東アジアの陶磁貿易ルート－福建ルートと寧波ルートをめぐって－」

　　森達也「従出土陶瓷来見宋元時期福建和日本的貿易路線」『閩商文化研究文庫 第 2 巻
　　考古学的視野中的閩商』中華書局，2010 年，173 ～ 187 頁。

「第 8 章　15 世紀後半から 17 世紀の中国貿易陶瓷－沈船と窯址発見の新資料を中心に－」

　　森達也「15 世紀後半～ 17 世紀の中国貿易陶瓷－沈船と窯址発見の新資料を中心に－」『関
　　西近世考古学研究 17』関西近世考古学研究会，2009 年，153 ～ 166 頁。

著者略歴

森　達也（もり　たつや）

1961年京都生れ

早稲田大学にて文学士、文学修士、金沢大学にて博士（文学）を取得。

東京・日野市教育委員会学芸員を経て、愛知県陶磁美術館（2013年に陶磁資料館より改称）学芸員、現在は学芸課長。

専門は中国陶瓷考古学。

中国青瓷の研究―編年と流通―

2015年（平成 27）2 月 27 日　発行

著　者　森　　達　也

発行者　石　坂　叡　志
印　刷　富士リプロ（株）

発 行 所　汲　古　書　院
〒102-0072　東京都千代田区飯田橋 2-5-4
電話 03（3265）9764　FAX03（3222）1845

ISBN978 - 4 - 7629 - 6545 - 6　C3022
MORI Tatsuya ©2015
KYUKO-SHOIN,Co.,Ltd.Tokyo.